影 视 受 众 研

主 编 黄会林　副主编 俞 虹

DIANSHI SHOUZHONG SHICHANG YANJIU

电视受众市场研究

靳智伟　著

北京师范大学出版集团
BEIJING NORMAL UNIVERSITY PUBLISHING GROUP
北京师范大学出版社

图书在版编目（CIP）数据

电视受众市场研究 / 靳智伟著．—北京：北京师范大学出版社，2010. 3
（影视受众研究丛书）
ISBN 978-7-303-10788-9

Ⅰ. ①电…　Ⅱ. ①靳…　Ⅲ. ①电视－受众－中国－文集 Ⅳ. ①G223－53

中国版本图书馆 CIP 数据核字(2010)第 014556 号

营销中心电话　010－58802181 58808006
北师大出版社高等教育分社网　http://gaojiao. bnup. com. cn
电子信箱　beishida168@126. com

出版发行：北京师范大学出版社　www. bnup. com. cn
北京新街口外大街 19 号
邮政编码：100875
印　　刷：北京联兴盛业印刷股份有限公司
经　　销：全国新华书店
开　　本：170 mm×230 mm
印　　张：12. 5
字　　数：192 千字
版　　次：2010 年 3 月第 1 版
印　　次：2010 年 3 月第 1 次印刷
定　　价：25. 00 元

策划编辑：高东风　陈佳宵　　责任编辑：陈佳宵　朱丹华
美术编辑：褚苑苑　　装帧设计：褚苑苑
责任校对：李　菡　　责任印制：李　丽

北京哲学社会科学“十五”重点研究项目

自序

在本书写作过程中，以电视为代表的大众传媒正在经历深刻的历史演变。首先，人、人群、社会组织、国家的泛媒介化倾向已经越来越显著。这些社会细胞之间不仅仅通过物质文化利益达成一定的社会关系，其所有行为的社会终端越来越显现出强烈的自媒体属性。也就是说，任何个体的人、任何人群、任何社会组织和国家，其社会行为的发生过程始终伴随着媒介的信息沟通的属性。这种属性使得各个社会细胞与其他社会存在进行沟通的时候，一直在传递着大众属性的复合信息。例如，我们在打量或接触一个陌生人的时候，其举止、相貌、服饰等任何暴露在公众面前的部分，都透露着复杂的文化背景性信息，这些信息每时每刻地与他人进行着沟通：被人感知、产生印象、获得情绪、得出结论。具有某种文化认同的人群和社会组织也是如此，其特定行为方式本身便是大众媒介。如北京奥运会志愿者的微笑、从事志愿服务的各种行为本身便具有大众媒介属性，是一种崇高的精神境界的社会化宣示：世界各地的人们由于感受到他们的存在而感动。国家行为本身也具有大众媒介属性：任何国家行为，不论内政还是外交，不论是经济还是政治、军事，任何行为不仅仅是一种物质文化存在，更是一种精神文化的大众媒介存在，任何行为本身都蕴含着并散布着丰富的大众信息。在这样的背景下，以电视为代表的大众媒体所发挥的作用与功能是寻找社会关注度并把它放大。在2008年北京奥运会举办前夕，西方敌对势力和“藏独”势力所策划的抢夺北京奥运火炬的行为，目标绝不是火炬本身，而是利用这一行为的大众媒介属性制造公共信息，进而通过电视等大众媒体进行信息放大，以实现某种政治利益。恐怖主义大亨本·拉登的恐怖主义行为也具有这样的泛媒体属性：他一手制造的“9·11”事件，便通过暴露于大众面前的特殊的杀人手段，让全世界善良的人感到恐怖。被劫持的两架民航飞机先后撞击美国世贸大厦的时间间隔正是美国大众媒体基本的反应时间。现代恐怖主义的一大特征便是将恐怖主义行动设计为恐怖的媒体行动。美国等西方国家在制造国与国争端的时候也是利用一些行为的媒介属性加以实施的。例如，煽动、制造一些小的摩擦诱使别国政府过度反应，通过对于过度反应的政府行为由大众媒体放大发酵，以达到政治压制、经济制裁、文化牵制、军事恫吓、舆论诋毁的目的。现代社会关系、全球化存在不仅仅是物质形态的联系，而是大众媒介或泛媒介情况下的虚拟生存关系。

其次，从市场的角度考察，企业的社会行为、市场行为的社会终端同样具有大众媒介属性。企业与材料供应商、批发商、媒体、消费者等任何社会环节的行为不仅仅是利益的交换关系，还存在着切实的媒介沟通关系。一种商品或服务不仅仅承载着使用功能，而且承载着与消费者或利益相关者沟通信息的功能。这不仅仅指服务指南或商品使用手册之类的直接信息诉求，还包括产品本身材质、制造工艺、质量、美学要素诸方面存在或组合存在的大众信息。这种信息一方面赋予商品或服务以时代烙印，一方面透露着某些方面的独特诉求。在不久的将来，企业行为、商品与服务、销售终端与销售方式的媒介化存在会成为市场竞争的核心或重点。这是社会发展的一大趋势。

第三，就以电视为代表的大众媒体而言，随着社会生活的泛媒介主义的深化，多媒体融合的趋势日益显著。一方面大众媒体的任何行为，包括媒介传播行为和其他社会行为都具有大众媒介属性；另一方面，随着社会生活的紧密程度不断加深和科学技术对于大众传播手段的更新，不同媒体形式之间的相互融合成为历史的必然。如手持媒介信息平台的迅速普及、家庭数字化生存目标的逐步实现、多媒体整合传播营销模式的创新等。这使得受众处于大众媒介的牢固的包围、束缚与牵引状态。具有大众媒介属性的人、人群、社会组织、国家与相互融合的大众媒体互为社会生存的前提条件，它们共同组成具有全球化特征的现代大众传播生态。

在这样的时代背景下，探求电视受众市场的本体价值并同时揭示受众市场运作的一般规律便显得有意义了。

在本书写作过程中，还有两件事是我所关心的，它们构成我写作的深层次的动机。一件事是世界经济正在遭受前所未有的挫折，由美国生活方式与华尔街金融机构贪婪本性引发的金融危机，正在迅速蔓延为具有全球化特征的经济危机，部分受灾严重的区域已经开始或将要遭遇某种程度的社会危机和政治危机。在这样的历史进程中，以电视为代表的大众媒体扮演着怎样的角色？这场危机过后，大众媒体的发展方向会不会改变？这是值得认真研究的问题。另一件事是，中国的和平崛起对于中国的电视、报纸等大众媒体行业提出的历史责任问题。时代呼唤当代传媒人打造出与中国国家地位相适应的大众媒体。一个国家的大众媒体的存在状况反映着这个国家的软实力，其中蕴含着深刻的理论和实践意义。在本书的写作过程中，我毫不掩饰自己在这个方面的思考。

在本书的理论逻辑建构方面，关于电视受众市场的本体概念及其属性揭示无疑是理论的起点或逻辑基础；关于电视受众市场利益相关者的本体揭示采取了对称的法则；关于笔者认为相对重要的一些理论与实践问题，不惜延长一些篇幅加以描述；关于本书各个章节中共同涉及的理论环节，则通过简要重复一些观点或实例形成理论的跨章节联结。本书的理论主要源于自己多年的电视艺术实践的经验总结和关于传媒市场的实证性研究，在突出理论建构的同时，保留了实证特色、实操性和个案性。

本书所采用的数据大部分来源于中国权威的市场研究机构 CTR，其有关电视收视率的数据则来源于电视收视率权威供应商 CSM。其他相关数据的采用都标明了来源，在此特表谢忱。在写作过程中，本书相关数据的使用目的不是为了披露目前中国电视媒介市场的变化情况，而是为了揭示受众市场的一般性规律，所以，数据来源与产生的时间和体系并不统一。但是，在成稿时，我尽量选择了那些可以体现当下中国电视某一方面本质特征的数据加以采纳。

本书写作过程中，自始至终得到北京师范大学黄会林先生，北京大学俞虹教授的鼓励。黄先生作为丛书的主编对于本书的写作提出了诸多指导性意见；俞教授作为丛书副主编在本书写作过程中进行了多次协调。在此一并表示感谢。

本书的写作是在十分紧张的工作状态下抽空完成的。我的两位助手杨晓晴、马骁是电视市场研究方面的青年才俊，他们利用休息时间为本书的完成承担了部分编辑技术工作。我为此感动并致谢。

本人关于电视受众市场的研究还在进行之中，本书部分章节的理论丰满与发育只能在再版或另著时予以修订了，这是本书出版的遗憾之处。

作　者

2009 年 3 月 17 日于北京

目录

第一章

总论：电视受众市场社会电视生存

第一节　社会电视生存与电视社会生存

随着市场经济的不断深化，特别是具有全球化特征的统一市场初露端倪，货币资源、能源、土地资源、矿产资源、农产品资源等传统产品资源以及与之伴随的人力资源、渠道资源、信息资源、品牌资源、传播资源的国际化分配在加速开展，甚至一些软性的、民族性的、地域性的文化资源如历史故事、神话传说、风土人情、伦理结构等也成为国际市场争相掠夺的核心资源用于特殊商品的开发。人流、物流、资金流、信息流的空前放大构成全球化市场的主要特征，与之相对立的是如果人流、物流、资金流、信息流集体萎缩则构成全球化的经济危机甚至社会危机。在这样的历史时期，关于市场本体的认识有重新启蒙与考量的必要。特别是近年来整合传播营销理念的兴起，使得大众传播成为跨国家、跨地区、跨文化形态进行市场资源综合整合的利器。传播方通过一定的大众传播手段兜售精心设计的价值判断与价值取向、生活方式或审美趣味，对一定国度、区域的目标受众群进行精确覆盖，使得目标受众群的思想、情感等意识形态发生有利于传播方的偏转，传播方在这样的基础上轻松获得综合的市场利益或文化目标。传播方可以是国家、社会组织、企业或媒体，也可以是自然人。

传播的手段可以是传统媒体，也可以是新媒体；可以是报纸、广播、杂志、网络，可以是电影、音乐、绘画等多种艺术传播形式，也可以是当今最具传播影响力的电视媒体。

电视媒体之所以重要，是因为它是当今受众基本的生活方式，我称之为电视生存。电视传播已经远远超越了大众媒体的存在范畴，它已经成为国家、社会组织（包括媒体和企业）、人群和个人的所必需的生活资料、生活前提和存在方式。社会事件、新闻、文艺演出、体育比赛、生活资讯、产品信息等已经不仅仅是电视传播的素材，而成为电视价值本体。比如，北京奥运会对于世界大多数人来说，不仅仅发生在以鸟巢为代表的北京体育比赛场馆，而是发生在以电视为代表的形形色色的大众媒体信息流之中。奥运比赛完全可以被称为电视体育。美国 NBA 篮球比赛被电视改造得更加彻底：四节比赛时段的设计可以最大限度地进行电视广告传播；无休止地更换场上队员的规则使得比赛技战术发挥得淋漓尽致，比赛的激烈程度大大提高，电视观众被紧紧地吸引在电视机前，电视广告的渗透率因而大大提升；暂停时间的相关规定使得比赛戏剧结构得到张扬，压哨三分球成为电视球迷永远的戏剧悬念和梦幻……可以肯定的是这已经不是传统的篮球比赛，而是电视篮球。足球比赛也是这样，很多看惯了电视足球的朋友，亲临比赛现场会出现很多不习惯的地方，其中没有射门的慢动作电视回放是最大的遗憾。电视体育的出现源于电视镜头对于体育比赛现场情况的多视角、近距离的观察与认识价值开发，电视摄像机镜头带领观众深入到比赛场地内部对比赛进行多视角观赏，镜头切换将运动场中的噱头转变为视听语汇表达的信息传播逻辑，慢动作等机械技巧对于刹那间出现的对抗、冲突、比赛高潮、犯规违例具有写实、发现、认识与放大的作用。关于电视镜头对于被拍摄物体或事物的写实意义毋庸赘述，但是它对于物体或事物的发现、认识与放大功能需要进行描述，电视镜头对事物的反映，由于拍摄角度、拍摄景别、拍摄速度、剪辑手法的不同，使得被拍摄事物的传播存在处于碎片化、信息集约化的双重制约状态，这使得电视镜头形成的电视传播逻辑对于事物及其事物内部要素的发展逻辑处于主观选取、夸张和扭曲的状态。这是电视传播逻辑对于事物客观发展逻辑的直接干预。由于电视的存在，体育项目已经分为电视体育项目和不适合电视传播的体育项目。专项研究显示，受众对于体育项目的喜爱程度，与此项目和电视传播的贴合度成正比关系。或者说，受众对于某种事物的关注度与电视媒体对这些事物的关注度互为因果。如下图所示，这几个体育项目是中国受众电视接触率和喜爱度双高的项目。电视到达率、满意度以及对于这几个项目的人气指数呈正相关关系。

各体育项目的收看指标对比

项目	到达率（%）	满意度（%）	人气指数（%）
乒乓球	93.8	86.0	91.7
游泳	88.8	86.7	97.6
体操	82.5	81.5	98.8
举重	79.0	77.9	98.6
篮球	76.0	70.8	93.2
田径	76.0	70.4	92.6
射击	75.4	73.8	97.9

数据来源：2007年中国体育传播专项研究。

电视传播逻辑对于社会生活的其他领域的干预也是如此，现代社会全面呈现电视生存特征。1960年，美国第35届总统选举首度采用电视辩论，电视屏幕被富有形象魅力与稳健谈锋的肯尼迪所主导，成功赢得受众选民的好感度。受众好感度最终转化为公民选票，而肯尼迪的竞选对手尼克松在镜头面前处于被动和无所适从的地位。民意调查显示有400万选民是在看了电视辩论后决定投票的，其中300万人倒向了肯尼迪。就连肯尼迪事后也承认，如果没有电视，美国第35任总统也许是尼克松。从此以后，电视竞选已经成为各国总统大选的主要方式，甚至成为竞选的代名词。世界上任何国家的政府，只要这个国家有电视媒体的存在，那么电视一定会成为政府传达政令、传播信息、沟通民众的最重要的工具之一。对于电视这样的社会功能，无论政府或其他政治实体是否承认，它都切实地存在。政府如此，政党或社会组织也莫不如是。如果一个社会组织想达到既定的社会目标，电视生存必定成为极为重要的手段。因为电视是沟通其他组织——不论是营利性组织或者是非营利性组织——最重要的是沟通受众最为便捷有效的途径。电视频道与目标受众是一个共生体，频道对于受众的圈选，是频道传播价值判断与受众价值观相互寻找、彼此认同的结果，是传播力量的源泉。这是传播者通过电视传播逻辑的编织对于受众思维逻辑的有效控制，是电视逻辑对于社会生活逻辑的直接干预。

对于政治家来说，如何与受众进行有效电视沟通成为施政的基础。

电视受众的概念范畴大大超越了人民、公民这些政治概念。对于企业家来说，如何通过电视或其他媒体完成产品信息对于受众的有效覆盖几乎成为生命线，而此时，电视受众的概念范畴又大大超越了消费者这一群体概念：消费者处于电视等大众媒介信息的支配之下。

对于个人或由个人组成的群体来说，电视也已经成为一种基本的生存方式。到这里，我们开始涉及本书需要考察的主体了。这个主体便是电视受众市场。电视媒体的任何触达者都是电视观众，电视观众的群体叫做电视观众群。但是电视观众群不仅仅只是接触电视媒体，他们还是广播、报刊、网络和新媒体的载体，从这个意义上来说，电视观众群可以称之为受众。但是电视观众群还不能够与受众这个概念画等号，因为总是有一部分受众对于电视媒体不够积极主动，虽然他们的人数很少，但是由于个人生活方式、生理特征以及覆盖率制约等原因使得他们无法接触电视媒体。而他们却可以接触到其他类型的媒体，这部分人显然不是电视观众，他们可能是其他媒介形式的受众，但这部分人仍然可以成为电视的潜在观众。由此可以看出，受众的概念是个集合概念，它超越了某一类型媒体的制约，只要他们接触一种以上大众媒介形式，他们即是受众的一部分，他们有时被称为读者，有时是听众，有时是新媒体触达者。如果非要把电视观众与受众这两个概念联系起来考察，电视受众是电视观众与潜在的电视观众之和。这样，电视受众的范畴就大大拓展开来了。人民、公民是隶属于一定国度的政治性人群，受众包括人民和公民，也包括不具备部分政治权利的人群。受众的概念可以超越国界的限制——只要他们可以接触到电视等媒体。这就是关于电视受众市场的直接描述。

那么，我们仅仅讨论电视受众就够了，为什么要讨论电视受众市场？受众和市场这两个概念的异同在哪里？受众并不是单纯的传播学概念，比受众更宏观的概念是社会大众。在目前的历史条件下，社会大众中总是有一小部分人并不属于受众的范畴。换句话来说，总是有一些人因为主客观原因无法接触到媒体，或阶段性远离媒体——虽然我们可以把他们称为潜在受众——但是这些人仍然以属于社会大众而非媒体受众的范畴而存在。社会大众在商品社会里从事一定社会化程度的商品生产、商品交换和商品消费，成为市场的主体——商品购买者与消费者。社会大众实质上是市场的主体。在此，受众的另一个属性便暴露出来，他们不仅仅触达媒体或今后有机会触达媒体，而且还构成市场重要的组成部分，进行商品生产、购买与消费。电视受众这个集合概念包含这部分大众作为商品市场的主体地位的综合开发价值，潜在的电视受众具有潜在的或直接的市场综合开发价值。这就是观众、受众、市场、社会大众之间的关联与间隔。电视节目、频道或媒体对于受众的圈选，从政治学角度来考察形成的是一定人群政治倾向、价值判断的趋同性或差异性；从经济学角度来看，它圈选的是这部分受众的总收入和总支出以及与之相关联的市场行为；从社会学的角度来看，它圈选的是目标受众群社会关系的总和。有趣的是，这些命题的存在不是相互孤立的，而是一个系统的半组织化的运作过程，这个过程依存于电视传播，使得其巨大的社会能量受到电视传播逻辑的驱动，并反作用于电视媒体本身。这个过程的本质是通过电视等大众媒体传播逻辑的建立，对社会人群社会行为逻辑进行干预，使得社会发展逻辑得到一定程度的修正。这意味着社会利益由于电视等大众传播的存在而出现调整或部分调整。

这是社会与人群电视生存的概念。电视生存有两层含义：一是指电视传播本体的社会存在方式，包括电视传播的国家生存、组织生存和受众生存；二是指一定社会形态在电视中的生存方式，即国家、组织和受众在电视传播体系中的存在方式。电视生存本质上是电视媒体与社会生活相互依存、相互排斥、相互作用的一种过程。这种“相互”的过程既表现为社会生活的方方面面对于电视传播的作用力，包括规范、指令、肯定、否定和期许；同时也表现为电视传播力对于社会生活的全面介入、塑造、规范、求同、存异。

在电视生存的概念下，国家行为被划分为国家行为本体与电视国家行为。社会组织，不论是营利性组织还是非营利性组织的社会行为被划分为组织行为本体与电视组织行为。受众的行为更为特殊，受众既是电视传播的起点又是电视传播的终点，受众的电视收看行为决定着电视的传播行为，电视的传播行为又在一定程度上决定着受众的社会行为，并反作用于受众的电视收看行为。中国电视经过五十多年的发展，其事业的社会意义已经远远超越了电视行业的界限，成为中国社会所普遍遵循的社会媒介生存方式。中国电视行业被国家行为、社会组织行为和受众行为所塑造，又通过其巨大的社会传播影响力塑造着国家行为、组织行为和受众的社会行为。在全球化条件下，电视还承载着中国文明与世界文明沟通的功能，是不同文化体系之间进行相互沟通、求同存异的桥梁。这是依托于不同文化形态的电视传播逻辑之间的博弈、交互与共生现象，是国家全球化生存的必要条件。

第二节　中国社会电视生存现状

电视生存是当前中国社会面临的一个重要的实践问题，其基础源于中国受众电视接触方式。1958年5月1日19时，中国诞生了第一家电视台“北京电视台”，五十多年来，我国的电视普及率实现了由点至面的长足发展。据央视市场研究股份有限公司（CTR）发布的《全国卫星频道覆盖率普查》显示，2006年，中国电视观众总户数已达到3.06亿户，电视观众总人口数达到10.7亿人，全国平均电视机普及率达到85.88%，大部分家庭拥有2~3台电视机。另据国家统计局发布的《2007国民经济和社会发展统计公报》显示：2007年年末，我国广播综合人口覆盖率为95.43%，电视综合人口覆盖率为96.58%。一类城市可以收看到70套以上电视节目；二类城市可以收看到50套以上的电视节目；三类城市可以收看到30套左右的电视节目；广大乡村电视覆盖率也是逐年攀升。美兰德市场调查公司《2007年全国电视频道调研报告》显示：2007年电视媒体仍然是传播最为广泛的媒体类型，86.4%的观众几乎每天都会接触电视媒体，平均接触频次达到5.3天/周，工作日和休息日平均每天接触时间分别为135.0分钟和175.7分钟。CTR《全国读者调查》显示：中国受众电视日到达率在95%以上，远远高于报纸日到达率67%、广播日到达率20%、因特网日到达率29%和杂志日到达率3%。覆盖率和日到达率有效保证了电视媒体的传播规模，这是电视影响力的生存基础。在多媒体竞争中，电视媒体在权威性方面也处于主导或支配地位。我本人所主持的《受众多媒体调查研究》显示，在遇到重要的新闻事件、重要政策或资讯披露、重要媒体事件时，95%的中国受众最信任的媒体形式仍然是电视，或者说是电视媒体中的权威电视台。电视媒体与以因特网为代表的新媒体以及报纸为代表的传统媒体处于和谐的传播生态中，各类媒体存在着传播形式的份额竞争关系，但更多的是一种相互补充的共生关系。在这样的竞争与共生的关系中，电视媒体以其可视性、可听性、可读性、事件同步性、可编辑性处于对于其他传播形态一定的传播支配地位。从这个意义上来说，**中国社会的进步，特别是改革开放三十多年以来的社会综合发展，电视起到了直接的强大的推动作用。**或者说，改革开放为电视事业的发展提供了历史机缘，电视为改革开放提供了巨大的舆论支持。

从受众的媒体卷入度来看，中国受众闲暇时间基本上与电视收看行为处于紧密结合的状态。目前，中国受众日收看电视时间平均为172分钟；15～24岁青少年是收看电视最少的群体，每天收看电视也在116分钟以上；中老年朋友每天有253分钟的时间用于收看各类电视节目。据CTR的一项研究显示，数字电视家庭收看电视的积极性有了新的提高，2008年平均每个数字电视家庭每天收看电视的时间增加了20分钟。

各年龄层电视受众的日人均收看分钟数

目标	4岁以上所有人	4～14岁	15～24岁	25～34岁	35～44岁	45～54岁	55～64岁	65岁以上
所有类别	172	128	116	121	156	214	242	253
电视剧	57	46	41	39	54	69	79	82
新闻/时事	21	9	10	13	18	29	35	42
其他	20	15	14	15	18	25	29	31
专题	13	6	8	9	11	17	20	20
综艺	13	10	11	10	12	16	17	16
体育	12	6	10	9	11	16	16	20
电影	11	7	8	10	13	13	12	8
生活服务	11	7	7	7	9	14	15	17
青少	4	19	2	4	3	2	3	3
财经	3	0	1	1	2	5	5	4
法制	3	1	2	2	3	5	6	6
音乐	2	1	1	1	1	2	2	2
戏剧	1	0	0	0	0	1	1	3
教学	0	0	0	0	0	1	1	1
外语	0	0	0	0	0	0	0	0

数据来源：央视索福瑞（CSM）收视率监测，2008年。

这样的数据足以说明电视媒体对于中国受众的意义，是中国电视的市场生存状态或社会生存形态。经过五十多年的持续发展，特别是改革开放三十多年以来，中国已经发展成为世界上最大的电视市场。在电视精品生产、电视剧生产与传播、电视文艺作品生产与传播、电视节目制作技术、电视覆盖网络发展、电视广告成长性等方面，中国已经居于世界的前列。

依存于国家管理体制的中国电视传播模式的独特性是中国电视生存的另一特色，突出表现为追求正面社会传播效能。这种对于西方传播理论的部分颠覆构成中国发展模式的有机组成部分，是中国社会发展模式的重要组成部分。这在对于一系列传播事件的处理方面表现得比较充分。例如，2008 年发生的一系列社会事件，我们可以理解为社会传播事件，甚至可以理解为电视传播事件。2008 年北京奥运会对于世界大多数人来说，不仅仅发生在北京的体育比赛场馆，而是实实在在地生存于电视媒体之中。北京奥运火炬在世界范围内传递过程中，境外“藏独”分子以及海外部分对华不友好的组织和个人，多次对神圣的奥运火炬进行攻击，目的不仅仅是火炬本身，而是进行电视表达，极少数人的行为通过电视的传播在世界范围内放大形成抹黑中国的影像和声音，他们的直接目的是为一些同样别有用心的电视媒体制造电视新闻素材。中国电视媒体与西方部分电视媒体在传播逻辑方面的博弈一直在进行着。电视本身是一个大众传播的放大器，CNN 抹黑中国的报道连篇累牍，这不仅仅是无知，更是偏见。CNN 新闻评论员卡弗蒂谩骂中国的言论清晰地标明了他本人和所属媒体的价值观和传播逻辑，我们可以把这种不顾新闻事实、混淆是非、颠倒黑白、仇视美好事物的传播逻辑病称为“CNN 症候群”。CNN 的媒体价值判断无疑在海外不友好的团体和个人那里得到“价值判断的迎合”，但是在世界大多数善良的人们心里，却激起“价值判断的愤怒”。这就是电视生存，或者说现阶段中国国家形象在西方部分主流电视媒体的生存方式。在这样的电视生存里，西方受众全面客观地了解中国的机会被剥夺了。

CNN 无视新闻事实，但对于普通的中国人来说，这样的场景也存在着正面的认识价值判断：世界上总是有那么一小部分人唯恐中国强大，中国在成为世界大国的过程中还有很多成本需要支付，中国在构建和谐社会的过程中，需要坚守价值判断方面的原则。这是真正的电视生存、电视博弈或电视文化冲突。可以肯定的是，这种电视文化冲突会长期存在，依存于深厚的中华文明和中国发展模式的中国电视传播逻辑的全球化存在是历史的必然。

第三节　社会电视生存的理论基础：受众价值观共变关系

电视生存也是一个重要的理论问题，其基础是视听电波对社会人群行为的信息控制。我把受众的社会行为描述为**价值观共变关系**。因为受众的社会行为是受到受众的心理行为所控制的。受众的心理行为所调动的资源是受众自身的个人资料，但是心理行为的动因却是受众的价值判断。也就是说，受众的社会行为最终会受到受众的价值判断的支配。当前，**受众所遵循的价值判断主要来源于以电视为代表的大众媒体与受众沟通过程中形成的判断体系**。所以，我在理论的建构中，一直将电视频道与其目标受众群描述为一个共生体，二者相互塑造共同发展。由于上述数据所显示的中国电视综合影响力如此巨大，所以，电视媒体在中国受众进行社会价值取舍、社会价值判断中起着决定性作用。受众的个人资料包括性别、受教育程度、年龄、地域文化背景、心理特征以及个人经验，也包括受众所接受的社会行为规范，同时包括可以动用的各种资源，如工资、存款和社会关系。受众的个人资料是支撑社会行为的能源，它决定着受众的心理偏好、购买能力以及社会行为的范围或自由度，而价值判断是决定心理偏好转变为社会行为的关键。电视媒体之所以重要，是因为电视传播成为影响受众作出恰当判断的关键：它不断修正着受众的偏好度、刺激着受众的购买冲动并通过内心的模拟过程实现更大的精神自由。所以，我们的行为可以划分为普通行为（非电视行为）与电视行为，这使得国家、媒体、组织、受众的电视生存成为可能和现实。

政党和政府重要会议的召开、重要政令的传达、重要法律与举措的颁布，已经成为电视事件；国际政治表达、海外政党轮替、甚至局部战争已经成为电视事件；社会整体与社会组织的行为模式及其构成的社会事件、企业行为、组织文化、品牌建设、市场推广与开发已经成为电视事件；人群特殊的文化追求、行为方式、情绪表达已经成为电视事件。

由此可见，后媒体时期电视生存理论与电视生存方式需要重新构筑。

第四节　中国后媒体时代电视生存重建

中国电视行业同时具备事业和产业的双重功能，在计划体制时期，电视传播甚至具备部分的行政职能和法律补充意义。随着社会主义市场经济的深入发展，特别是法律基础上的市场平等竞争关系的逐步建立，电视越来越向着传播本体回归，其单纯的大众传播功能随之凸显。从计划体制以媒体为核心的利益分配机制向事业和产业双重功能转变，市场利益核心逐步由媒体向市场转变——中国电视市场进入后媒体时代。

在社会转型的背景下，后媒体时代电视生存表现为以下几个特点：一是电视台的行政级别划分与电视市场法律架构下的平等竞争关系并存。这使得电视市场呈现出一定的双轨制特征。二是人群价值观分层使得电视节目所凝结的价值观与不同阶层的价值符号进行媾和，成为市场细分的基础；三是全球化浪潮使得中国电视呼唤国际传播实力。在世界范围内取得电视生存权对于中国社会的持续健康和谐发展意义重大。四是数字化传播与新技术为电视生存方式注入了新的内容，电视传播功能与家庭数字化生存的协调将成为未来一个时期的基本矛盾之一。

由此可见，电视的综合社会功能应当围绕新的历史时期的社会电视生存方式予以优化与重建。

（一）首先，应当全面提升对于电视社会综合生存价值的认识

把电视生存作为国家综合发展和社会和谐进步的战略资源纳入管理。电视属于社会公器，同时也是一把双刃剑。如果我们在电视节目中提供的是具有鲜明中国文化特色与价值判断的传播符号，那么受众思维方式、情感方式、价值判断就会朝着和谐进步的方向发育；如果我们提供的电视信息充满了海外强势媒体的资讯或声音，受众的思维判断、文化参照物、价值取向就会逐步偏移。这是社会行为变化的先导，当受众群体的社会行为变为大众的社会行为时，社会风气就会发生不可逆的转变。电视作为视听读艺术，其新闻场景的直接宣示、视听艺术的情感价值、电视故事的案例结构——一种生活方式、思维方式、价值判断的直接图解——使得电视生存决定着国家、社会和民族的未来。

这里有多种情况需要澄清。上面文字提到的海外强势媒体的声音并不完全与中国社会的主流价值判断相悖。这在中国受众吸收海外优秀文化营养的同时，大大降低了受众的集体警觉并增强了海外传播的欺骗性。西方大众传播体系具有客观真实性与主观臆造性二元的传播逻辑结构，其核心是传播者或利益集团的文化利益。抢夺奥运火炬是一种精心策划的事件，这个事件是赤裸裸的制造过程，而不是客观的“发生”过程，但在电视头条的位置，这样的新闻被打扮成“客观”与“公正”的样子，抹黑中国构成其真正的传播逻辑。在海外电视传播以所谓单纯娱乐的形态面对中国受众的时候，受众内心处于开放状态，其节目的娱乐方式、审美倾向、生活方式等会乘势而入。这已经开始出现价值判断的偏移。娱乐节目一面直接作用于受众的价值判断，又同时为海外媒体强势新闻传播制造着新的文化机会。新闻传播可以在娱乐节目部分改变受众情绪结构和基本判断的基础上，将自己的观点植入受众的内心。娱乐节目更多作用于受众的情绪，新闻节目着重作用于受众的观点，二者共同影响着受众的思维方式、情感方式和社会综合价值判断。这并不是说，我们应当关起门来彻底杜绝海外媒体信息的传播。相反，我们应当以开放和积极的心态应对大众传播全球化时代的到来。重要的是，在这样的历史进程中，我们如何将外来传播与文化影响控制在可以接受的范围和程度。缺少海外传播的竞争，中国的大众传播难以成长，受众的心理承受能力也难以提高——而这对于社会的健康度来说缺乏正面的社会意义。但是，以电视为代表的中国大众媒体对于大众传播的主导意义一刻也不能丢失。

始于2008年的世界性经济危机的爆发模式以及不同阶段的大众传播特征值得我们对其进行研究与总结。多年来以美国为代表的西方自由经济模式主导下的大众传播一直对中国的金融体系、人民币币值等问题横加指责。这在危机爆发前的六七年间几乎成为其政治经济的主导性言论。值得警觉的是，部分中国媒体的部分言论也遵循了西方的这些论调。从危机爆发的危害情况来看，如果中国当初向这些所谓的经济自由主义论调低头，后果将不堪设想。金融体系失去监管是这次全球性金融危机、全球性经济滞涨的根源。在西方的全球化理论体系中，政治上的“人权高于主权”、经济上的自由主义、外交领域的“理想主义”、大众传播领域的“记者无国界”命题构成了相互勾结的逻辑结构，成为西方文化综合主导权的基础。

（二）电视生存的核心价值是受众价值判断，这是电视传播最为重要的资源与目标

受众的价值判断具有趋同性，也有相互背离性。在重大新闻事件或重要历史时刻，电视生存可以导致社会主流价值判断的一致性，也可以导致社会主流价值判断的分裂，甚至严重对立。西方新闻传播理论中“新闻真实”与“新闻自由”是两个完全不同的命题。二者几乎构成不可调和的悖论。因为任何新闻事件的“完整的或本原的、本质的真实”只有一个，这使得“新闻自由”命题成为歪曲事实的理论基础。其结果，必然导致价值判断的分裂，并进而导致社会意识形态的混乱或族群对立。在这样的理论基础上，西方一些国家的外交工作、传播思路近年来突出“理想主义”色彩，本质上是试图通过价值观输出形成世界的普适价值，而“民主”和“人权”概念是其推行全球媒体生存的核心理念与策略。“记者无国界”是“人权高于主权”理论在传播领域的翻版。记者或媒体的价值判断受到自身意识形态的规范或制约，记者和媒体传播不仅仅是有国界的，而且他的每一次传播都和一定国度或区域的目标受众群的价值判断密切相连。如果中国的事务让CNN和卡弗蒂来判断，任“CNN症候群”在中国的领空恣肆，其文化的危害性是显而易见的。国家安全何在？受众的核心利益何在？传播是有国界的，记者是有国籍的，这是受众的核心利益所在。如果“记者无国界”，那么受众的国界何在？传播超级大国对于它及其媒体所指责存在“人权问题”的国家和地区政治事务的插手，使得这些国家和地区几乎都毫无例外地发生了人权灾难。这是受众价值观共变关系的反动。

所以，在全球化条件下的国家安全首先是树立国民牢固的“国家安全意识”。而受众“意识形态”的安全，是构成国家安全意识的基础。媒体生存方式、电视生存方式因此具有战略意义。

（三）中国的电视生存需要切实的理论支撑，特别是既贴近中国电视实践又能够与世界电视传播体系接轨的理论建设，电视理论生存是电视传播社会生存的基础

中国经济持续高速增长使得西方发达国家经过几代人努力才能够实现的经济目标在我们这一代人身上就得以实现。我们在深感自豪的同时，也应当看到，我国与GDP水平相当的传播能力的建立还处于相对滞后的水平。其重要的标志是我们尚不具备与BBC、CNN等西方强势媒体在全球范围内开展对话的能力，更缺乏像美联社、路透社等具有新闻资源垄断地位的新闻批发商。这既是迫切需要解决的实践问题，也是重大的理论问题。发展社会主义市场经济是国家的核心发展理念，媒体板块的社会主义市场经济建设需要理论的突破。目前，关于电视传播理论或大众传播理论的主要来源有两个方面，一是中国五十多年来电视的实践经验或媒体经验；二是来源于海外理论的译介。经验如果不能升华为理论是一种历史的浪费；而单纯用译介的理论指导中国的电视实践总是感觉找错了文化参照物，除了隔靴搔痒，还会带来实实在在的社会危害。

适合中国国情的电视媒介经济理论更是缺乏。目前中国电视经济或媒介经济理论主要来源也有两个方面：一是宏观经济理论向媒体理论的简单平移；二是来源于海外的理论译介。由此可见，对于中国电视生存空间的开拓需要从实践和理论两个方面来进行。**受众构成市场的主体，贴近群众、贴近实际在社会主义市场经济过程中就是“贴近市场”**。理解了受众是市场的主体，搞清了电视生存可以解决受众的价值判断问题，**我们就可以清晰地了解到电视生存在解决受众价值判断的基础上，可以决定市场能量的走向。**从宏观经济的角度考察电视生存问题，电视媒介构成了社会娱乐经济板块的主体，并为国家的经济建设提供强大的舆论后盾。

（四）从文化学的角度来考察，电视生存是一个国家文化生态与媒体生态发展繁荣的重要支撑

电视传播是各类文化形态展览的橱窗，是文化价值观博弈的平台。我们把具有主流价值判断核心的文化形态称之为一个社会的主流文化形态，与之对应的是形形色色的亚文化形态。其中，部分亚文化形态具有鲜明的反主流文化倾向，我们习惯地称之为反文化。对于亚文化的电视鉴别力关系到中国传统或主流文化的安全。电视的可视可听性使得亚文化、甚至是反文化经常逃离主流文化的控制。电视暴力、电视色情、亚文化生活方式等经常充斥荧屏。调查显示，中国青少年的电视收视行为与成年人完全同步。这使得我们有理由为文化安全与传播安全担忧。早在2004年，4～24岁的中国青少年、儿童几乎100%都成为电视观众，在人均收视时间方面仅仅比全体受众少20分钟左右。在下图的分众收视曲线中可以看出，中国青少年、儿童的收视行为几乎与成年受众完全同步。

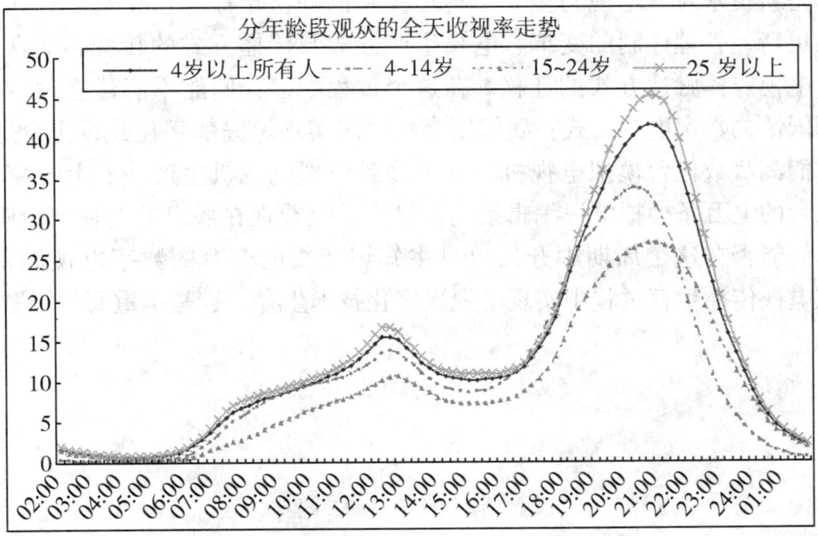

数据来源：央视索福瑞（CSM）收视率监测，2008年。

除此之外，海外视听作品的反政府倾向、海外文化优越论、非民族传统的生活方式也通过具体的电视故事的方式影响着我们的文化观、生活观。这也是电视生存方式在价值判断方面的具体显现。

在全球化加速发展的今天，拥有独特文化形态的中华文明构成了中国传媒与世界对话最为雄厚的传播资本。在与各种亚文化的博弈中，建设与世界接轨而又形态独特的中国传播文化生态意义重大。

（五）电视生存方式由于数字技术的迅速导入，使其社会功能由单纯的电视传播朝着家庭数字化生活方式转变

电视数字化绝不是模拟电视向数字电视传播的简单平移，而是新技术革命带来的电视生存方式的一次历史性变革。我们把数字电视定义为家庭数字化生存方式的理由是多方面的，电视收看行为随着数字技术的普及而发生变化，最为突出的一点是受众对于电视节目的选择主动性会发生本质的改变，收视率规则会部分地为“电视节目点击率”所取代；受众表达自己观点与趣味的自制媒体视频会渗透到传播流中；电视市场细分会根据主题化细分来进行，电视广告的精确性也因此大大提高；视频购物、视频服务会将多元市场导入电视媒体，使得电视传播与更为广泛的社会生活进行连接。

数字电视生存方式考验着电视人的智慧，也考验着国家的智慧。数字化电视生存建设是一个历史过程。这个过程不仅仅是技术的更新，而是新技术对于电视乃至整个传播体系的一次革命。它涉及市场体系的更新、管理体制的变革、电视生产方式与传播方式的转变、受众对于电视媒体触达方式的迁移。在这个过程中，我们能不能建立适合中国国情的数字电视模式？我们用多长时间实现家庭数字化建设更合适？我们淘汰数亿台模拟电视机、国内多条模拟电视机生产线、上千家电视台的上万条模拟电视编辑系统仅仅为了收看现在播出的电视节目吗？我们能否在这个周期中开发出自主知识产权的全套的数字电视设备，在电视传播生存过程中实现电视数字化技术生存，这是个重要的问题。

第二章

电视市场：电视受众本体生存

第一节　电视受众：电视市场主体描述

“市场”最初的含义是指商品交易的场所，“市”就是买卖，“场”就是场所，所谓“市场”即买者和卖者在一定的时间聚集在一起，进行商品交易的场所。这是关于市场的古老的定义。最初，人们对于商品和服务的交换是物物交换为主，这就要求交换双方必须在约定的时间和地点进行。一定的时间和空间为物物交换创造了条件，但同时又限制了物物交换的规模与范围。

随着科学技术以及社会发展模式的持续进步，人类社会分工不断精细化，生产力水平不断提高。此时，商品交换已经并不局限在某些时间和某些场所来进行，而是采取公告、电话、电报、传真、网络、电视等多种方式实现商品交换的目标。这个改变很重要，其革命性在于在进行商品交换的同时已经存在公共信息的介入了。市场的含义也随之深化，市场不仅仅指交易的场所，而成为卖者和买者进行商品交换的社会关系总和，而这个社会关系总和的连接纽带是散布在社会各个角落的各类信息。其中，由于公共或大众信息传播的介入，使得信息对于交易双方的行为构成信息控制体系。新技术的发展，互联网的普及，促使交易渠道和方式再次革新，网络媒体和网络市场应运而生。如今，网上购物、网络竞买竞卖已经成为许多年轻人习以为常的购物方式。电视媒体的超强影响力使得买卖双方以此为纽带建立了现代化公共信息平台。电视媒体提供的公共信息以及针对目标人群的精确信息使得市场中蕴含的购买与卖出效能处于可控制的范围内，买卖双方的存在方式不仅仅是交易过程或实际交割结果，而是部分地转变为对于以电视为代表的公共信息资源的占有方式与占有量的角逐。因为公共信息的占有方式与占有量成为现代社会商品交换以及贫富差距的核心指标之一。那种处于信息劣势的社会群体在经济生活中，社会存在的风险加大，经常处于社会从属与被支配地位；而拥有信息优势的群体则处于社会主导地位或支配地位。在这个过程中，已经可以了解到电视受众对于其市场行为意味着什么。知情权、高电视触达率意味着受众社会生活安全感的提升，意味着市场交易优势（起码是心理优势）的获得以及实际交割的利益倾斜。

信息可以改变人们的社会行为。信息可以划分为白色信息、灰色信息和黑色信息。下图是一座冰山，冰山露出水面的部分可以代表白色信息，这是社会大众可以轻易获得的公共信息；水面下一小段冰山，人类目光所及或可以探询到的部分代表灰色信息，这是受众以及媒体通过努力可以深入了解的部分信息；灰色信息以下，非信息制造者难以触及的冰山主体代表黑色信息。黑色信息是信息的价值核心，由于价值巨大经常被藏在水下很深的地方，于是，极少数的黑色信息知情者居于社会生活或传播事件的绝对主导或支配地位。美国在发动对伊拉克战争之前的一年多时间里，大玩黑色信息灰色化游戏，一会说很快开战，一会说开战时机远远未到，一会又说无意对伊动武，等等。这些信息由国家领导者和军事当局不断发布出来，由黑色信息变为灰色信息或白色信息，使得大众媒介信息心理战效能发挥到极致。萨达姆

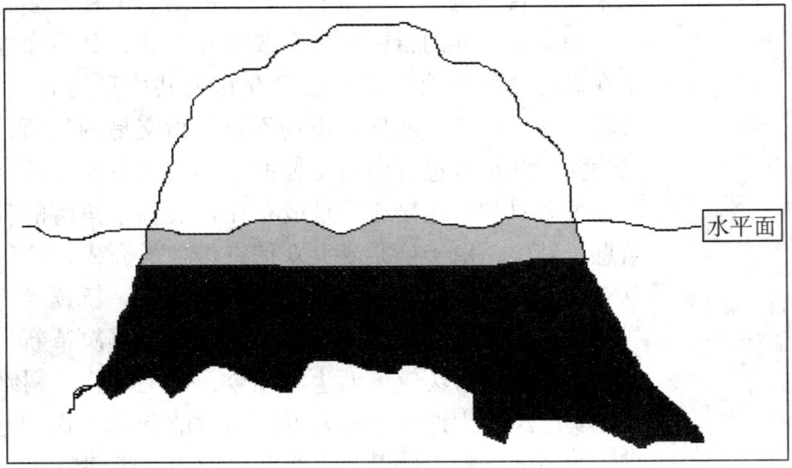

被俘后回忆说：在开战前的一刻，他仍然认为美国不会发动全面进攻。而世界石油期货价格以及相关金融产品价格，也由于这样的信息发布过程几起几落，美国军事当局趁机在资本市场筹措了数以千亿美元的战争经费。由信息冰山结构，我们不难发现信息社会存在的几个特征：一是不论白色的公共信息、半公开的灰色信息还是难以捕捉到的黑色信息，对于社会或客观世界来说，三者是一体化生存的，只是黑色信息虽然具有核心价值，但是难以获得。二是信息拥有者规模从白色信息、灰色信息到黑色信息呈现倒金字塔状态。黑色信息的拥有着人数少但处于社会统治地位。

这就为以电视为代表的大众传播工具在海面以下打捞黑色信息提供了动机。寻找“深喉”、通过对白色和灰色信息加工提炼进而对黑色信息进行猜想与判断便成为新闻媒体的主要工作目标。如果从信息的公开程度来考察，我们甚至可以把白色信息理解为可以发布的大众信息，那么灰色信息就是若隐若现的秘密信息，而黑色信息则是少数人持有的绝密信息。又由于三者的一体化存在，使得大众公共信息的秘密情报价值切实存在，这一属性使得新闻评论成为可能。人们确实可以通过公共信息的拼板游戏了解到或接近了解到事情的真相。当然，这个过程充满了信息控制的风险，也具备了信息传播的趣味。这在受众的媒体生存角度来看，就是知情权满足。

分类	信息拥有者	信息价值	信息存在方式	对利益冲击力	社会综合影响力	真实性
白色信息	媒体与受众	低	电视等媒体	小	小	弱
灰色信息	部分媒体与受众	比较高	少数知情者	大	大	较强
黑色信息	事件当事人利益相关者	极高	事件当事人内部或秘密档案	极大	极大	强

上表可以了解到大众媒介传播与受众知情权满足状况，以及三类信息的传播效果。传播效果是信息传播支配下受众的社会行为变迁。具体到电视市场来说，表现为电视信息对于受众市场行为的冲击。**这种冲击是电视视听读信息流不断作用于受众，改变受众的情绪、观点、态度、思维方法等心理行为指标，并进而驱动受众走入社会，通过一**

定社会行为实现市场目标或社会行为目标。

我们在此基本上涉及市场的主体了。市场主体已经由交易地点深化为一定时间和空间条件下的人群。由此可以了解到电视市场是基于电视受众的人群划分。电视信息传播在电视市场中起着重要的主导和支配地位。信息拥有者、信息传播者、信息受众三者构成共生关系，其信息拥有量与拥有方式的不平衡状态形成大众信息传播的势能，本质上反映着一定社会形态人群的贫富差距和社会信息分层，是一定社会形态下大众信息市场的结构。

但是我们仍然感觉到市场和电视市场这两个概念的模糊性。因为市场或受众不仅仅受到电视等大众传播工具的制约，受众构成的市场是一群活生生的，有主见、有知识、有思想、有情绪、有经验、有自主行为能力的人。所以我们有必要在此讨论一下市场的真实存在。市场或人群的社会行为受到以下六大因素的制约：

1. 地理因素。

人群生活在不同的地理环境中，其生活方式会有鲜明的地域烙印。平原利于耕作，临水需要行船，山区长于攀爬，草原喜欢游牧。地理环境使得气候、人文、风俗产生诸多差异，其市场需求、商品类型与商品的使用价值便产生了地域性差异，人们的性格特征、行为方式（包括资讯触达方式）都会产生变化。这直接导致市场功能地域性特征的存在，因此市场是可以分为地域性市场的。电视作品的地域性特征也十分明显。赵本山的电视小品在上海人眼里远远没有北方人感觉有趣；而电视剧《上海一家人》在北方电视台播出的反响远远低于在上海台的播出效果。电视连续剧《闯关东》由于题材的地域性强，在山东台和东北地区播出，其受欢迎程度远远高于在其他地方电视台播出。地域文化属性构成大众传播市场的分层。

2. 族群因素。

不论是民族还是宗教、宗族，抑或现代文化观主导下的社会文化族群，由于精神认同的趋同性存在，使得同一地区的人群出现价值判断方面的族群性偏转，并因而导致大众社会行为出现族群性分裂，市场行为也随之出现差异。一个行政区域内部，常常生活着不同民族与不同信仰的人群，其生活方式与商品需求迥异，对于大众信息的偏好度也出现差别。“哈韩”“哈日”人群在旁观者看来差不多，但是，其文化追求方向却相距甚远。心理动因是市场分裂的重要基础。

3. 人口基本属性统计资料因素。

性别、年龄、受教育程度、工资水平、婚姻状态等直接导致市场和社会行为的差异。复杂的信息结构不可能被幼儿和低学历人群所理解；成年人不可能衔着奶嘴去上班；婚姻不幸的人渴望美满的家庭；低收入人群买东西需要精打细算。受众的心理需求随着个人资料的改变而改变，受众心理需求的满足情况受到受众自身持有的社会资源的量的制约。受众所拥有的个人资料使得大众信息分为有用信息和垃圾信息。与自己利益相关的信息如可以带来市场机会的资讯、自己想知道的新闻、可以获得快乐情绪的信息、帮助自己打发无聊时间的信息等成为有用信息，自己不感兴趣或拒绝接受的信息则成为垃圾信息。

4．身体、心理因素。

受众的情绪波动、健康程度等因素直接导致自身媒体触达行为的改变。如果一个刚与别人争吵过或遇到不顺心的事情的人在触达娱乐节目时，可能无法接收节目与自身情绪的巨大差异性，也可能被娱乐节目所感染而将自身不开心的情绪驱赶出去。受众身体的健康程度对于大众传播方向也存在着明显的制约作用。一个刚动过胸外科手术的人收看相声或电视小品是极端不适合的，因为开怀大笑可以导致伤口的疼痛。而对于久病在家的人来说，电视节目作为一种安慰剂可以成为其消遣时光的主要手段。

5．行为的随机性。

人的社会行为大多数是有逻辑的社会行为，如高收入人群对于高档消费品的购买比例常常比低收入人群高。但是，这并不排斥高收入人群偶尔进行的“乞丐型”消费以及低收入人群对于奢侈品的“冲动型”购买。人的社会行为有时是非逻辑的或超逻辑的。这在电视触达方面也是一样，高端人群有时也许更需要浅层次的电视信息；低收入人群可能更需要理财辅导；青少年对于具有成人节目特征的电视触达可能更加积极。呆傻的受众在本书中是不存在的，受众是一群活生生的有着自主需求的人。他们用遥控器搜索电视频道与节目的时候大多数情况下是有逻辑可寻的，这种逻辑有时是媒体暗示给受众的，有时来自受众的性格偏好和需求变化。即便如此，受众也经常超越逻辑的束缚，这时受众接触电视也许只是无聊状态的一种显现。

6．综合因素。

上述六大因素综合作用，使得受众的脾气既有规律可循，又非常怪异，难以琢磨。受众的市场行为既受到自身思想基础、经济能力、商品需求的直接制约，也会毫无目的地随机行动。电视受众的电视触达行为也是如此。受众的个人资料就像地球内部的岩浆，它的涌动与喷发受到的制约因素是极为复杂的。受众追捧某个频道、某个时段、某个节目，其行为看似散漫或随意，但是却有着深刻的动机基础。个人资料的综合作用决定着受众的总体偏好和实际的电视收看行为的随机性。由此可见，受众并不像我们经常看到的市场分析报告中存在的几个类型的呆头呆脑的人的集合体，而是具有自主行为能力的活生生的人。这些人构成的群体的社会行为、市场行为、媒体行为、电视行为有时显得有规律可循，有时则会出现行为方面的混乱或非逻辑性。其根本原因在于人群的个人资料决定着市场的走向，**市场是一定人群个人资料的总和。**

上述六个制约因素本质上揭示出受众个人资料的二重性：一是受众个人资料的相对稳定性，这成为市场细分的基础；二是受众所拥有的个人资料大部分是经常变化的，**这种个人资料的不确定性使得市场经常处于重组状态，并为电视传播说服部分受众改变生活态度、改变生活方式、改变社会行为方式提供了机会。**

所以，我们把市场定义为一定人群个人资料的总和，并**把电视市场定义为基于电视直接触达或间接触达的人群个人资料的总和；或者是基于电视存在的一定人群的价值观共变关系。**这里所说的人群显然与受众这个概念是合二为一的。

共变关系也称为相关关系，是事物内部或事物与事物之间的一种空间关系。一个事物发生变化使得另一个事物也随之发生变化便构成事物之间的共变关系；在事物内部一个变量发生变化，其他变量也随之发生变化也构成共变关系。比如一块钢化玻璃只要其任何局部破碎，整块玻璃便跟着破碎。这就是典型的共变关系。市场是基于一定人群的价值观共变关系，这是说市场是一定人群个人资料的总和，人群的个人资料综合在一起构成市场的偏好度，但是个人资料最终受到价值判断的制约。即价值判断可以实实在在地调动蕴含在受众中的资金、购买力、品牌偏好、口味以及购物场所、购物方式。一些受众并不富有，由于从新闻报道中了解到别人遇到生活中的困难，便慷慨解囊相助；消费者本来很忠诚于一种世界品牌，但是这个品牌的老板资助海外的反华组织，消费者得知这一信息的时候，立即会产生对于这个品牌的恶感度，从此不再购买其忠诚已久的这个品牌的产品，甚至将已经购买的该品牌产品弃而不用。价值判断是实实在在的共变关系。电视市场正是基于电视传播的受众价值判断的共变关系，来完成电视与受众、电视与广告商、广告商与广告主、商家与消费者之间的共变关系的构筑。这就是基于电视大众传播的市场结构。电视传播内容在受众心目中产生的好感度与恶感度构成市场消费的倾向和多重利益结构。

电视节目、电视广告等传播正是通过打破受众群所既有的价值取向，并由此建立新的价值观共变关系而获得市场能量的。

第二节 受众的社会学属性

电视受众与电视观众这两个概念最根本的区别在于电视受众是电视基于市场的集合概念。电视观众这个概念，有时是集合概念，有时单指看电视的那一个人。电视受众则永远是一个集合概念。目前，业界对于这两个概念的使用存在着一些混乱。如，某位观众表达了自己的一个意见，这个意见可以被说成是“一个观众的意见”，而不能说成为“一个受众的意见”；但是“受众的意见”，我们却可以说成是“观众意见”。这有点像树木和森林的关系。森林是由树木组成的，但是树木的属性与森林的属性应当作为两个事物加以描述。树木有树木的属性，森林有森林的属性。如森林具有的保持水土、涵养水源的属性，树木是不具备的，混淆了二者的区别便违反了逻辑同一律。

那么受众这个集合概念有怎样的属性呢？我们先从受众的社会属性说起。

人类的社会性使得人不断寻求人群的相互依存以获得安全与认同，但是人又是自主意识很强的动物，在与同类发生利益重叠时，本能地会考虑自己的利益。个体生存与种族的延续是人类永远需要面对的两个基本命题。这两个基本命题并不因为电视的出现而彻底改变。相反，电视等大众媒体使得这两个基本命题的表达更加深刻和丰富多彩。从这里出发，我们可以清晰地勾勒出受众的社会属性。

社会属性	相互依存性	相互排斥性	行为不确定性	集体意识属性	集体无意识属性	社会阶层性	市场虚拟性
具体表现	一定时空、行为一致、观点一致	在更大的群体中受众群的相对独立性	建立、跟随、反对等经常错位	事实、判断、理想、目标、道德的自觉跟随与约束	一定历史条件下的约定俗成	文化符号的阶层性隔膜	基于利益关系的族群划分或符号认同与媒体猜想

续表

社会属性	相互依存性	相互排斥性	行为不确定性	集体意识属性	集体无意识属性	社会阶层性	市场虚拟性
动机与基础	安全感获得与情感认同	小圈子的利益表达	利益关系的建立与重组经常发生	观点与行为的一致性	民族、地域的口味、趣味标准	对本阶层的认同，对高阶层的向往，对低阶层的回避	意识形态与价值猜想形成的媒体行为方式

（一）受众的相互依存性

受众的相互依存性直接来源于人类社会群体的生存方式，在由猿到人的进化过程中，人类靠相互依存获得暴风雨中的温暖，靠相互依存取得与各种野兽搏斗的胜利，相互依存创造了农耕文化。由于生活资料长期缺乏，早期人类出现了攸关生存的原始部落争斗，这时以部落为单位的相互争斗掠夺时常发生，同类相残成为人类的痼疾。即便在部落内部，由于社会等级的出现，围绕交配权、生活资料分配以及部落首长的产生也时常发生残酷的争斗。这样的问题或基本的社会结构直到今天的信息化社会初期或后工业化时代还一直存在，而且丝毫看不到消亡的迹象。社会达尔文主义是人类需要思考而又难以解决的痼疾。这个问题对于受众的电视生存是十分基础的。CNN 的卡弗蒂先生对于中国的无端指责与谩骂就源于原始人类遗传至今的妒忌心理以及与现代冷战思维类似的原始部落争斗意识。在世界范围内存在的电视媒体、电视作品中处处可见的战争、强权、暴力传播并不因为传播手段的现代化而减少。相反，有关超级大国的强权、恫吓与凌弱每天都在发生。与古代社会所不同的是，这种社会存在由于电视媒体的播送呈现为信息生存模式。在这样的背景下，受众的媒体社会化生存对于安全感的获得有着本能的追求。这就是受众基于观点、情感认同的相互依存属性。受众心理的认同在部分受众中使得行为方式出现一致性，偶像与粉丝、对于电视剧主人公的服装配饰的模仿等使得人群出现基于电视传播的文化部落。这是受众的文化分裂，但对于文化部落内部人群来说，是一种相互依存，一如远古人类面对夜晚的深邃与恐怖而挤靠在一起相互取暖、相互慰藉。受众这样的聚集一般情况下是呈散沙状存在于社会的各个角落，但不排除其中的激进者在社会上形成文化联盟或组织。如歌友会、粉丝团之类；也不排斥基于电视的受众团体利用多媒体发表意见、进行传播互动。这是电视生存的一种极端模式，其中蕴含着传播社会学表达和整合传播营销的机会。这样的认同方式使得广告商通过有意识的传播行为，在目标受众中形成有意识的认同与无意识的心理反应。这是广告传播的出发点，也是各类电视节目追求的境界。电视节目、特别是影响力比较大的电视节目正是通过受众的相互依存性构筑成自己的目标市场，这是受众群内部以及受众和电视媒体之间构筑而成的实实在在的利益联盟。

（二）受众的相互排斥性

与受众的相互依存性相对应的是受众的相互排斥性。媒体与受众在价值判断与情感结构、思维方式、美学趣味诸方面相互寻找并结成时而紧密、时而松散的联盟关系。这是节目与目标受众的对应性联结，是频道、节目设计的基础。由于受众在社会行为方面差异巨大，特别是由于受众持有的社会资源规模与方式相差甚远，使得这种对应与依存只能在受众的一部分中实现，我们把这群人称为分众。而受众全体被不同频道不同节目分割成不同的文化部落。这些松散的部落之间的共同存在构成社会传播生态或电视传播生态。其中部落与部落之间，有时相互依存，有时相互排斥，有时甚至表现为对立与冲突。在电视传播方面，受众的这种松散的，有时不自知的联盟成为信息到达与有效传播的隔膜。同样的一组信息，不同的目标受众群其接受程度与接受方式存在着明显的差异。例如，某经济资讯节目试图提高收视率，栏目制片人详细制订了一个大幅度拉升收视率的计划向我征询意见。经过认真研究，我提出了否定意见。理由很简单，经济学知识的系统性、专业性很强。知识的瓶颈使得低学历人群无法完整消费其节目信息，而收视率是由这部分社会大众拉动的。知识的深度与给予方式构成族群之间的传播隔膜。那么，CCTV－10的《百家讲坛》节目之所以能够出现大众追捧的局面，主要是对知识的难度进行了强化管理，使得部分高深的专业领域的学术信息重新打包为能够被大众所接受的电视受众信息。

受众的相互排斥性与受众的相互依存性是合二为一的问题。一般来说，越小的受众部落其内部的相互依存度越强，它对部落外的排斥性也越强。所以，分众内部依存性的高低与对外排斥性的高低呈现正相关关系。这一点在台湾地区表现得十分充分。台湾地区前领导人陈水扁执政时通过制造所谓本省人与外省人、客家人、年轻人等多层次族群对立与冲突，趁机捞取政治资本、浑水摸鱼大肆贪腐，其主要手段就是通过以电视为代表的传播对立制造社会分裂。所以，电视媒体、频道、节目传播的在价值判断方面的分离程度以及分离方式可以清晰地反映一个社会的健康度和社会结构。中国要建立和谐社会不可不重视这个硬性指标，中国媒体在与海外强势媒体博弈的过程中也不可小视这个指标。

这个指标对于不同的电视台和电视频道来说也有着重大的实践意义。电视台、频道、节目与受众的部落联盟等于市场竞争力。受众部落联盟的规模即忠实受众规模，受众与节目关系的紧密程度即受众忠实度。在整个电视市场，不同类型节目的忠实度可以清楚地反映出受众的偏好度。（如图所示）虽然音乐、法制、财经和青少类节目的收视率大大低于更具大众属性的电视剧和新闻类节目，但是其收看忠实度却明显高于后二者。这说明，正当电视剧以铺天盖地之势妄图捕获众人关注的眼球之时，那些更能契合某一部分受众心理偏好的主题式节目正在悄然潜入大众的心灵深处，从根本上掌握着受众的收视倾向和选择行为。

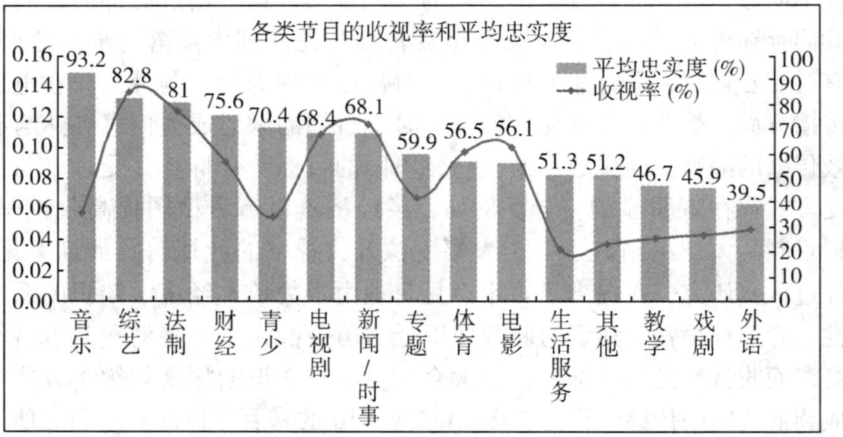

数据来源：央视索福瑞（CSM）收视率监测，2008 年。

（三）受众行为的不确定性

受众之于自身社会行为以及相对应的媒体触达行为受到受众自身利益的主导而出现一定程度的不确定性。利益的获得、利益的分化瓦解、利益的重组使得受众群处于时常的分化、瓦解、重组之中。基于这一点，曾有西方学者将受众描述为一群乌合之众。对于电视新闻事件或某个传播观点，某一部分受众之间出现观点认同等关联的同时，便会与另一部分受众形成差异或对立。随着传播事件的发展以及报道的持续进行，受众会随之不断分化、瓦解与重组。这时，如果出现了另外的具有强关注度的新闻报道，受众又会把目光迅速转移到新的关注点上。媒体和受众开始形成新一轮的信息利益争夺：受众总是能够根据大众传播的多元性找到自己观点、思维方式、情感表达的归宿。其不确定性反映的是其利益的主导、自身观点的变化以及新的关注点的出现。这实际上为媒体进行舆论的有效引导提供了重要的依据。

受众行为的不确定性还表现为受众对于电视等大众传播艺术手段、技巧、方式、形态方面的喜新厌旧。电视等大众传播对于受众的刺激阈值的不断拓展并不一定是好事。当节目的刺激阈值达到社会受众容忍极限的时候，也是某类电视节目或某个电视节目面临消亡的时刻。我把这个过程描述为香烟效应。香烟中的尼古丁等成分可以使吸烟者兴奋，但是随着烟龄的增加，吸烟的数量需要不断增加才能满足吸烟者对于这种外界刺激的快感追求。烟草对于吸烟者的刺激阈值的不断拓展是其主要原因。直到产生健康问题，许多烟民才不得不忍痛割爱开始戒掉烟瘾。在社会生活中，烟民的吸烟行为不断困扰着家人和身边的人，烟瘾的发作也不断困扰着自己。同样，电视节目从内容到形式对于受众的感官刺激阈值也是不能够无限拓展的，当一种节目形态被争相追逐并无限放大的时候，它离死亡只有一步之遥。2005 年以后迅速兴起又迅速退潮的真人秀选秀节目就是明证。电视娱乐节目过度追求感官刺激导致的部分衰退也是值得思考的案例。当电视传播超越一定社会形态下的政治原则、道德尺度、文化容忍度的时候，受众的不确定性就凸显出来，某部分受众的过分喜爱与某部分受众的深度厌恶可能会同时出现，这时传播已经对社会和谐构成困扰和危害，随之而来的是行业管理部门的干预。这种干预是确保社会健康度所必需的。电视等大众传播的内容与形式可以为目标受众群带来适度的快乐感受，前提是它不能伤害到其他族群的快乐的权利，更不能牺牲社会的健康度。这就是社会的刺激阈值，即社会的容忍度。

需要强调的是，大众传播的社会容忍度受到一定时间空间范围内政治法律制度和社会意识形态的制约。大众传播社会容忍度比较低的社会是不健康的社会，具体表现为受众心胸的过度狭隘或社会目标的过分偏执，社会自由度与民主热情的普遍缺乏；但大众传播社会容忍度过高的社会，如果电视节目等大众传播以及相对应的目标受众对于国格、人格、秩序和行为规范缺乏起码的认知能力，这样的社会也是不健康的社会，是新自由主义的社会变态。电视等大众传播不能超越相应的历史阶段的社会意识形态而孤立存在，否则，电视等大众传播会给社会带来相应的困扰甚至社会问题。大众传播的自由度与社会健康度的平衡关系应当成为大众传播业者自觉追求的目标和行业管理者进行行业管理的核心指标。

那么，电视传播对于受众感官刺激阈值的不断拓展真的会产生负面的传播效能吗？回答是肯定的。因为大众传播不是小范围的个人之间的传播，其存在基础或核心目标是社会大众的综合影响力获得。而要实现这一目标，电视等大众传媒之间的竞争焦点是受众的注意力。当数千个电视频道争夺13亿电视观众的注意力的时候，如果声音不够大、画面不够刺激、内容冲突不够激烈很难在市场中脱颖而出。这就是电视台争相推出热播节目的原因。而热播节目本身的特质或核心竞争力在于冲突设计方式与冲突强度的不断升级。这不能不让人忧虑。

节目冲突	观点冲突	肢体冲突	情感冲突	人性冲突	组织冲突	国际冲突
冲突表现	观点与思维方法的对立	人与人之间的肢体争斗	复杂多变的情感断裂	人类本性与道德、法制层面发生的冲突	基于族群价值判断的群体冲突	基于国家认同的冲突、战争、国家恐怖事件等
节目类型与冲突方式的匹配关系	新闻、评论、娱乐节目、现场节目	新闻、专题、影视剧、娱乐节目	情感类现场节目、专题、影视剧等	新闻、专题、娱乐节目、情感类节目、影视剧等	新闻、纪录片、影视剧等	新闻、评论、纪录片与影视剧等

上表所列举的电视等大众媒体的冲突方式并不是孤立存在于实际传播过程中的，而是多种冲突纠集在一起形成传播的复合冲突。对于冲突的有效管理是大众媒体运营者传播能力的具体显现。优秀的或对于社会有正面意义的传播一定是通过主流的价值判断驾驭传播冲突实现传播和谐的过程，或通过冲突的传播提供社会思考的范本并积极推动社会进步的传播。而蹩脚的大众传播则是将冲突的焦点感官化处理，从而置社会综合影响力于不顾。这样的电视传播常常流于庸俗。由此可见，没有冲突就没有大众传播的存在，问题是我们的传播的出发点和着力点在哪里，是否能够将各类社会冲突题材化解为和谐的传播效果是衡量电视传播艺术水准的重要指标。纵观电视发展的历史，有些

国家和地区的电视荧屏充斥着暴力与色情诱惑，但他们并不是从开始就是这样的，而是对于受众感官阈值的不断刺激形成的电视传播变态，或电视与受众的共同异化。电视传播不应当让粉色新闻和黑色故事充斥屏幕，色情与死亡的传播应当有自己的界限。那种由普通案件的披露出发，逐步走向渲染杀人、暴露血腥和屠杀的大众传播逻辑链条应当彻底打破；那种恶整人格的现场节目应当自律；电视节目中的流氓习气应当剔除。

（四）受众的集体意识

受众的集体意识是受众之于大众传播中的事实判断、价值取向、社会理想、社会目标、法制与道德的自觉跟随与自我约束，形成传播观点、受众观点与社会行为的一致性。从这个角度来看，把受众描述为“乌合之众”显然存在着重要缺陷，受众可以通过传播统一思想意志，建立起比较广泛的利益联盟。这种联盟虽然不具备社会组织的形态与功能，但是具备一个群体的自我组织能力和社会行为能力。如：对待公共事务的态度与行动。2008 年四川汶川大地震发生以后，电视新闻播发了震区缺乏用于抢救受伤者的血液的信息，一时间全国各地受众自发地来到本地的血液采集部门为灾区献血。很快，全国的各个血库便存满各种血型的血液，并及时运送到灾区一线。这是新闻报道与受众的集体意识的紧密结合，并形成社会行为的例证。关于地震灾区的新闻报道很快在受众中形成具备统一意志、统一行动的人群。这个群体打破了性别、年龄、学历、行业等限制，成为基于新闻报道的认同者与相关行为的实践者，这一方面表明了新闻传播的社会能力，一方面体现了受众的集体意识。

（五）受众的集体无意识

受众的集体无意识是指在一定历史时间与空间范围内形成的受众不自知的但是却因长期积淀在自己内心存在的政治观、历史观、文化观、生活习惯以及思维方式、思维习惯、情感方式等。其中既有其他地域与时代的人群具备的一些特征，又具有自身的特质。集体无意识在平时表现为集体潜意识和集体麻木，但在传播的诱导下可以迅速转变为集体意识和集体行动。欧美媒介对于中国的指责由来已久。“二战”以后，出于意识形态斗争和冷战的需要，欧美媒体对于受众的长期培养，形成了受众对于中国传播的思维定式：那就是抹黑中国甚至妖魔化中国。这在 2008 年北京奥运会火炬传递过程中，美国 CNN 新闻评论员卡弗蒂的辱华言论中得到了最为集中的显现。

卡弗蒂辱华言论的中英文对照

我不知道中国有什么不同，但我们与中国的关系肯定是不同的。有一件事几乎可以肯定，因为在伊拉克打仗，我们已经把身上几乎所有的东西都质押给了中国。他们持有我们数以千亿计的美元，我们持有的却是数以千亿计的贸易逆差。可我们还在不断进口他们的垃圾商品，上面有超标的铅，而且，宠物食品也有毒。此外你知道，我们把就业机会也给出口了，出口到那些地方，每月只要付几个小钱，他们就能把我们在沃尔玛要买的东西制造出来。所以我认为，我们与中国的关系真的是不同了。我认为，他们基本上同过去50年一样是一帮暴徒和恶棍。	"I don't know if China is any different, but our relationship with China is certainly different." "We're in hock to the Chinese up to our eyeballs because of the war in Iraq, for one thing. They're holding hundreds of billions of dollars worth of our paper. We are also running hundreds of billions of dollars' worth of trade deficits with them, as we continue to import their junk with the lead paint on them and the poisoned pet food and export, you know, jobs to places where you can pay workers a dollar a month to turn out the stuff that we're buying from Wal-Mart." "So I think our relationship with China has certainly changed, I think they're basically the same bunch of goons and thugs they've been for the last 50 years."

他的上述言论我们可以拆解如下表。由此我们不难看出，新闻真实与新闻自由这两个命题的悖论关系。西方的卡弗蒂们在谩骂中国的时候想到的是“新闻自由”命题，这时的新闻自由等于他有权不顾“新闻真实”而“自由谩骂”中国人和中国政府。

卡弗蒂言论信息要点拆解

卡弗蒂言论要点	卡弗蒂言论背景剖析
美国在伊拉克打仗	造成4000多美国人死亡等
中国拿着美国千百亿美元	中国外汇储备
美国拿着千百亿美元贸易逆差	美国贸易逆差与次贷危机
美国进口中国的商品是垃圾	诋毁中国制造
超标的铅	美国的非贸易壁垒
宠物食品也有毒	儿童玩具与食品有问题
美国就业机会也出口了	美国失业率归罪中国
中国付几个小钱	诋毁中国的人权状况

续表

卡弗蒂言论要点	卡弗蒂言论背景剖析
把沃尔玛的商品造出来	诋毁中国制造
中国同过去 50 年一样	否定中国的成就
是暴徒和恶棍	归罪 + 标签 + 情绪制造

此图表清晰地表明了卡弗蒂本人新闻评论中逻辑的混乱与混淆是非，他的真实目的是通过上述言论的制造把美国当时面临的诸多社会问题转嫁到中国身上。最后甚至用谩骂的语言诋毁中国。卡弗蒂言论的要害在于他清晰地知道数十年来美国媒体的反华宣传在美国受众中形成的对于中国全面认识方面存在的集体无意识，在这样的评论过程中，他试图通过制造反华情绪唤醒受众的这种集体无意识并使之变为集体意识，以达到其辱华反华的目的。我之所以将这一辱华传播事件称为“CNN 症候群”正是基于西方媒体与其忠实受众长期形成的这种集体无意识，这显然是当代欧美部分媒体与其忠实受众共同患有的一种社会心理疾病。

受众的集体意识与集体无意识可以通过一定的传播实现能量转换。长期的集体意识可以积淀为受众的集体无意识，而集体无意识可以被唤醒并成为集体意识的有力支撑。中国媒体在今后一个时期针对欧美受众的集体无意识的改造任重道远。

受众的集体无意识的唤醒在 2008 年中国四川汶川大地震中表现得极为充分。2008 年中国经历了太多的事情，其中四川汶川大地震使得长期被媒体指责的“80 后”即 1980 年以后出生的年轻人一夜之间就长大成人了。他们不仅仅扔掉了“垮掉的一代”的帽子，而且一跃成为抗震救灾的社会中坚力量。抗震救灾中的解放军指战员、武警官兵、救灾志愿者、捐款者、献血者……方方面面，“80 后”集体成为救灾的主力军。“80 后”作为媒体市场的分众，其实早在抗震救灾前就已经完成了自身的超越。当北京奥运会火炬在海外传递遭遇困难时，当卡弗蒂辱华言论肆虐时，当某些西方网站、西方电视台等新闻媒体借西藏事件发布一系列虚假新闻时，“80 后”已经挺身而出。这是他们由自我为中心的价值观向“我们”这个集体无意识的集体寻找，是由小我向民族大我的集体有意识的回归。

其实早在 2007 年，我在中央电视台内部的业务讲座中曾经详细分析并充分肯定过“80 后”这个特殊的群体。据 CTR 全国读者调查显示，“80 后”群体的各项人群社会指标普遍优于上一辈人。这群人与他们的前辈最大的不同是发现了自我的价值：一种强调自我又没有抛弃“我们”的价值观。他们的社会责任意识、公益意识、知识水准、国际观、健康意识、传统意识等指标全面优于其他社会人群。国家认同、民族认同指标则与其他人群相当。“80 后”人群所缺乏的是社会经验与生活磨难的历练。这次四川汶川大地震正是他们通过考试的历史机遇，他们向社会交出了令人满意的答卷。中国的“80 后”是世界上最为优秀的年轻人，是中国社会可持续发展可以依靠的力量。

值得反思的是，之前媒体贴在“80 后”身上的标签并不令人满意。媒体这个放大器夸大了某些个案，使得“80 后”长期处于不被理解的社会地位，形成的集体意识与集体无意识值得我们认真研究与思考。媒体针对某个人群的长期指责与挑剔对于构建和谐社会是不利的。对于社会的年轻族群，媒体应当给予更多的宽容、鼓励与指导。

（六）受众的社会阶层性

中国受众随着改革开放的深入发展出现了一些新的变化，其拥有的社会财富总量与财富获取手段、财富积累方式出现差异，这使得社会人群逐步呈现阶层性划分。但我在这里还要强调另外一个人群划分指标：大众媒介信息的人群拥有量与拥有方式的差异性。这是造成信息富有与信息贫困的主要指标。而且信息的富有程度与经济和物质财富的富有程度呈现正相关关系。不仅如此，财富和大众信息传播方面还可以相互进行能量交换，二者几乎成为共生体。一方面，社会剩余资金向资本的转变以及海外资本的不断流入，使得中国传媒产业的所有制成分在产业链末端即市场呈现多元化倾向。而资本最终会转化为价值判断——因为不同所有制成分的资本本身便贴有不同价值判断的标签。另一方面，资本持有者的价值判断可以决定资本投资过程的顺利与否，这是转型期中国的独有特色。

受众的阶层属性在这样的历史背景下便出现了。社会分层指的是依据一定具有社会意义的属性，社会人群被区分为高低有序的不同等级、层次的过程与现象。价值观分层将成为媒介市场细分与裂变的主要依据和特征。中国社科院《当代中国社会阶层研究报告》认为：以职业分类为基础、以组织资源、经济资源和文化资源的占有状况为标准划分当代中国社会阶层结构的基本形态，它由十个社会阶层和五种社会地位等级组成。这十个社会阶层是：国家与社会管理者阶层、经理人员阶层、私营企业主阶层、专业技术人员阶层、办事人员阶层、个体工商户阶层、商业服务业员工阶层、产业工人阶层、农业劳动者阶层和城乡无业失业半失业者阶层。它们分属五种社会地位等级：上层、中上、中中、中下、底层。

社会分层在传媒领域的表现是，受众根据自己的财富拥有量与拥有方式和资讯的拥有量与拥有方式建立自己的利益思考点和对于大众传媒本身的价值判断思想体系，大众媒体根据目标受众群的价值判断寻找目标市场。受众与媒体通过相互欣赏或价值判断共振形成传播联盟关系。

这是后媒体时代中国电视或媒体受众细分市场最为重要的依据。20 世纪 90 年代理论界关于电视题材细分理论的描述已经在最近几年成为次要的市场细分指标，这样的理论夸大了不同题材电视传播的差异性，在频道定位、节目设计、电视台内部部门设置等环节几乎把传播题材的差异作为唯一指标加以考虑，使得中国电视台之间、频道之间、节目之间同构同质现象非常严重。受众对于一个社会传播事件的关注是完整的跨题材关注。青少年题材的节目不等于青少年节目，因为青少年题材的节目受到全社会的关注；同理，女性题材的节目不等于女性节目，老年题材的节目不等于老年节目，军事题材的节目不等于军事节目，经济题材的节目并不等于经济节目。受众不仅仅是题材偏好者，他们随着社会阶层的划分，更注意价值判断的阶层属性。以阶层性为基础的价值判断体系是未来一个时期中国大众传媒细分市场的核心指标。

本人在 2003 年的一项电视收视率研究工作中，发现了这样的情况：两档看似毫无题材相关性的栏目，一档为军事类深度访谈栏目，一档为时尚类栏目，在对其各项收视率指标进行计算后发现：二者虽然在收视率、收视份额以及观众规模等主要指标上均存在明显的差异，但是，在 25 ~ 34 岁、高中以上教育程度和月收入 1200 ~ 3200 元的观众群中的收看重叠率却出乎意料的高，平均可达 70% 以上。是什么原因导致两档节目的宏观指标的绝对背离，而微观数值的相对集中呢？带着这个疑问我们请来一部分观众进行了面对面的深度访谈，结果发现：这部分年龄处于 25 ~ 34 岁、高中以上教育程度和月收入 1200 ~ 3200 元的年轻群体在当下的社会生存中具有非常雷同的阶层特质和文化需求。他们大多受过良好的教育，经济条件也相对宽裕，有着三年以上的工作经验，是典型的年轻白领阶层，“快乐着并担忧着”是他们当下典型的心理状态。他们一方面享受着年轻、时尚的生活方式；另一方面又在瞬息万变的社会形势和日益激烈的行业竞争中担忧着自己内在综合素质的极度匮乏，渴望迅速用各种知识将自己武装起来。而电视媒体是获得各种主流信息、主流价值观最便捷的平台，他们不仅在电视媒体中获取自己喜欢的服装、配饰、娱乐等时尚类信息，也如饥似渴地汲取着诸如政治、军事、经济等各方面的文化信息。以此来获得同阶层和更高阶层的身份认同感与向上攀升的资本。回到问题本身来，我们现在就不难解释为什么两档题材毫不相关的栏目却拥有几乎完全相同的观众，这是受众阶层属性、价值取向的趋同性在大众媒体或电视节目选择过程中的具体显现。

甲、乙节目的各项收视指标对比

栏目	平均收视率%	市场份额%	观众规模（1个月的累计到达率）
甲栏目——某军事类深度访谈栏目	0.2731	1.1356	4.9765
乙栏目——某时尚类栏目	0.147	0.551	2.547

数据来源：央视索福瑞（CSM）收视率监测，2008年。

甲、乙节目的观众重叠率（%）

观众构成	观众重叠率%
年龄25～34岁	74.1
高中以上教育程度	69.7
月收入1200～2000元	68.6
月收入2000～3200元	70.7

数据来源：央视索福瑞（CSM）收视率监测，2008年。

（七）受众的市场虚拟性

受众的市场虚拟性以受众本体的虚拟性为基础。受众本体的虚拟性指受众在观赏电视节目过程中角色对调或内模仿过程。受众受到电视节目信息的控制产生情绪和态度、观点的波动、转变的过程中，始终伴随着自身肌肉的抽动和复杂的心理行为，当受众被电视节目中的新闻人物或艺术角色所感染的时候，受众甚至可以将自己幻想为该新闻人物或艺术角色。在更多的时候，受众在接受大众媒介信息的时候，在意识层面和潜意识层面都把自己当做正义的化身和事件的评判者。这便是受众的虚拟性。大众媒体经常利用受众的虚拟性编织动人的传播故事，或者以大众代言人的身份通过媒体判断讨好受众自身的判断，寻求相互认同感的确立——这是大众媒体培养忠实受众的重要基础。

这是一个抽象而有趣的命题。试想，当一个颇具影响力的电视节目播放的时候，不同性别、不同年龄、不同社会背景的电视观众在社会各个角落内心随着节目波浪起伏，大家像做体操一样发生着心理变化、角色的转换和行为的内心模拟，这是怎样的社会景象呢！这在北京奥运会电视转播中得到了很好的印证。当中国举重运动员冲击奖牌的关键时刻，亿万电视观众和运动员一样屏住呼吸，不自觉地通过自己肌肉的轻微运动体验试举的成功。当中国运动员获得奖牌的时刻，观众的激动情绪并不亚于运动员本人；当升国旗奏国歌的那一刻，亿万观众与领奖台上中国运动员一道流出激动的泪水。受众的虚拟性本质上体现出在大众传播信息的控制下，受众心理行为与具体行为的趋同性和差异性。当媒体渲染暴力和色情的时候，容易在青少年和大众中产生不良影响正是这个道理。值得指出的是，近年来兴起的电子游戏对于暴力、色情的渲染会使部分玩家形成心理行为模式，这是诱发社会问题的心理基础。当然，这一原理也可以运用到诸多有意义的事情之中，飞行员的模拟飞行器训练、军事演习中的沙盘推演等就是例证。

受众的虚拟性是个复杂的问题。对于传播观点的认同与反对、对于传媒人物的喜爱或厌恶、对于某些事务的敏感与麻木都属于受众的虚拟行为显现。有时，受众的虚拟性表达为受众的一种愿望。2008 年四川汶川大地震是人类共同的灾难，造成了灾区人员与财产的重大损失。但是，美国影星沙朗斯通在戛纳接受香港记者采访时无视人类生命的尊严，将地震说成是上天对于中国的“报复”，引起世界舆论的哗然和具有人类良知的人们的强烈愤慨。这时，网络上有一条虚拟的消息引起了大家的强烈关注：某中国女影星与沙朗斯通相遇戛纳，中国女星给了沙朗斯通一记耳光。这则虚拟消息是网友借中国女星之手完成的一次虚拟行为，使得部分愤怒到极点的受众心理行为得到部分宣泄。这来自网络的一记虚拟耳光不能够简单地用虚假消息来判断，它是受众态度与情绪的直接宣泄，是受众用虚拟的方式对沙朗斯通的道德审判。

受众的市场虚拟性指大众媒体对于受众市场基于利益关系的猜想与模拟化确定。其目的是通过受众规划获得媒体的受众认同和综合市场认同。是媒体运营者意识形态与价值猜想的具体显现，并通过实现广告目标或综合影响力指标获得市场地位。就拿电视广告创意与制作来说吧，广告主希望把自己的品牌、产品和服务推销给消费者与合作伙伴，但是如何诉求才能调动受众的口味与市场消费行为呢？这必须理解受众的市场虚拟性，即确立广告目标受众群与广告产品的目标消费者之间的重叠关系，以及广告诉求方式与受众接受方式之间的重叠关系，然后再进行创意与制作。理解了广告诉求过程中受众的市场虚拟性问题并在实践中正确运用这一原理，其广告创意与传播才可以实现预期的诉求效果。那种创意很花哨但没有收到预期传播效果的广告，一定存在着对于目标受众市场虚拟性方面的设计偏颇与差错。其他类型的电视节目诉求也是这样。

第三节 受众的经济学属性：受众的商品交换价值

在本书写作过程中，我越来越感觉到有关受众本体的揭示是一个不可回避的理论问题。在近些年从事的受众研究过程中，我仔细地甄别着受众的电视收看行为，从受众的触达方式到受众的社会行为方式，以及受众之于媒体人、广告主与广告商的价值。在受众作为一个集合概念的社会综合属性逐步被揭示后，受众的经济学属性越发凸显出来。

受众经济学属性	受众的价值	受众的使用价值	媒体与市场兼容性	受众行为的模糊性
基本定性或功能	受众是基于媒体的社会关系的总和。	以消费力为代表的社会行为能力。	媒体与经济基本面的融合与对抗。	利益与观念的冲突与和谐：价值观分层。
表现与描述	基于经济等社会关系的行为驱动。	支付与潜在支付能力，媒体、受众、企业的转移支付。	媒体细分市场对于其他市场细分手段的控制。	社会行为的多元重组的不断发生。

电视台等媒体、受众、广告商或媒体购买者这三者的关系复杂而充满了利益角逐。对于电视台等媒体来说，受众像一座混合着各类元素的矿山，频道和电视节目则像一个个稀有元素的提炼工厂，他们把受众的使用价值挖掘出来，卖给广告商或媒介运营商。电视台在这个过程中通过挖掘受众的市场虚拟性赋予所圈选的受众群以价值。但是，

受众在电视台这样的转移交易的过程中始终具有主动参与的特性。他们甘愿被自己喜爱的电视台、频道、节目所俘获。同时，在购买电视台推荐的各类产品与服务的过程中，始终表达着自己的意愿与智慧：他们经常游走于各个竞争台、竞争频道与竞争节目之间，使得电视台不得不花大气力提高节目品质以讨好受众。并且，在对广告商品的购买方面，受众也经常利用电视节目教给的知识而选择同类产品中性价比相对划算的产品。广告商或媒介运营商通过转移支付的方式，通过向电视媒体支付广告费或合作费用，实现圈选目标受众群的市场购买力过程。2003 年，我便提出了广告精确传播概念，这是聪明的广告商的必由之路。广告的精确传播在于广告推介的产品目标消费群、购买群与电视频道或电视节目的高重叠度。也就是说，节目圈选的受众的产品偏好、需求与广告商所提供的产品应当高度重叠。否则，广告的意义就会大打折扣。由此可见，电视台、受众与广告商之间切实构成了利益共同体，其核心是受众的审美偏好与购买力表达。受众通过收看电视广告（大部分时间是忍受电视广告节目的折磨）用于向电视台支付收看电视节目的成本。

（一）受众的价值

即受众基于大众媒体的社会关系总和。受众是由电视节目或媒体来圈选的，而电视节目或媒体的制作发行需要支付昂贵的费用，从这个意义上来说，受众的价值是由电视节目或媒体赋予的，这并不排斥受众对于节目或媒体的主动寻找行为。受众自身持有的个人资料的总和以及对商品市场的偏好度，由于电视节目或媒体的圈选而出现有价值的排列组合。这种排列组合使得受众的节目触达偏好度存在着对于广告商某些产品偏好度的重叠机会。受众的个人资料本来是以市场资源的状态存在，由于电视节目或媒体的主题化圈选而获得价值。从这个角度来看，电视台不仅仅是在制作各种类型的电视节目，而是通过节目所提供的意识形态与目标受众的意识形态进行相互融合，并通过传播影响力使得受众的行为发生变化。受众的社会行为，包括其购买行为，部分为电视节目传播所改变、强化，受众开始依托于电视传播而存在。

（二）受众的使用价值

即受众所具有的以市场消费力为代表的社会行为能力，由市场支付能力与潜在支付能力构成。电视节目或电视台赋予所圈选的受众以价值的同时，受众的使用价值便同时存在了。这时，目标受众群可以理解为市场，而并不收看或并不经常收看本频道、本节目的受众群则成为潜在市场。这是电视市场真正的细分。受众根据电视台所播放的节目的题材、时间、区域以及电视节目的价值观符号与受众进行媾和，使得市场出现层级与分裂。广告产品供应商在这样的基础上将商品资讯传递出去，受众的购买欲望和购买行为或相应的社会行为随之发生。这就是受众的使用价值。电视台利用圈选的受众质量从广告主和广告商那里获得资金，广告商与广告主通过受众购买力激发，实现产品与服务的销售或市场合作伙伴的获取。

（三）电视台、媒体与市场的兼容性

即电视媒体目标受众群所形成的细分市场与经济宏观基本面的融通性。上面提到了基于电视节目的市场与潜在市场概念，这是通往整个市场的传播学通道。电视或媒体圈选受众的方式只是细分市场的手段之一。在产品与服务对市场进行分割的同时，宗教、民族、地域、政治追求、道德法律以及性别、年龄、受教育程度等等因素也在分割着市场。这是某个单一品牌产品并不能完全占领某个产品类型市场的原因所在。例如，牙膏市场是一定时间空间内具有刷牙习惯的人集合体，但是，某个品牌的牙膏的目标市场却不能完全占有整个牙膏市场，而是根据口味、性能和品牌价值切割一部分市场。这使得市场每时每刻都在进行着基于价值判断来调动的细分市场的不断分化与重组，传播学市场细分手段并不是唯一的。但是，重要的是，基于电视媒体的市场细分由于电视媒体的强大影响力使得这一细分成为其他细分方式相互调和的基础。因为，传播的直接目标就是改变受众的思想意识，使媒体的价值判断与受众的价值判断形成共鸣，并使之朝着媒体的既定市场目标或社会行为目标前进。这是受众虚拟性的实化过程，是其他市场细分手段不具备的优势。所以，电视媒体市场不仅仅具有与其他细分市场的兼容性，还占据着相对的主导地位。

（四）受众行为的模糊性

即基于传播市场的受众价值判断的混乱导致受众经济行为和社会行为的不确定性。电视媒体圈选的受众群与电视媒体本身存在着紧密程度不等的利益关系，受众在期待电视节目提供的有价值的资讯的同时，也从不同渠道追踪着自己感兴趣的信息，并经常利用自己的个人资料，如经验和价值观对电视节目本身进行鉴别。电视节目所提供的信息由于是为了一个群体来进行，使得信息给予方式或信息深度只能是寻找一个平均值——使大家都能够接受的程度。这使得目标受众群中的一部分经常通过其他媒体、其他电视节目寻求媒介信息支持和补充。而且，即便是十分忠实的目标受众也经常触达其他电视频道的其

他节目。这是传播细分市场不断瓦解的基础和电视台不断优化频道、推出新节目的动因。在这种情况下，围绕电视受众细分市场进行的转移支付的风险开始加大。

受众行为的这种模糊性使得其经济行为、购买行为、政治行为、文化行为等社会行为出现群羊效应。这是电视传播作为社会组织和国家软力量得以存在的依据。在全球化进程不断加速的今天，受众的社会盲动性是各种政治思潮、文化思潮主导下的媒体传播作用点和竞争的锋面。在电视传播实践中，受众的模糊性是永恒存在的。受众的模糊性在受众与电视传播行为的联动中，时而模糊，时而清晰；时而在这个方面模糊，时而在其他方面模糊。在这样的螺旋上升中，受众与电视媒体才会发生共同变化与进步，社会心理结构才会不断变化或优化。值得重视的是，电视等大众媒体的传播不一定总是将受众的模糊概念加以提炼和澄清，一些蹩脚的和别有用心的传播可以混淆视听，加重受众的模糊性。而受众在重大问题方面的模糊性本质上表现为社会行为的不确定性——这是一定社会在一定历史时期和谐共生、安定团结最大的隐患——这与经济运行中的不确定性给投资者和市场带来的风险是一样的。所以，“二战”以后，在世界范围内哪里出现社会危机和动荡，哪里就可以发现美国之音等传播机构的存在。谎言、谩骂、颠倒是非、混淆黑白、舆论压制可以加重受众的模糊性并带来社会动荡。

第四节　受众的传播学属性：受众与媒体的对应关系问题

电视等媒体对于受众的影响是毋庸置疑的。但是，受众并不是一群呆头呆脑的人的集合体，而是具有自主能力的活生生的人。受众的媒体触达行为以及触达方式对于媒体的反作用力并不亚于媒体的作用力。受众的传播学属性使得电视台、电视频道、电视节目之间呈现剧烈的相互竞争状态。这使得电视台在讨好受众与改造优化受众之间寻找平衡。电视台在赋予电视受众的本体价值的同时，也从电视受众的收视行为中获得自身的价值。

受众属性	多媒体兼容性	语义属性	符号属性	感官属性	心理重建	社会行为重建	全球化重组	受众存在的时段性
基本定性	多媒体触达导致受众精力预算竞争	语境、语素、语态的符号化趋同与对立	对于形、声、物符号的心理反应的约定	对于媒体与事物的感官触达	心理行为的媒体对应性重建	传播导致社会行为改变	受众资源跨国界整合分割	受众闲暇时间的媒体接触
行为特征	各种媒体多重触 达消费	方言、语种、术语、手势、概念的趋同与隔膜	族群性认同与对立	听、看、闻、触等感官成为了解、认识、认知的基础	态度、情绪、思想方法的改变	社会行为与媒体触达行为发生迁移	传播使得受众族群存在跨国界重组的机会	受众根据自己的时间对于流媒体进行切割

（一）受众的多媒体兼容性

基于电视存在的受众处于多媒体以及人际传播的不断包围与分割的状态之中，各种媒体的多重触达消费是其行为特征，本质上是多媒体市场对于受众的精力预算竞争。例如，下图是2006年中国商务人士与普通人群触达多媒体的精力预算情况。商务人士触达图例中五种媒体的总时间为338分钟，普通人群平均触达五种媒体的总时间为300分钟，两个人群触达媒体的总时间相差38分钟。但是，商务人群对于互联网的兴趣更高一些，而普通人群对于电视媒体的兴趣更高一些。不同人群触达不同媒体的精力预算存在着明显差异。

（二）受众的语义属性

我们也把这一属性表述为语言学属性，是受众受到母语、语种、方言、语气等制约，这是电视等大众媒体在受众中形成认同与对立的基础之一。电视作为视听艺术具有的符号化传播的特性是价值判断与文化联结、情感联结的纽带。一方面，社会的各个阶层或一定国度、一定地域、某种年龄、相同学历、相同性别的人群具有某种思维方式、价值判断的趋同性，这种趋同性常常通过某些表达方式或符号建立彼此的联结与相互认同。身处异域他乡的人如果听到自己国家或家乡的语言，马上会产生亲切感；碰到相同肤色的人也会彼此多看几眼，识

商务人士的媒体触达情况

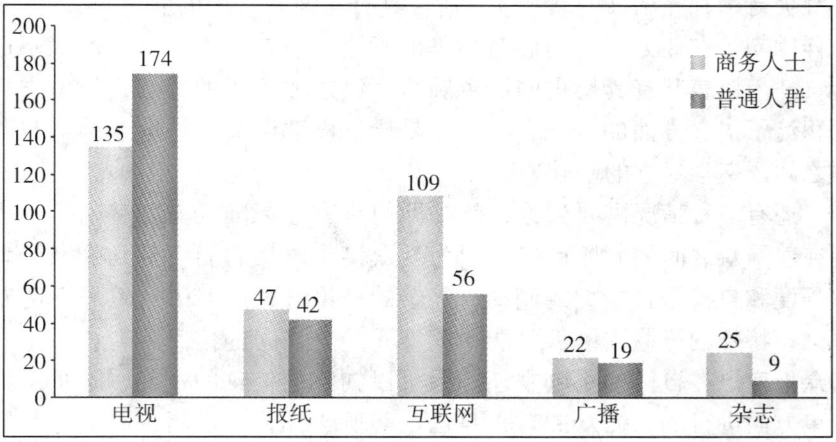

数据来源：2006 年 CNRS 中国读者调查。

别一下是否是同族同乡。在世界的任何一个地方同是来自东亚的旅行者，中国人一般可以快速分辨出大街上走过的旅行团哪些是同胞，哪些是日本人，哪些是韩国人。北京年轻女性说话时有一种属于自己的独特的舌尖音，这种发音产生于 20 世纪 70 年代，一度很明显，近些年随着外地移民的增加稍微减弱了。这种舌尖音把铅笔（qianbi）读做“canbi”。这种发音成为部分北京女孩报考播音主持专业学习普通话时最难纠正的发音习惯之一。北京方言中还有一种卷舌音是外地人很难模仿的。以北京方言作为母语的人学习英文，和以上海方言作为母语的人学习英文相比，很多单词的发音都存在明显差异，这种差异能够被以英文作为母语的海外华人轻易辨别。这种族群的语义学属性构成彼此认同的基础之一，同时也是构成不同族群的隔膜之一。在上海地区，能够讲上海方言是融入当地社会的条件之一，外地人在上海常常被讲上海话的朋友晾在一旁，上海人通过方言彼此沟通顺畅，但外地人感受到的是一种语义隔离。这是语义学制造的人际传播樊篱。在电视等大众媒体的传播过程中，这种语义学属性常常表现为传播语义与特定人群的连接。近些年出现的电视方言节目如杭州的《阿六头说新闻》即是其代表。方言对于所对应的受众而言，是文化连接的线索。相同的汉字符号在不同的方言区具有语义方面细微的差异，这种差异使得普通话传播只能按照标准的语义传递信息，而方言却能够在这样的基础上增加本地色彩和本地人约定的特殊含义。本人在为某国际品牌研究寻找品牌标语时碰到了一个有趣的案例：“道行千里”这句话在北方受众看来是一句很美好的话，但在广东“道行”一词与社会黑道的社会行为存在语义的联结性，所以具有正面和负面的双重语义倾向。这样的句子在北方可以用做某品牌的标语，但在广东粤语地区就不适合。任何语言都有其历史的沿革脉络，经过数千年的锤炼，任何方言都积淀了语义方面的特殊含义，这是族群内部语义学认同、族群与族群之间语义学对立的基础。

还有一种情况需要讨论，就是即便是有着标准语义的普通话，也存在着受众之间的判断歧义。因为受众接受语义的能力受到受众受教育程度和自身语言能力的制约，复杂的推论方式、旧语言符号下的新含义、特殊的行业用语都可能造成不同受众之间的信息不对称。由于受众把言语在自己的头脑中还原为可以知晓的信息的过程，不是由媒体单方面进行的，受众此时将自己的经验、知识、逻辑、心境等与媒体提供的言语或概念进行化合生成第三种东西。这使得字义、语义、概念、句子和整篇报道受到受众经验的直接干预、强化或部分的曲解。这是媒体的传播意图与实际的传播效果发生背离的基础。

语音所表达的音色、音调、调值、语气等色彩本身可以赋予语言以某种特殊的含义。这是书面语与口语在语义方面出现隔阂的原因所在；也是普通话口语与方言口语之间的传播隔膜。更进一步讲，优秀的播音员主持人在这些方面可以使得广播电视传播增加个性色彩。优秀的主持人李瑞英、罗京、金飞等是这方面的圣手。一些地方方言节目主持人受到当地受众的普遍欢迎也是同样的道理。

语义学属性可以清晰地揭示出现代西方多学科核心概念对于世界其他地区人们思想观念的支配或部分支配作用。不论是自然科学还是社会科学、人文科学，任何学科的发展都离不开核心概念的发现、揭示、改变与拓展。西方在多学科领域的先进性与世界主导地位使得世界上不同国家和地区的人们不得不用西方的概念思考问题。这已经大大超越了语义学本身的意义，而是涉及人们思想观念和精神生活中文化参照物如何确立的重大问题。我们在充分尊重、借鉴西方在不同学科领域的最新成就的同时，也不能不重视由此带来的负面文化效应。这在大众传播方面表现为西方的文化自尊和对于其他文化体系的文化歧视、文化冲击。所以，大众传播的语义学属性、多学科概念的拓展与对受众的实际影响，透露出一个文化体或国家的软实力。当2008年北京奥运会开幕式通过电视转播向全球40亿电视观众演绎中国古典哲学概念“和”的时候，中国人的价值观念与社会理想开始在世界范围内进行现代传播，这是中国在现代化进程和全球化博弈过程中必须迈出的步伐。

语义学属性在电视等大众传播领域还表现为受众形式逻辑方面的隔膜、对抗与交融。电视传播由视、听、读三种语汇的信息流编织而成，我们可以将其表述为视听读信息织体。其中听觉信息的一部分来源于电视中各类人物的言语，阅读信息的一部分也是如此。但是，由于电视同期声的存在，电视所拍摄的场景中或随机、或通过设计制作的手段将许多非言语声音，如动效等编织于作品之中；在画面方面也是如此，画面的拍摄、编辑、制作会沿着创作者自己的视觉逻辑线索进行。这两种情况虽然属于内容的形式化提炼或符号化过程，但是已经超越了形式逻辑的涵盖范畴。当言语的形式逻辑与其他视听读逻辑整合形成电视传播逻辑的时候，对于受众来说，可能是逻辑的，也可能是非逻辑的、超逻辑的和反逻辑的过程。这主要来源于电视传播的艺术属性，一方面蒙太奇语句、长镜头语句、电视节目编排等虽然存在形式逻辑的特征与线索，但是，视听艺术对于时间与空间的再造性本质上将逻辑结构交由电视传播者、制作者来实现，这为逻辑的混乱与反叛提供了创作方面的基础；二是受众由于个人资料的差异，使得受众与电视节目制作者之间、受众与受众之间的逻辑修养千差万别，受众遵循着个人经验而非严整的逻辑结构识别电视语汇。这使得电视或影视的大众传播过程中的信息传递与信息接受始终处于视听读艺术制作者与受众之间的相互猜疑状态。电视等视听读艺术作品的创作者仅仅对传播的逻辑方向负责，其对于逻辑的合理反叛即超逻辑、非逻辑与反逻辑甚至可以锻造属于个人的艺术风格——这可能是仅仅属于艺术家自己的个人逻辑。对于受众来说，受众个人对于电视等视听读艺术的信息接受过程可以是逻辑的思辨，也可以是非逻辑的意象把握、个人感受的顿悟、世俗的或超现实的联想。受众对于创作者的创作与传播意图的接受可以是完整的，也可以是破碎的；可以是传播者逻辑的遵循者，也可以通过建立自己的形式逻辑对创作者和传播者的意图进行逻辑反叛。这是大众传播意图与传播的社会效果相互背离的逻辑基础。

这并不是说电视等大众传播者的逻辑与受众的逻辑毫不相干，恰恰相反，优秀的电视作品、优秀的电视传播的逻辑结构与目标受众群所遵循的逻辑应当尽量合拍。这是热播节目的逻辑特质。如果不具备这样的逻辑特质，电视作品的视听读语汇虽然可能是流畅的与精细的，但是会被大多数受众的接受逻辑体系所拒绝。这时，作品可能是小众的或制作者个人的自娱自乐。这样的传播逻辑存在是大众传播族群化、地域化、国家化、阶层化等市场细分的基础。在全球化传播迅速实现的今天，各个国家和地区的大众媒体想跨区域、跨语言、跨文化体系传播，一定要认真研究其传播逻辑的差异性。同时，应当在寻找到这种传播逻辑的差异性的基础上学习逻辑的传播。权威的、强势的、持续的、愉快的大众传播可以实现传播者与受众之间的逻辑沟通，并进而改变、优化受众的形式逻辑结构，使之成为媒体的传播逻辑终端，形成媒体的忠实目标受众市场。

（三）受众的符号学属性

这种属性与受众的语义学属性密切相关，是语言学基础上受众表现出的隔膜与相关、认同与排斥的又一重要基础。受众由于受到地域、阶层等族群文化的制约，使得受众对于自己认同与熟悉的某些可以用于传播的符号存在亲近感和拥有感；而对于不属于自己族群的符号存在着客观性隔膜或主观排斥。传播符号体系的建立与识别过程是广播电视等大众媒体进行市场细分的基础。如新富阶层的手包、女性的情绪特征、新新人类的洋帮腔、老年人的保健行为等构成传播的沟通符号。不同族群的表情、手势等肢体语言，品牌、物品等表义符号也构成重要的身份符号。后媒体时代的中国社会，社会分层产生的符号学隔膜在加剧，人们的社会行为按照阶层属性出现差异。衣服的品牌、购物场所、闲暇时间安排呈现多元化特征。这在电视等大众媒体中呈现符号化生存状态。

（四）受众的感官属性与受众的心理行为重建、社会行为重建

受众语义属性和符号学属性的基础是受众的感官属性。受众作为群体的存在形成群体对于传媒内容与形式的集体了解、集体认识和集体认知；并形成集体意识、集体无意识、集体下意识或集体潜意识。这既是传播市场细分的心理基础、心理动因，又是大众传媒持续传播的直接结果。其基础是受众的感官属性。受众作为一个群体存在共同的感官属性与功能。他们的个体不仅仅拥有眼睛、耳朵、皮肤、舌头、鼻子等感觉器官，而且存在属于这个群体的集体意识与情绪共振。表现为受众对于传播内容兴奋点的集体识别和认知能力，并出现趋同的心理认同感和社会行为方式。

电视等媒体进行大众传播的最重要的价值正在于此。媒体的传播兴奋点与受众集体感官兴奋点的结合，使得受众被媒体所俘获。媒体在这个过程中实际上与受众群建立了基于感官的利益关系。媒体或电视节目中的有意味的形式与内容乘机作用于受众及其个体的思想认知系统，通过情绪共振、观点认同、思想方法的相互协调形成受众思想、情绪、观点、认识深度、思想方法的改造。这就是受众心理的重建过程。

受众心理行为的重建是电视等大众传播的直接目标，其最终目标是通过心理行为的变更而使其社会行为发生变更。社会行为是自己与他人发生联系的行为。受众心理行为的变更一般情况下会使得自己与族群之间的认同处于愈加紧密的状态，如果传播粗糙或出现传播意外也可能造成受众的心理拒绝，出现受众流失。这都是受众心理的重建过程。在这样的基础上，受众的社会行为便会出现重建现象。如，电视广告对于受众购买行为驱动最为典型。电视广告本质上属于一种编梦行动，通过极为短小的视听语汇作品为品牌、服务、产品等使用功能或消费价值编织一个艺术梦想，消费者可以通过购买行为实现这个梦想。消费者对于电视广告及其产品的知晓过程，即用内心感知这个梦想的开始。这时，消费者与广告产品提供者之间开始建立基于广告产品的情绪利益关系，直至购买行为的完成和产品的使用，消费者用自己的社会行为实现了广告编织的美丽梦想。蹩脚的广告电视片不论视听语汇多么华美，其说服受众、与受众建立的情绪利益关系的能力一定存在问题。当然，当受众购买行为与商品使用行为发生之后，随之而来的是受众情绪等心理行为的深化过程。如果他们内心认为这个梦想的实现值得，也就是广告传递的信息与广告产品名实相副，那么，受众内心会激起满意的感受——这是利益关系的进一步加深。如果广告产品的功能与广告诉求之间出现背离，那么受众基于广告梦想的利益关系便会被击碎，随之而来的是受众对于产品及其广告的恶感度。满意度和恶感度都是心理的重建过程，随之而来的是受众社会行为的重建。

（五）受众的全球化重组

是指受众在全球化条件下的由媒体造成的分割与重新组合。受众是基于媒体生存的社会人群。这使得一定国家、一定区域人们的生存方式、价值判断、政治理想、社会追求不仅仅决定于该国家和地区的法律法规、行政命令、社会理念与普适价值观，还决定于他们赖以生存的媒体。在电视发达的国度与地区，则部分决定于电视媒体。这一点，我在《南方博弈》一书中已经做了比较详细的阐述。

目前，针对中国社会的新闻开放理论在逐步浮出水面。这一理论的要害是打着受众知情权的旗帜，诱使或迫使国家行业管理部门向世界打开电视传播、新闻传播的通路。西方传播理论无约束地充斥在我们的理论界和大学课堂。这无疑是一把双刃剑：一方面，我们从远期国家战略目标考虑需要逐步实现新闻传播与世界的接轨，因为只有接轨才能实现对话；另一方面，如果对海外传媒，特别是网络传媒与电视传媒不加以必要约束，一定会对中国受众的思想、情感以及社会行为产生冲击，在一定的局部空间或领域，在特定的历史时刻甚至会产生超级冲击。跨国传播的要害是通过媒介内容以及承载于传播内容和形式之上的意识形态、价值判断、社会理想、媒体态度、媒体情绪修改受传播者的心理行为方式，使头脑中的价值判断、思维方式呈现在充满悖论的困顿之中。进而形成媒体传播与受众接受传播的相互媾和，使得本地市场产生向传播者价值倾向偏转的现象。这是全球化进程中强势文化进入发展中国家的梦想。因为这样的目标实现以后，市场的能量和资源便会被强势国家所控制。这时，受众的思想判断将可能背离自己的传统，政治观点将可能偏转为自己依存的海外媒体的政治判断，审美倾向则可能呈现亚文化或反文化倾向，社会行为如消费方式将可能成为海外媒体的控制目标。这是受众资源的跨国跨区域配置，是受众社会资源的全球化重组与分割。在这样的历史时期，发展中国家政府应当不断思考这样的问题：本国本地区的事务谁说了算？是本国政府说了算，还是别国政府说了算？是本地媒体说了算还是外国电视台说了算？

受众全球化重组的目的是基于受众的社会资源的重组。对于传媒发达的西方国家来说，跨国组织和跨国集团不仅仅利用机会进行全球资源重新配置，更尽可能利用一切机会通过大众媒介传播扮演一种意识形态的倡导者与市场掠夺的执行者。这种西方的意识形态伴随着文化与资本一起进入发展中国家和地区，媒体言论试图取代政府号召；影视作品试图通过生活方式的故事化案例式呈现，修改受众头脑中的思维密码与生活逻辑；新闻传播试图以自己的价值标准为参照物对全球新闻和当地政治经济文化事务说三道四、进行价值判断。听任这样的传播存在对于发展中国家和地区来说如果不构成直接的经济、政治、文化和社会危机，起码也会制造潜在危机。这是受众的异化，从世界范围来看受西方强势传播影响深刻的发展中国家与地区，受众在一个阶段会出现言必西方、“哈韩哈日”或对海外某西方社会的发展模式顶礼膜拜。随之而来的是市场能量的偏转。这时，遭遇全球化的国家和地区必须要对这样的受众异化做出相应的、综合的、战略性的、历史性的回答。值得研究的是，中国南方广播影视集团通过集成作战，使得由海外媒体主导的电视市场重新回到了自己的怀抱。2001 年，广东地区电视市场的接近 70% 为海外电视频道分割；2006 年，本地频道重新夺回失地，本地频道市场份额稳居 70% 以上，海外频道被压缩到 26% 以下的市场空间。与之相适应的是，本地的年度 GDP 增长速度重夺中国首位。

2001年广东地区各级媒体的份额分布

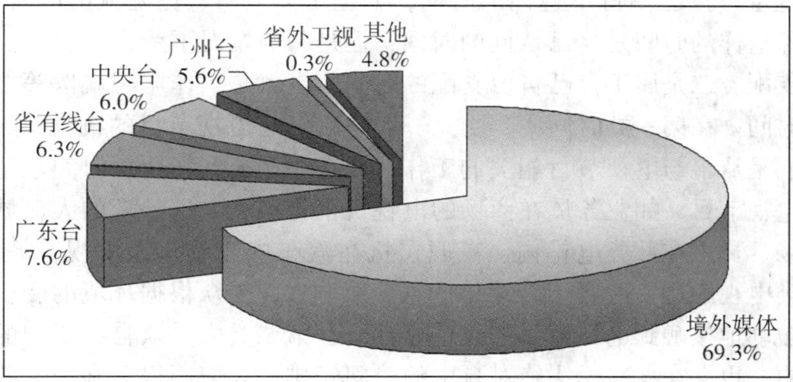

2006年广东地区各级媒体的份额分布

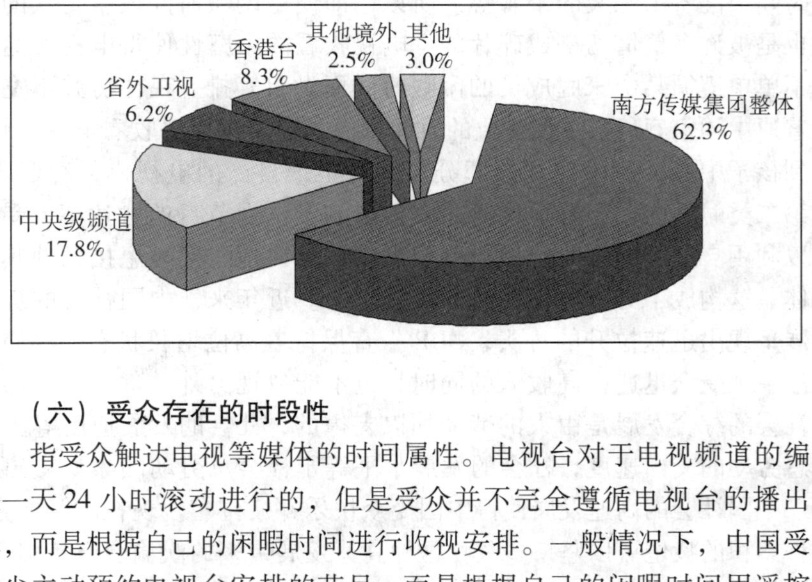

（六）受众存在的时段性

指受众触达电视等媒体的时间属性。电视台对于电视频道的编排是一天 24 小时滚动进行的，但是受众并不完全遵循电视台的播出逻辑，而是根据自己的闲暇时间进行收视安排。一般情况下，中国受众很少主动预约电视台安排的节目，而是根据自己的闲暇时间用遥控器拦截电视节目，除非遇见奥运会开幕式这样重大的电视事件或自己喜爱的品牌电视节目。所以，电视台之于受众来说，一般处于时段存在模式状态，即受众根据自己的闲暇时间触达电视频道和节目。这使得电视频道遵循受众收视规律，把闲暇时间集中的时段开辟为黄金时段。受众存在的时段性根据季节、工作日或节假日的变化而调整。受众闲暇时段与电视频道节目的时段化设计成为二者相互牵引的基础。

受众的闲暇时间可不仅仅是触达电视频道一件事情可作，即闲暇时间不等于电视时间。这就需要给受众的闲暇时间做出明确的定义。受众在一天或一年的时间范围内拥有两种类型的时间资源。一是由他人规定，自己不得不遵循的时间，如上班、上学、住院就医的时间。虽然这样的时间是自己认同的时间，但是一般情况下受众自己无法自由支配。二是属于自己自由支配的时间，也就是工作学习就医等之外的时间。在第一类时间中，受众一般缺乏触达电视节目的机会，除非他们是从事与电视节目相关的工作，或在一些公共场所短时间触达某些电视节目。如业务员在商场的电视机销售柜台、送外卖的人在城市广场、员工在部分电梯内、专职司机在汽车内收看车载电视，等等。这类电视触达一般属于碎片化信息获取方式，受众根据环境的变化相对被动地接触到电视节目的某些碎片。在第二类由受众自己支配的时间内，也存在一些无法绝对自由的时间安排，人们不得不利用这些时间必须从事一些事情。如睡眠时间、会客时间、加班时间、学生做作业时间、准备第二天的午餐等。所以，即便是闲暇时间段，受众的时间也是被许多事情切割成碎片的。电视收看的家庭性使得电视触达时段不单单遵循某个家庭成员的闲暇时间而做出安排。在住房并不宽裕的普通中国家庭，孩子做作业的时间段内，全家都无法收看电视节目。遇到孩子中考或高考阶段，部分家庭甚至把自己的电视机封存起来。在第二类时间内，还有一种情况直接影响着电视节目的触达率。受众可以利用自己的闲暇时间做自己想做的任何事情，接触想接触的其他媒体。这构成了对于电视触达的直接竞争。近年来，中国社会的综合发展呈现出迅速拉升的势头，GDP一直保持着高位增长状态。我们在关注中国受众迅速提高收入的同时，也不能忽视另外一件事情：那就是社会的综合发展是由人的劳动加以支撑的，社会的发展速度等于社会总劳动的支出速度，社会的发展水平等于社会总劳动的累积支出水平。中国社会的高速发展使得中国受众快乐并疲倦着。现在的问题是，这种累积的疲倦可以坚持多久？这种高速发展带来的欢愉会坚持多久？这两个指标之和即是一个社会一定时期的快乐指数。对于电视媒体而言，受众累积的疲倦成为自己触达电视节目的主要动因之一并构成近年来中国电视节目娱乐化倾向的社会基础。基于这样的思考，中国的电视节目之于中国的电视受众来说，不仅仅是传递信息的工具，而是一种社会的润滑剂和受众心理的按摩器。受众在通过电视获取信息的同时，还通过它忘却烦恼、获得快乐、恢复体能、释放压力。

第三章

受众的电视生存方式：基于视听信息的行为流动

第一节　流媒体：受众对于大众媒介信息的创造方式

受众对于各类媒介形式的触达方式或卷入方式存在着介质之间与感官之间的差异性，这种差异性既表现为传播介质的差异，也表现为受众感官的差异，同时表现为介质与感官相互联系方面的差异。从单纯的大众媒介介质来考虑，媒体分为纸媒体、电波媒体、数字媒体等；从单纯的感官角度来看，媒体可以分为阅读性媒体、视听媒体、可触摸媒体（如盲人书刊）等。把介质与感知方式联系起来看，揭示的是媒介通过介质记录传播的信息方式与受众获取并消费这些信息的方式的有机结合。从这样的角度可以清晰地了解媒体的本质属性与特征，也可以清晰勾勒出受众触达各类媒体的方式与意义。

从媒介信息的存在方式与传播方式的双重角度出发，我把媒介形式分为三类：空间媒体、时间媒体和时空媒体。空间媒体指介质所承载的大众信息的存在需要一定的物理空间或虚拟空间，报纸、书刊、广告牌、网络等具有这样的特质。网络信息的虚拟存在与在电脑屏幕的现实显现兼有虚拟空间和物理空间的双重属性。时间媒体虽然也需要一定的物理空间，但是，其信息的提供方式是流动的、具有时间先后的特征。例如电视媒体，电视信号的生产、播放、传输与接收需要一定的物理空间，但是其信息向受众的提供方式却是跟随时间进行流动的。广播媒体也具有这样的时间媒体的特征。网络视频同样具有这样的时间流动的资讯方式。这时就出现了第三种媒介形态：以网络为代表的时空媒体。网络既具有空间媒体的信息属性与特征，又具备时间媒体的信息属性与特征。其需要阅读浏览的文字与图片具有平面媒体的空间性，而视频作品和音乐等声音作品又兼具信息传播的时间性，成为名副其实的流媒体。这是网络媒体一出现便对所有传统媒介形式展开激烈竞争的基础，也是近年来传统媒介的运营者几乎都感受到了来自网络媒体的竞争压力的缘由。

在此，也许有心的读者已经发现，我提到了平面媒体和流媒体两个名词，但并没有采用这两个概念区分大众媒介介质的差异。原因是这样的，我的研究发现，虽然这两个名词足以区分空间媒体与时间媒体的信息存在方式，但是，**如果考虑到受众的存在，平面媒体与流媒体便合并为流媒体了。**因为受众是具有自主能力的人。受众对于时间媒体和空间媒体的信息都不是被动地接收，而是主动地选取与有目的地接受。受众的思维流构成对一切大众媒介信息的接受与消费基础，不论是空间媒体信息还是时间媒体信息。受众是这样接触与消化空间媒体信息的：**阅读文字或阅览图片、符号等，使之转化为自己头脑中的信息流，这种头脑中的信息流不是大众媒体所提供信息的简单反应，而是受众个人经验和此时此地产生的思维流对于大众媒介信息加工处理后的第三种东西。对于以电视为代表的时间媒体来说，这种思维流是媒体信息流被受众思维流感知、共振、加工、联想、整理后形成的新的信息流，同样是第三种东西——与媒体信息流和受众原来的思维流不同但又密切相关的第三种信息流。所以，从受众的角度出发，世界上只有一种媒体：流媒体。**

揭示这样的过程有着重要的理论价值和实践意义。

第一，受众头脑中的信息流是思维流、情绪流、知识流、经验流、联想信息碎片的综合信息体，这是受众个人的私事。而大众媒介信息所给予的信息流是媒体认为有价值的思维流、情绪流、知识流和经验流构成的信息织体，这是一种公共事务。受众对于大众媒介信息的接触与消费过程中，一定会出现自己原来的头脑中的信息流针对大众媒体所提供的信息织体的共振、选取、抛弃、消化、改变、记忆、联想、融合等心理活动。这既体现了大众媒体传播的实际意义，又体现了大众媒介资讯对于人的心理活动的改变方式。受众对于大众媒介信息进行整合消化吸收，形成自己新的心理体验、经验和知识。

第二，关于新闻真实性的探求也由此接近了问题的实质。大众媒体所提供的新闻传播假设是绝对真实的，那么，对于具体的受众个体来说，经过受众思维流的加工与编织，其真实性已经改变为受众自己认为或理解后的真实，即主观真实。这与新闻传播的客观真实已经产生了非常大的距离。况且，大众媒体提供的新闻信息也是由具有一定的价值判断和实际生活经验的人撰写、编辑或提供的，其事件的本原真实性已经在媒体刊发前被同样具有一定倾向的大众媒体进行部分改造与扭曲，假设的绝对真实已经由新闻本原的真实改变为媒体真实。所以，新闻传播的真实本质上属于受众通过自身对于媒体所提供的新闻的价值判断产生的认同感。这种认同感如果能够作用于受众并大部分为受众所接受就是传播的极大成功了。这时，新闻媒体提供的新闻已经形成与目标受众群的思想或心理共振。所以，对于大多数受众来讲，新闻传播价值是依托于新闻事件本体真实的，通过大众基本认同的过程形成社会普适价值观，即新闻公正。公正是一定社会时空条件下的社会大众相对趋同的主流价值判断，是可以通过传播加以修改或进行历史沿革变迁的主流社会思潮。**对于依托于新闻本体真实的社会公正的追求成为任何大众传播媒体努力寻求的核心价值。**

第三，大众媒体与受众的传播共振，还为我们揭示出这样的道理：新闻传播不是什么冷冰冰的纯客观的东西，更不具有所谓的“零度情感”——这在中国的电视新闻界、影视纪录片领域曾经被奉为铁的定律。大众传播媒体的新闻传播拥有不可辩驳的情感价值。因为不论是大众新闻信息的制造、传播，还是受众的接受、消化过程，始终伴随着人的情感、情绪、态度等感性的东西的流动。受众的思维流伴随着他的情绪流、态度流。新闻不仅仅提供真实的事件描述，也在通过信息的巧妙编织提供情绪信息流和价值判断趋向。并且，对于受众来说，大众媒体提供的新闻信息的真实性的描述不仅仅由新闻事件描述的客观性来决定，它同时通过新闻情绪的营造来决定。受众的情绪是其进行新闻真实性判断的手段之一。北京大学电视研究中心于2005年记者节期间在百年讲堂举办了主题为“今天我们如何做媒体”的主题演讲活动，我演讲的题目是“新闻报道中的情感价值实现”。专题阐述了新闻传播中的情感价值问题。新闻传播的成功不仅仅由一定社会形态下话语空间的大小决定，它还决定于传播者与被传播者之间的情感互动能力与状态。说到底是传播者与受众之间的相互信任。新闻评论的优劣不仅仅取决于传播者的新闻评论思维能力和评论技巧，更取决于传播者的情感能力与价值，并最终取决于目标受众群的情感能力与价值。一个大众传播者如果不能够真正热爱受众及其赖以生存的社会，纵有再渊博的知识与娴熟的技巧，也断然做不好新闻评论工作。

社会传播生态的建设与维护也部分地取决于传播者与受众之间的情感互动关系。媒体与目标受众群之间的联系紧密程度取决于价值判断这个基础，但是仅仅做到这一点还不够，情感共振比价值认同更加重要。价值判断解决的是传播者与受众之间的相互认同的问题，而情感共振解决的是双方的相互欣赏与相互喜欢的问题。可见情感共振是价值判断的高级阶段。这个问题对于社会传播生态来讲有着深刻的实践价值和理论意义。西方传播学理论鼓励大众媒介价值判断的多元化，这必然导致受众情感认同的多元化，最终导致的是社会族群价值判断与情感认同的多元化。价值判断的多元化使得不同的政治理想和文化判断出现裂痕，情感的多元化意味着社会族群之间的情感分裂，如果情感分裂加深的话，便会导致社会情绪的对立乃至社会行为的对立，这就是大众传播对于社会稳定与动荡所起的作用的社会心理基础。这是社会的媒体生存。西方的大众传播理论对媒体造成的社会分裂沾沾自喜，因为欧美等发达国家通过不同媒体的不同声音最终实现了传播的相对平衡：多种相互对立的价值判断、情感方式的交织形成的相互制约的社会传播平衡。但是，我要说的不是简单否定欧洲与美国的传播模式，而是要告诉大家，这样的传播模式不能够简单套用在所有社会意识形态下的受众身上。例如，台湾地区的传播生态是模仿美国的传播模式而构建的，经过十余年的观察研究，台湾地区基于大众媒体的受众价值分裂与情感对立已经很深刻，但是相互制约的平衡关系并没有建立起来。人们付出了太多的价值判断方面的成本，但是结果却是社会族群的严重分裂。这个问题仍然出在传播的情感层面。受众根据自身的价值取向与媒体相互认同形成价值判断利益共同体，久而久之，不同媒体之间的价值判断对立便演化为不同受众群之间的族群情感对立和族群文化冲突。而这种社会的分裂对于普通的受众来说，不仅难以了解大众传播事件的真相，而且在传播乱相中丢失了价值判断的基本准则。媒体的对立使得目标受众群之间分成了不同的颜色，这是一种恶质的群愚政治，不是什么民主模式。欧美的基本平衡的传播生态建立在对于传播事件的是非的价值判断层面，而大众媒体对于社会族群之间的情感沟通与情感维护在同时进行，这种基于传播情感相互认同基础上的价值判断多元化是尚可调和的或基本和谐的传播生态。这正是美国“9·11”事件发生后媒体一致对外而并不反思为什么拉登要轰炸美国的原因。因为如果反思这个问题，会造成美国受众情感的进一步伤害和美国社会价值判断的严重分裂。当美国著名语言学家、终身教授乔姆斯基提出这样的反思的时候，立即遭到了美国主流媒体的舆论压制。而台湾地区的大众传播导致的族群之间的情感对立破坏了传播的情感基础，这必然导致社会的严重分裂，传播的社会平衡难以实现。而部分政治野心家正是利用这样的传播生态浑水摸鱼的。台湾地区的传播生态恶质化倾向成为导致既得利益集团的集体贪腐与社会经济衰退的条件之一。这一点，我在后面还要进一步阐述。

2008 年是中国改革开放 30 周年纪念，中国的发展模式是软硬两个实力均衡发展的结果。其中，以电视为代表的大众媒体坚持正面传播为主的传播思想与模式应当成为与美国多元化传播思想与模式相并列的现代传播理论。因为中国大众媒介在 30 年改革开放的不同历史阶段对于社会的综合发展进步，对于社会各界的精诚团结、共谋发展，对于维护中国人民的核心利益发挥了历史性的不可磨灭的贡献。试想，如果在改革开放初期我们仍然停留在讨论“姓资”“姓社”的问题之上，继续延续“大鸣、大放、大辩论、大字报”的传播生态，在遭遇阶段性困难与灾害时被媒体言论搞乱思想，或者按照西方媒体所传播的思想内容行事，中国经济能够实现 30 年的持续增长吗？在价值判断和情感纽带基础之上的传播生态建设是中国 30 年改革开放的经验之一。这使得我们认识到媒体不仅仅具备西方媒体的乌鸦属性，它同时具备中国媒体的喜鹊功能。或者说乌鸦与喜鹊是现代社会大众传媒的双重功能。

第四，这又带来了新的问题。既然受众如此感性，受众情绪对新闻传播过程实施着实质性的干预，那么大众媒体是不是只能够被动适应受众的情绪而讨好受众？回答当然是否定的。正是由于受众对于新闻传播的主动参与，才会导致受众对于新闻的消费心理动机和对于新闻媒介的实际购买行为。新闻媒体的实际价值体现在对于受众内心知情权的满足的基础上的情绪共振与社会综合价值认同，新闻媒体需要永远保持对于目标受众群的信息优势，并对目标受众群实施媒介信息认同方面的行为控制。在实现传播大众化的同时实现对于大众的教化功能。这是媒体综合影响力的基础，也是媒体传播能力的具体显现。

第五，大众媒体对于受众行为的信息控制既包括心理行为控制，也包括社会行为控制。因为人的社会行为来源于心理行为的支配。这种由大众传播信息控制实现的受众心理行为变化以及由此导致的社会行为变化的情况，是大众媒体在任何国家都被列为战略资源加以管理或控制的重要依据。**受众知情权的尊重、满足过程以及受众的社会行为规范纳入法制化管理的社会进程成为社会稳定的内在需要。否则，大众传播是可以导致受众的社会行为失控的。**受众的社会行为失控意味着社会的动荡与危机。对于冷战结束后世界范围内不断发生的地区性动荡来说，其动荡的原因各有不同，但是可以肯定的是，我们在动荡地区总能找到诸如美国之音之类的海外新闻媒体的身影。它们对于挑拨区域民族矛盾、制造宗教纠纷、策动社会动乱很在行。对于制造地区动荡、输出美国价值观几乎不遗余力。但是，在那些动荡的地区，我们除了人道灾难之外找不到任何美国式民主的影子。人们从新闻媒体中接触到了“自由”、“人权”等迷人的说法，却在生活中失去了牛奶和面包，失去了基本的生存权和几代人的福祉。伊拉克、科索沃、阿富汗都是如此。苏联解体的历史教训也值得我们反思。苏联当时的国家领导人戈尔巴乔夫提出的所谓“新思维”实际上是美国国家长期整合传播营销的成功，是美国传播思想对其思想意识形态进行逐步改造的结果。思想意识改变了，价值判断随之更改，社会行为体系的改变便成为迟早的事情了——这就预示着苏联的解体与一代人福祉的丧失。

第六，受众知情权的尊重与适度满足导致的受众心理行为、社会行为的变化包括受众对于大众媒体本身的态度和行为方式的变迁。受众对于大众媒体所提供的信息的满意程度，决定着对于该媒体的满意程度，并进而决定着下一步对于该媒体的触达行为的变化趋势，这就是受众的期待。对于电视媒体来说，持续进行令人满意的传播可以提升受众对于节目、频道和媒体的满意度，并促使受众对于该节目、频道与媒体保持收看行为。相反，则可能导致受众远离该节目、频道与媒体。这是收视率波动的最为根本的原因，也是受众市场稳定与扩大的基础。

第七，受众与大众媒体这样的结合方式对于电视节目拍摄与频道建设来说蕴含着更为深刻的道理。电视新闻的受众传播形态如此，其他电视节目类型的受众传播也不例外。任何电视信息的有效传播都是通过媒介信息流作用于受众的思维流，并进而产生出受众头脑中新的有价值的知识与判断。**由于电视作品本质上属于视听艺术范畴，其内容与形式的综合信息特征、多重艺术审美特征决定了节目要素选取的精准、媒体传播态度的恰当以及传播时机的选择性。**任何细节的失误都可能导致受众思维流的不顺畅，直接威胁到大众传播的是否成功。电视视听艺术属于独立的综合艺术形式，绘画要素、音乐要素、表演艺术要素、建筑艺术要素、雕塑艺术要素、摄影艺术要素、电影艺术要素等全部可以呈现于电视艺术作品中。但是，电视艺术作品中的各种艺术要素又不能独立于电视本体而存在，电视艺术属于纳入多种艺术要素的一门独立的艺术形式，是视听读艺术的综合信息织体。

影视艺术作品、广播电视媒体传播最为重要的手段，是使受众思维流动得主动而顺畅，这是受众思维流与节目或作品信息流的和谐共振，也是影视创作、节目编排成功的基础。受众思维流的主动性与顺畅性之所以重要，是因为这意味着受众在触达电视信息时在进行愉快的心理行为的付出，这是受众产生满意情愫的关键。付出而愉悦，受众便与电视节目建立了利益关系，这是节目满意度产生的心理基础。这个问题解决了，不仅仅形成受众与作品、媒体的长期共存共生，也会使得受众在节目和频道中实现合理的流动，受众的综合市场价值才能够有机会得到开采。

至此，我们基本上触摸到电视受众的本体属性了，这是对电视受众在电视接触和市场中的行为方式的归纳与概括。

电视受众属性	流动性	时段性	多媒体市场同源性	个人主动性（碎片性）	家庭性
基本定性	受众在频道内部与频道之间的存在方式。	受众观看节目受精力预算控制。	受众的个人资料控制的爱好特征。	电视受众的电视收看行为的主动性，电视真实的本质是媒体信息碎片与受众经验的结合。	内容形式的伦理契合度要求高。
行为特征	观看行为的流动。	闲暇时段与电视节目相互预约。	受众同时触达其他类型媒体。	不仅仅是被动接收，也是主动参与的电视的有效传播取决于流动性与碎片性的结合。	适合祖孙三代家庭男女成员同时空观看。

上表是电视受众围绕电视媒体和相关市场的基本属性与行为特征。我把它们概括为受众在电视频道中的流动性、受众触达电视媒体的时段性、电视受众与其他媒体市场的同源性、受众个体对于电视媒体接触的主动性和电视受众触达电视节目的家庭性。在下面的几节中，我们对此进行简要的考察。

第二节　受众的流动性：受众在电视频道中的流动

前文已经比较详细地阐述了电视信息流与受众心理行为流及其二者的共振关系。在受众对于电视节目、频道、媒体的触达过程中，受众的行为也处于流动的状态。这个流动可以从两个层次加以理解。

（一）受众个人对于不同节目的选取导致其在不同频道不同节目之间的流动。调查显示，中国电视受众对于频道和节目的选择处于极度挑剔的状态，他们平均每日调换频道的次数在150次以上。近年来，随着社会发展速度的不断提升，受众由于激烈竞争导致的心理焦虑在电视收看行为中也显现出来，换台频次呈现逐年提升的状态。这使得电视节目的叙事节奏也越来越快。这一点在电视频道运营方面有深刻的实践意义。受众不停地变换频道的行为方式给了所有频道以节目渗透的机会，大家都可以实现受众的到达。所以，本质上讲，只有质量不高的节目，没有真正的垃圾频道。频道综合影响力的拉升根本原因在于节目的水准。

（二）受众不断变换频道的同时，还经常驻足于某个频道的某个节目。这时，受众便开始在这个节目或频道内部流动，这就是节目的收看行为。下图是中央电视台一套某天晚间黄金时段的受众流动净值（到达千人）。在某日19：00～19：30之间，受众从其他各频道迅速汇集至中央电视台一套，但在19：30～20：00之间，受众又陆续从该频道分流至其他各中央级频道、省市级频道，随着20：00黄金剧场的播出，大批受众重新回流中央电视台一套，21：30播出结束后又迅速分流。可见，当节目出现断点或内容吸引力有所降低时，受众又开始搜索别的频道。但是这种搜索并不完全是无目的的行为。受众会根据自己的经验、口味和心情主动寻找几个首选的频道。频道在受众群中的首选率的高低是频道品牌价值和影响力高低的重要指标。受众在节目中停留时间长短是节目、频道吸引力强弱的体现。这些指标的综合考量可以区分频道与节目的市场价值。

中央电视台一套某天晚间黄金段(19:00～24:00)的观众流动净值

单位:千人

时间段	CCTV-2	CCTV-3	CCTV-4	CCTV-5	CCTV-6	CCTV-7	CCTV-8	CCTV-9	CCTV-10	CCTV-11	CCTV-12	CCTV-新闻	省级上星频道	省级非上星频道	市(县)级频道	其他频道	其他	开/关机	总计
19:00～19:15	38	-17	102	91	1	0	14	-4	49	7	5	-16	39	264	-22	6	10	324	891
19:15～19:30	-3	170	-21	24	30	5	12	-18	-4	0	0	13	141	714	18	89	-3	299	1467
19:30～19:45	-171	-648	-54	-148	-82	-147	-91	-3	-2	-35	-40	184	-39	-616	-47	-190	-98	75	-2153
19:45～20:00	-72	-91	-19	-44	-33	3	-31	0	-18	0	0	21	-28	-2	6	91	-13	3	-228
20:00～20:15	4	-6	-26	-1	11	2	68	0	-3	7	5	-2	19	-9	5	5	7	44	132
20:15～20:30	43	-10	10	-13	80	6	2	6	-2	-28	0	14	-30	269	-4	9	-28	19	343
20:30～20:45	-2	-1	-6	-3	-19	0	-11	3	0	0	0	4	-19	-10	-6	7	12	6	-45
20:45～21:00	-64	-48	43	-31	17	3	-6	-3	1	-6	0	0	-62	-21	-7	-15	0	10	-189
21:00～21:15	-10	67	5	2	6	0	56	0	0	1	0	-16	72	175	0	33	2	-10	383
21:15～21:30	-11	-16	-2	-12	6	10	-23	-3	9	0	0	32	64	-3	11	87	8	27	182
21:30～21:45	-69	-51	-87	3	-33	-9	-79	0	-3	-2	-12	16	-334	-317	-23	-140	-13	-192	-1346
21:45～22:00	-9	-29	44	-11	-3	-9	32	2	0	1	0	16	-34	23	6	-36	1	13	7
22:00～22:15	-10	49	22	51	-43	3	-8	5	6	0	0	-34	131	104	34	-48	10	26	298
22:15～22:30	11	-45	-51	6	15	22	-20	0	-1	0	0	15	-31	-7	17	3	-8	-40	-113
22:30～22:45	-28	-90	-7	-8	-10	7	-17	0	0	1	0	-22	27	-67	-3	-15	-7	-4	-242
22:45～23:00	3	-8	-5	23	0	7	33	2	-7	0	0	0	10	28	5	16	-21	-58	29
23:00～23:15	2	-44	-28	5	-13	6	-23	0	0	0	0	-32	40	52	6	-30	-3	-50	-111
23:15～23:30	-10	60	-9	99	30	0	-6	0	-16	-2	0	3	2	111	5	-90	-3	-42	133
23:30～23:45	13	20	0	-25	-8	-40	6	0	-4	-4	0	0	14	-6	-8	-16	-3	26	-33
23:45～24:00	-2	-6	-3	7	13	2	18	6	0	0	0	0	16	19	1	0	0	-18	54

数据来源：央视索福瑞（CSM）收视率监测，2008 年。

媒体信息流的核心不是电视节目语汇制作技术方面的连贯性，而是受众心理流动的连贯性。受众对于频道有进入点，同时也有一个退出点。这些应该是电视台编导们预先设计的。我们现在很多节目的问题在于受众没有完全融入节目中，而是在频道与频道、时段与时段之间跳跃性的流动，即不断变换频道。一家电视台如果有五个频道，设法让受众在五个频道之间进行合理流动，在时段与时段之间的跨时段流动，节目与节目之间合理流动以及节目内部的心理流动，是理想的节目设计和理想的频道组合编排，也是节目制作与频道编排工作中最需要解决的核心问题之一。这两个方面清晰地反映出电视受众在收看电视过程中的基本行为特征。这是节目编排的依据，也是一个拥有多个频道的电视台在进行多频道节目组合设计的出发点。受众在一个电视频道内部持续停留的时间越长，他对于这个频道的收视率贡献越大。如果在转换频道过程中首先选择在同一个电视台的不同频道之间转换，那么该受众则对这个电视台的收视率进行着持续的贡献。电视台这样的能力属于市场竞争力高低的具体体现。几个频道之间的组合设计与节目统一编排意义重大。2008 年北京奥运会期间，央视多频道组合效应明显，整体收视率提升了 148%，收视份额提升了 55%。

2008年北京奥运会期间各级电视媒体的收视指标变化

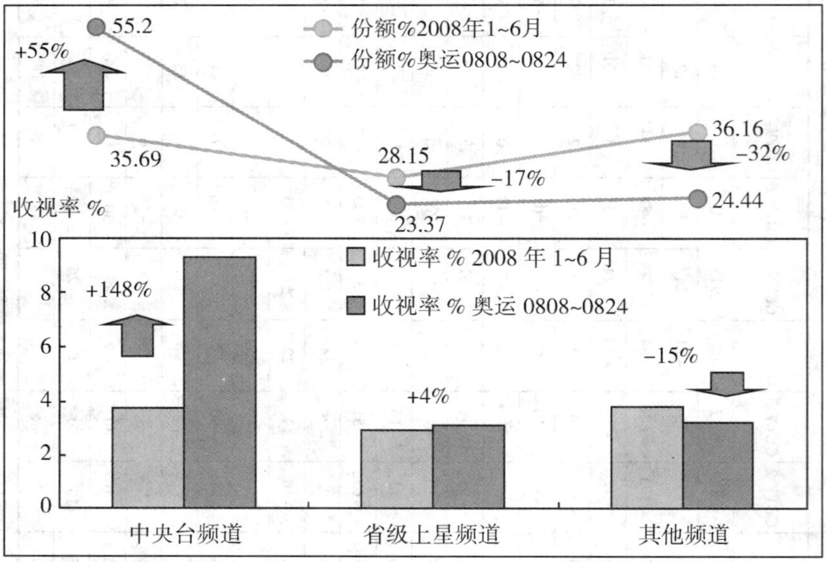

数据来源：央视索福瑞（CSM）收视率监测，2008 年。

第三节 受众电视触达的时段性：受众闲暇时段与电视传播时段的匹配关系

受众对于电视媒体的接触方式主要是以时段为单位进行的。我形象地将频道设计描述为三个要点，它们虽然由在天空中无法看见的电波组成，但是在接收终端，它们像雕塑一样有明显的可触摸感。这就是频道的点、面、线。“点”指一档节目，时长再长的节目对于受众来说都是一个点状的事物，因为一个节目通常只有一个主题一个形态；“面”是指频道的时段，一个频道播出的 24 小时是由多个时段组成的，时段设计的平面感与受众的闲暇时段相对应构成受众合理融入的基础。“线”是时段布局的横线和纵线，也就是频道 24 小时布局的线性关系和周一至周日某个时段的线性关系。它本质上体现着电视受众闲暇时段的周期性。点、线、面与受众不同状态下的心理偏好度相结合构成频道定位、时段划分、节目设置的基础。这也是我从 2001 年以来一直提倡的广播电视频道基本的编排设计思想。这一理念可以用下面的图形来解释，频道时段是由节目构成的，时段横向与纵向形成十字形交叉结构，这是一天节目纵向流动和周一至周末节目横向流动的基本规划。

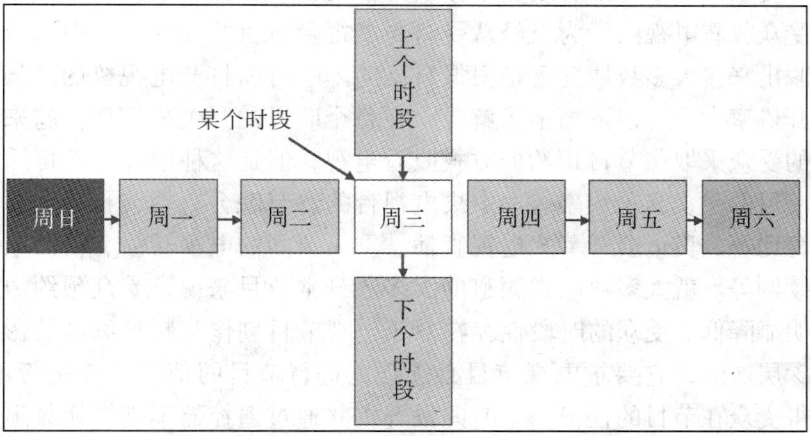

随着中国 GDP 的持续高速增长，中国经济近 7 年的增长规模相当于同等规模下美国 40 年的增长。GDP 的本质是人群的劳动价值。这就是说随着国家 GDP 的增长中国社会人群劳动总量是不断增长的，作为劳动量支出的主体，中国受众的闲暇时间（非工作时间）会相应缩减。那么闲暇时间的电视触达时间也会相应缩减。据 CTR 提供的数据，中国电视受众每天触达电视媒体的平均时间近3年来持续每年减少4分钟；自1999年以来平均每年减少8分钟，尤其是35岁以下的青少年受众的收视时间大幅减少。这是电视市场外延的绝对流失。受众的闲暇时间和精力资源成为中国市场的紧缺资源。前面谈到，受众对于电视节目叙事节奏的速度追求则相应提高。受众希望在很短的时段内猎获更多的信息价值。他们在工作中用辛勤的劳动支撑着中国GDP奇迹，在闲暇时段通过触达电视等多媒体成为媒体等娱乐经济板块的实际埋单者。

2002～2005年中国受众的日均收视时间减少值

年龄段	日均收视时间减少分钟数
4～14岁	9
15～24岁	7
25～34岁	12
35～44岁	5
45岁以上	0

数据来源：央视索福瑞（CSM）收视率监测，2002～2005年。

受众的时段性彻底改变了受众与电视台节目播送的预约方式。中国受众收看电视的行为已经从受众与电视台节目的预约理论中部分地摆脱出来，大多数情况下是根据自己的闲暇时间打开电视机的，从全天开机率走势可以清晰地了解受众在每个时段的开关机比例。越来越少的受众采取与节目预约的方式收看电视，但是这种情况并不排斥重要节目的受众高预约率。如中央电视台的春节晚会直播节目、重要的体育比赛、奥运会开幕式电视直播、重大新闻的电视转播、精品电视连续剧等。就大多数电视频道的大多数日常节目来说，受众预约力已经明显降低。受众的时段性存在对于电视节目创作与频道编排的影响是深层次的，它要求电视节目必须强化进行节目的信息碎片化管理，使得受众在节目的任何一个时间段开机并通过遥控器不断转换频道的过程中，通过节目的高刺激度的信息碎片拦截住受众在本频道持续观看。这样，电视节目的情节点数量与精彩程度都需要相应提高。情节点之间的过渡性信息需要裁减掉或最大限度地减少。电视语汇的浓缩使得电视艺术呈现单纯的传播化倾向。

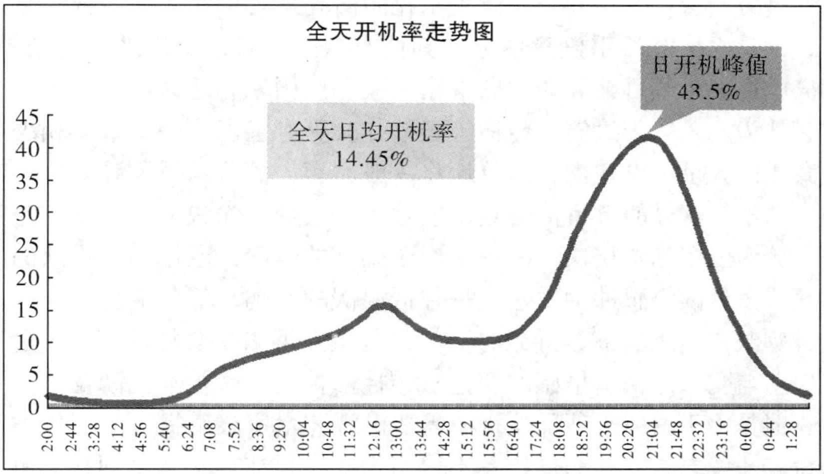

数据来源：央视索福瑞（CSM）收视率监测，2008 年。

受众的时段性使得中国电视媒体需要加强娱乐轻松的内容的比重。在受众调查研究过程中，一位白领受众的述说对于我们做电视节目具有深刻的启发性。他工作非常辛苦，感觉工作指标压力很大，每天回到家累得没有胃口。为了补充体力，他在原来的饭菜中加入了一些开胃的东西：如辣椒酱之类。久而久之，他的口味由以清淡为主变为偏辣。电视节目也是这样，对于上班族或社会大众来说，随着中国 GDP 的持续增长，大家的劳动付出在不断增加、心理压力在不断增大，受众需要轻松快乐的节目要素更多地导入节目。电视节目对于中国受众来说确实充当着社会润滑剂作用。2007 年国家行业管理部门出台了一系列反对电视娱乐节目低俗化的政策措施，这是中国电视娱乐节目朝着健康方向发展的历史必然。发端于 20 世纪 90 年代中期的中国电视娱乐运动，近些年受到海外一些国家和地区电视娱乐节目的影响。主持人拿现场嘉宾或社会名流的人格开涮、节目参与嘉宾在直播现场制造噱头赚取知名度、谈话节目向下沉沦把“涉性”联想当做话题重心，围绕节目内容或名人私生活的捕风捉影的恶意炒作等，这一切不是电视娱乐节目的本体和精髓，而是电视艺术的堕落。这样的节目虽然可以吸引部分受众的眼球，但是牺牲的是社会的健康度、电视媒体的权威性和中国电视艺术家的良心。

我们倡导的电视娱乐应该是一种单纯的、艺术的娱乐，是电视通过其独有的艺术手段实现的电视与受众、传播与社会和谐健康的娱乐，是具有电视审美判断与理想的单纯的快乐。这在电视创作理念与实践方面是应当深化的，近年来泛娱乐化倾向几乎渗透到一切电视节目领域，这是娱乐节目手段简单导入其他类型的节目，生搬硬套的结果。部分电视娱乐节目编导非常欣赏东南亚一些国家和地区流行的搞笑节目，认为娱乐等于搞笑，传播等于炒作。更有甚者，一些毫无相关专业背景的人杀进电视圈，简单地将一般大卖场的营销手段导入电视节目。殊不知这样的节目恰恰是不能够令广大受众愉快的。娱乐的趣味可以分为三个基本层次：一是作用于感官的趣味，通过刺激受众的感官获得生理的快感冲动，这是一种低层次的兴趣，部分节目过度追求这种刺激"过度纵欲"导致早衰。二是重点诉诸受众的情感，通过节目信息与受众的情绪情感共振追求传播的情趣，这基本上涉及审美领域，但是由于情趣这种稀缺资源需要电视艺术家艰辛提炼与创作方可获得，一些急功近利的创作者不愿意为此支付成本。三是理趣，由兴趣、情趣升华为理性的趣味，这是心理内部结构的深层趣味，属于智慧的花朵并以兴趣和情趣为基础。搞笑手段简单侵入情趣领域，常常出现情感的断裂甚至被亵渎。如一些崇尚搞笑的节目主持人在情感类节目深访中，经常不顾被采访人的感受，拿对方的情感、人格开玩笑。而个别妙龄女主播甚至在节目中大秀女孩子第一次去男友家相亲遭遇放屁的情境以及放屁技巧。这样的电视节目甚至被某些电视人尊为娱乐节目的范本。这是文化的悲哀和电视的堕落。

情感类节目近年来在国内有着广泛的受众市场，这是因为中国受众随着温饱问题的解决和步入小康生活，人际情感联络成为紧缺资源，取而代之的是日益强化的利益关系。此类节目的复杂性犹如情感本身的复杂。友情、亲情、爱情交织起来的爱恨情仇成为屏幕的重要传播资源。问题是，感情的问题可以通过电视展示但不可以丝毫亵渎，中国受众接受幽默、滑稽但拒绝恶搞。情感类节目产生的趣味不是简单搞笑可以驾驭的。

理趣作为电视趣味的生存方式很特别，它寓于一切具有分析价值的节目背后，不论是新闻节目还是纪录片，不论是电视文艺小品还是音乐欣赏性节目，只要对深度存在一定的追求，理趣就已经存在了。央视《百家讲坛》则将电视理趣的光辉集中放在一个透明的宝瓶中加以展现，该栏目在视听语言使用和节目传播理念方面都有着勇敢的突破，是理性趣味博得受众与市场欢迎的经典。兴趣、情趣、理趣结合起来构成电视节目与受众进行信息分享、情感交流、智慧博弈的核心内容与形式。这些要素构成电视节目的趣味结构，并同时构成受众的价值判断基础与审美基础、娱乐倾向。在这三个趣味或娱乐层次之上凝结的电视观点、思维方式、社会视角、价值判断、文化理想会呈现不同的社会传播效果。健康的趣味会放大节目的主题，而低级趣味会与节目主题发生内在的要素冲突，形成讽刺或挖苦的传播效果，除非我们的传播目的是要刻意追求这样的效果，否则，传播的失败便是早晚要发生的事情。

电视节目，不论是新闻、专题、文娱、电视剧、广告还是其他边缘形态的节目，其信息结构的基本层次是这样的：技术层、艺术层、功能层和魅力层。从列表中我们可以发现，电视节目的趣味贯穿于视听信息结构技术层、艺术层、功能层和魅力层的一切环节。趣味的高雅或低级取决于作品由技术层的传播语汇风格发端，直至艺术层的风格、功能层的意义、魅力层的精神升腾或沉沦。所以，对于艺术来说，形式和内容是合二为一的，对于电视艺术来说，艺术形式就是内容的一部分。

电视节目信息的层次划分	
1. 技术层	电视视听艺术作品凝结的技术手段与技术含量。 如拍摄手法、灯光、舞美、化妆等，是电视节目趣味的技术基础。
2. 艺术层	凝结在电视技术之上的电视作品传递的作者的精神含量，如主题、视听语汇、风格、结构等，是电视节目趣味的要素整合。
3. 功能层	电视作品进行大众传播的意义和价值，构成作品与受众的利益关系，是电视节目趣味的受众的价值判断。
4. 魅力层	电视作品信息流与受众意识流的和谐共振形成的传播价值，它包含受众对于节目信息的接受程度和受众对于作品本身的态度，是电视趣味对受众心理行为、个人行为的驱动，如知晓、流泪、欢笑等。

所以，那种把电视娱乐节目要素简单地导入一切节目的做法是幼稚的和有害的。例如，把搞笑的成分导入新闻节目，把小品演绎手法导入新闻深度节目恰恰是令受众不愉快的。新闻的快感来源于用新闻的独有思维获得知情权、观点、态度、思维方式、情绪方向的过程，任何艺术的修饰或演绎都会损害新闻的真实性核心要素，为新闻消费者带来不愉快的感受。即便是搞笑节目，如果搞笑过了头便成为恶搞，节目中的嘉宾、电视机前的观众也会出现厌恶的情绪。丰富多彩的电视文艺节目是中国电视人的骄傲，它是最早走在世界前列的中国的电视艺术形式。电视歌曲、电视小品、电视歌舞是中国电视文艺的三大

法宝。但是随着搞笑节目的侵蚀，电视文艺也出现了发展势头不足的情况。甚至一些相对权威的电视媒体也出现了一些背离电视文艺规律的搞笑作品，这种创作上的赶时髦、抄近路、偷工减料的做法，损害了电视文艺的艺术肌体，对于中国电视文艺的理论与实践危害巨大。中国的电视文艺应当回归到贴近实际的现实主义基础之上。媒体只有关爱生活，生活才会关爱媒体；媒体只有关爱受众，受众才会关爱节目。如果将受众的真情实感作为调侃戏弄的对象，那么电视艺术创作最终会被受众所嘲弄，被市场所唾弃。

受众电视触达的时段性还使得电视频道不同时段具有相对固定的传播功能、传播特征。我们在考虑受众一天的电视时段划分的过程中，首先要充分研究受众的起床在家率。因为目前电视传播主要是在家里进行的，受众在家而又没有上床睡觉才会有打开电视机的机会。根据对电视观众的生活形态调查研究，我们可以清晰地了解中国电视观众现阶段对于不同时段电视传播功能的需求以及时段的时间长度。例如，工作日早间时段由于受众大多数需要快节奏地完成起床、洗漱、早餐等规定动作，受众要求电视媒体信息相应浓缩、节奏相对加快。早间时段即受众早晨的起床在家率比较高的时间段在7：00～7：25，只有25分钟左右。这是就全国电视受众的平均值来说。如果考虑到大中城市交通越来越拥堵，这个时间段有逐年提前的趋势，而且还在小幅缩减。所以早间如何抓住这20多分钟时间的传播机会，是电视竞争的焦点之一。由于对于高浓度信息和快节奏传播的内在需求，使得早间时段节目呈现资讯化、服务化倾向。昨夜今晨国内外与当地新闻、天气交通等服务信息成为首选。上午和下午时段则是面向中老年受众和其他在家受众的传播机会，消遣性、服务性节目、致富信息成为受欢迎的节目类型。傍晚的传播功能比较多样化，可以兼顾多年龄层的受众安排轻松风格的服务性、餐饮类、娱乐类节目，也可以安排本地的新闻焦点节目。餐饮类节目在这个时段受欢迎的原因是，忙碌了一整天的受众刚刚回到家准备做饭，他们可以通过餐饮节目放松心情，在安排自家晚餐时受到启发。如果吃完饭再看餐饮类节目，多数受众会倒胃口的。傍晚节目时段的结束时间是晚间19：00。因为接下来的半个小时是中央电视台的《新闻联播》时段。这是中国最具权威性的新闻资讯节目，国内外一天内发生的重要新闻事件、政府的重要政令在这半个小时得到顺序播报，本时段始终伴随着中国的国家态度，这是本节目时段的核心资源和独有价值。这半个小时是中国受众进入晚间黄金时段的标志。这时的起床在家率达到全天的高峰。于是，20：00左右强档电视剧时段到来了。这个时段也是全国广告创收的黄金时段。直到晚间21：00多，中国形态类节目时段性缺失，电视剧成为这个时段的主角。21：00以后，部分商务人士和部分青少年白领回家率出现新的高点，节目开始由大众时段向高端人群小众转移。直到午夜，电视的小众性越来越强。午夜的起床在家率降到全天的最低点。

第四节　电视受众的多媒体同源性：受众进行的多媒体信息碎片的拼板游戏

电视受众与报刊读者、广播听众、网友、手持多媒体用户等是一群人并受人群个人资料的制约，对于其他类型的媒体偏好呈现不确定性。下图是2008年北京奥运中的一段时间内中国受众多媒体触达情况。受众在多媒体社会环境中被各类传播信息所撕扯，其注意力处于碎片式生存状态。其中与电视传播形成互补与争夺的网络视频、户外电视、楼宇电视、车载电视、手机电视等所占据的收视份额为总收视的5.67%，各类视频、各类媒体对于受众的注意力实现了有效切割。

2008年北京奥运会期间受众的多媒体触达情况

日　期	2008年8月17日至8月有23日			
媒介类型	到达率（千人）	到达率（%）	人均使用分钟数	市场份额 %
电视	16514	98.3	340.2	75.21
互联网	7969	47.4	189.7	14.77
网络视频	2568	15.3	136.4	2.13
广播	3343	19.9	101.4	3.1
报纸	7799	46.4	61.3	3.95
杂志	1644	9.8	60	0.39
户外电视	1503	8.9	76.4	0.58
楼宇/街面/超市媒体	880	5.2	31.2	0.13
车载电视	3738	22.2	74.6	1.64
手机电视	154	0.9	64.1	0.04
其他媒体	669	4	79.7	0.19

数据来源：CSM奥运媒介同源研究。

电视受众的多媒体触达深刻揭示了多媒体市场的竞合关系，即竞争与合作的二重组合关系。受众在多媒体触达过程中受到信息碎片的控制开始主动信息挖掘工作，这是现代社会受众信息触达的基本方式。例如，某位受众从朋友口中得知一条自己感兴趣的新闻，这时他会上网追溯新闻的起源，网络成为新闻数据库。由于网络是一个开放的信息交互平台，各种声音呈现庞杂无序的状态，受众还可能通过电视等权威媒体获得一定的态度与判断。所以，多媒体的传播生态不仅仅是一种竞争关系，也是一种相互补充的合作关系。广播电台资讯收听方式的可移动性、报纸的主题化传播与可反复阅读性、电视的身临其境的特征与通俗性、杂志的主题化深度传播的属性、网络的开放性链接与数据库功能构成各自相互不可替代的社会属性与功能。由于电视的权威影响力的存在，电视受众规模远远超越其他类型的媒体，由电视出发进行多媒体触达是现阶段中国受众的媒体接触特征。传统媒体的编辑性即思想性是新媒体不可替代的传播竞争力；网络资讯的快捷与自由度成为生存的基础。

第五节　电视受众收看电视行为的个人主动性：碎片与意识流

在传统的电视媒体与受众的关系中，无论是媒体或是广告商都习惯于将受众视为缺乏判断能力的、被动的“靶子”。受众的收视行为似乎在听从电视频道节目编排表的操控，受众的信息接收过程似乎是电视创作者单方面释放信息的结果。其实，这只是问题的一个侧面。

电视受众对于电视信息来说不仅仅是被动接收，而是主动参与的。电视的有效传播取决于受众流动性与信息碎片性的结合。前面比较详细地阐述了受众在各个频道之间的行为流动、受众在某个节目或频道内部的行为流动、受众的思维等心理流动，这三个流动的行为编织在一起比较完整地勾勒出受众对于电视参与行为的主动性，其结果使得电视传播在受众头脑中形成不确定的信息碎片。

这种不确定的信息碎片非常复杂，它既有本时段受众所触达的不同电视媒体不同类型的电视节目提供的不同类型的无序的信息堆砌，又有受众本人所深入观赏的电视节目的信息有序排列，还有由此产生的情绪的波动，以及由此产生的联想、得出的结论的信息组合。但是不论受众触达到哪个频道的哪个节目，电视观赏过程中的信息接受都是受众本人采取的主动行动。

这对于电视艺术家的创作与传播来说意义重大。首先，电视节目的大众传播是基于受众个人的经验开展的，这足以导致传播意图被不同的受众个人经验肢解的命运，致使部分节目的传播意图与传播效果严重背离。所以，**成功的电视传播是对受众个人与受众群体实施有效的个人经验的管理工作，使之与电视节目信息实现切实的交融与共振，使得信息碎片在受众头脑中形成信息的有序排列**。或者说，在充分尊重受众的传播主体地位的基础上，使电视节目信息在受众的内心形成持续的关注、信息的逻辑关联、传播的深度认同与受众积极的回应。这一点对于媒体来说是节目的影响力问题，对于受众来说是节目的吸引力问题。其次，这种对于受众的个人经验的管理是通过节目信息实施的行为控制过程。节目信息的独有性、时效性、逻辑性、观赏性，视点的深度，信息的承载手段与方式，信息传播与受众内心的平等关系构成电视节目信息控制的重要手段，也是受众心理行为流得以有效管理的机会。所以，近年来我在为中央电视台举办的40多场主题讲座中，反复强调导演成功的关键是设法使受众的心理行为流、思维流持续不间断地进行下去，直到节目结束。与此不适应的小片、导视、隔断都是蹩脚的视听手段，它们在不断腰斩节目信息在受众头脑中的流动，破坏着传播的逻辑链条，应当从节目流中剔除出去或加以改造使之相互适应。一个优秀的导演，包括电视导演、电影导演或舞台艺术导演，一定是通过信息制造有效控制受众心理行为的大师；一个优秀的节目主持人、一个电视谈话节目谈手，一定要在寻找到适合自己艺术个性的基础上遵循这样的原理。

第六节　电视受众的家庭性：电视传播信息受到家庭成员的共同制约并止于伦理道德

电视受众的家庭性主要表现在一定社会公共道德和家庭伦理对于电视传播的制约。电视节目必须适合祖孙三代家庭的男女成员同时空观看，电视节目中的人的行为规范不可逾越社会公德底线。这一点中国电视节目做得基本不错，但并不是无懈可击。我们很多电视剧导演喜欢渲染人物角色之间的肢体冲突和床戏，所谓拳头加枕头。部分剧中情节过分热衷暴力，有些画面甚至是血腥的。感官刺激的背后是主创人员社会责任意识的集体无意识和审美趣味的偏执。涉案剧在这方面表现尤甚。对于社会黑暗势力的过多过度的细节渲染，营造的是恐怖阴森的社会氛围，使青少年受众的成长环境和广大受众的心理环境遭到污染。一些黑道大哥的形象塑造甚至足以模糊掉青少年观众对于“什么样的人是英雄”这类问题的基本判断。大众影视艺术作品最为重要的传播特征是以一定人物角色的行为方式和矛盾冲突为依托，故事化地反映生活、艺术化地解构生活、建设性地推动生活。对于受众来说，影视剧中的人物活动与故事情节，相当于一次次案例教学。影视剧中人物的思想意识、道德倾向、行为方式、审美评价在一定的社会历史时期，既是生活逻辑的显现，又对生活逻辑产生重要的心理暗示作用。影视剧中人物之间的激情杀戮、实施报复等行为可以诱发生活中类似的行为发生；影视剧中的神灵鬼怪可以导致受众对鬼魂之类产生无中生有的惧怕心理，如出现做噩梦、不敢独自走夜路等心理方面和行为方面的困扰；影视剧中自杀情节可以诱发个别心理比较脆弱的受众模仿剧中情节。

影视剧最为重要的传播手段正是这种社会化案例教学的属性。真正具有传播力的故事和情节，会导致受众模仿的发生，这不仅仅是心理的情绪体验，还伴随有心跳速度加快、肌肉的抽搐、荷尔蒙的瞬间分泌、泪水的涌动或面部肌肉的变化，这是对受众内心、生理、行为的实际影响。久而久之，作品中的思维方式、心理反应、价值取向会发生变化、漂移或逆转。这也是流行文化得以存在的土壤。流行文化的传播速度像流感一样迅速并得到电视或多媒体的推波助澜。“哈韩”、“哈日”等行为方式是部分年轻人对于时尚潮流的行为图解。同理，由不恰当的电视等大众媒介传播造成的社会疾病也存在这样的传染性和流行性。从世界范围考察青少年自杀行为，虽然难以认定电视等大众媒体与自杀行为存在实证性关联，但是，大众媒体的诱发作用是肯定存在的。

美国影视作品对于中国受众的影响也遵循这样的规律。好莱坞与美国电视节目制作单位对于美国生活方式的图解是由其各种离奇的故事完成的，传播核心是美国的主流价值取向。故事主人公男性的肌肉与女性的性感及其超越现实的行为方式成为世界流行文化的源头，其综合影响力的实现过程是美国式的生活方式的图解与还原，这种图解与还原成为许多国家进行文化思辨、价值判断、审美理想的参照物，这实际上是强势文化对异域目标受众群自主文化判断能力的剥夺，由此显现出美国国家理念营销的软实力，这是中国保护民族文化生态所必须重视的问题。

所以，电视受众的家庭性本质上来讲就是社会性。在电视传播充分考虑其与社会公德的一致性的同时，还应当考虑祖孙三代不同性别年龄与文化背景的人对电视节目同室观赏过程中显露出来的家庭伦理属性。我在青岛进行农村电视节目专项研究过程中，一位淳朴的老年男性农民愤怒地呼吁：电视台能不能不播出老公公和儿媳妇乱伦的事情？原来，作为三代同堂的家庭，他们家有吃完晚饭全家人一起收看电视节目的习惯。一天，某法制类节目详尽地讲述了某地区一位公公和儿媳妇有染的故事。老人、儿媳妇以及全家一起收看这样的节目感觉非常尴尬。看到半截只好转台。也许老人家的观念比较传统，内心过于敏感。但是，这是老人的错还是电视的错？电视的家庭性观赏模式是电视艺术区别于电影艺术的关键所在。电影观赏过程虽然是很多受众在电影院的集体行为，但是观赏环境的黑暗与密闭使得这一观赏行为本质上具有私密性。电视是在开放和明亮的家庭环境中播放的，这个过程始终伴随着家庭成员之间围绕电视节目传播情节的不断交流与互动，如对于新闻背景的补充与分析、由电视联想到的奇闻轶事、对于电视传播情节的一致性情绪反应如开怀大笑、啧啧称赏等。这也是部分西方的电视传播理论在中国失效的原因之一。欧洲大部分国家的受众认为在家庭的客厅摆放电视是文化品位不高的标志。这既是对于家庭不同成员个人隐私的尊重，同时也是由于其电视节目品类的不够丰富多彩。转型期的中国社会，电视市场正在经历节目传播的充分竞争，持续的对于电视创作的精品化追求使得中国相当一部分电视节目的制作水平已经走在了世界的前列。对于辛苦了一天的中国受众来说，回到家打开电视机和家人一起收看喜欢的电视节目是基本的生活方式。在中国，受众电视收看行为是一种社会行为，不是简单的个人的事情。媒体应该是社会积极价值观和人生观的倡导者，是传统家庭观念的维护者。

电视受众收看电视行为的个人性、家庭性受到地方性、民族性、社会阶层性的综合制约。受众的性格特征、家庭文化特征体现着地域的现阶段的人文环境和历史的文化积淀。这使得电视传播趣味呈现明显的地域细分特征和时代特征。中国的电视媒介市场有四个代表城市或区域。北京地区是具有全球化特征的区域性多媒体竞争市场，是中国电视媒体与报刊、广播电台、网络和新媒体的行业细分竞争最为剧烈的区域；广州地区是辐射东南亚的全球化市场，境外 9 个电视频道的合法落地使得本地受众处于多元电视文化的不断分化、切割和重组状态；长沙地区是国内娱乐节目的竞争市场，突出表现是受众对于电视娱乐节目的追捧非常突出；上海电视台在本地的市场份额一直处于 60% 以上的绝对垄断地位，属于典型的垄断市场。电视与受众的地域性对应关系，使得受众的性格、受众接受信息的程度处于动态的平衡状态。这种动态的平衡是受众触达电视的个人性、家庭性、地域性综合作用的结果。这使得电视机构跨区域、跨国度传播的风险加大了。比如中国的省级卫视如何实现跨区域传播形成全国的影响力？南北方电视频道如何形成差异与融合并存？央视在不同区域内的收视差异很好地诠释了这一规律。

中央台在七大区的收视率分布

大区	收视率（%）	代表城市	收视率（%）
西北地区	7.166	兰州	9.299
华北地区	5.724	北京	5.554
东北地区	5.335	长春	5.312
华中地区	4.043	武汉	4.134
西南地区	4.031	南宁	3.801
华东地区	3.671	上海	2.988
华南地区	2.514	广州	1.242

数据来源：央视索福瑞（CSM）收视率监测，2007年。

受众因为各种不同原因接触媒介，其媒介行为总是与特定的时间和空间、特定的社会和文化习俗相联系。社会因素在受众的媒介选择、媒介使用，受众赋予媒介重要性等几乎所有方面都具有重要的甚至是决定性的影响。

受众看电视的时候在做什么？他是怎样的心态？是为了收看而收看，还是在收看电视的时候有伴随性动作的发生；是浏览性的观赏，还是体验式的触达，抑或学习型的收看。时间因素、地点因素、地域因素、受众心态决定了电视媒体与电视受众群体结合程度与结合方式；电视受众对于信息的抓取方式、电视节目放送过程中信息的给予方式决定着受众与电视节目的共振的方式及卷入程度；受众的个人观赏过程的流动与家庭集体收看时的相互议论、认同与情绪共振决定着电视节目的道德界限；受众收看电视媒体的心理行为决定着对于电视节目、频道和媒体的价值分享、心理认同、情绪结合和心灵感召。这包括很多的电视传播层次，传播的目的是进行各类信息的价值分享，这个过程必须寻求节目与受众的心理认同；这种基于心理的价值认同包括综合的文化价值判断、审美价值判断、伦理道德价值判断和经济价值判断等。在价值判断之上则是电视节目对于受众的情绪共振和心灵感召力。这是更高层次的价值分享与传播回归。传播的本质就是节目编辑的顺序与受众收看时的心理逻辑顺序的有机结合，这是电视等一切媒体传播的本质。

时段问题	早间时段	午间时段	傍晚时段	夜间时段
传播忌讳与经常发现的问题	引起受众不快乐的传播尽量减少。	午饭和其他就餐时段避免播出令人作呕的画面和内容。	针对青少年的说教会引起家长对孩子的唠叨，甚至影响家庭和睦。	节目、画面应当避免引起家庭成员之间的收视尴尬。如男女的过分亲热、亲人反目等内容。
原因或效果	受众有营造一天好心情的需求。	受众食欲的保持对于频道和节目好感度，否则会增加恶感度。	这是部分青少年节目不被青少年观众喜爱的原因之一。	电视节目营造的家庭话题应有利于家庭成员和睦相处。

上表罗列了电视媒体经常出现的一些问题。比如，有的地方频道在早餐、午餐和晚餐的时段播发关于农村堆肥的新闻报道，粪便等有机肥的特写镜头令就餐者十分不安。一般来说，早间报道尽量提供令受众心情愉快的资讯，帮助受众营造一天的好心情；傍晚的青少年时段尽量用沟通的方式与目标受众群进行沟通，而不是简单说教。晚间是受众家庭成员一起收看电视节目的主要时段，有悖家庭伦理的传播题材会给收看过程产生不自在与尴尬。这不仅仅是题材问题，还有传播方式问题。电视对于受众感官的直接作用使得诸多镜头与画面可能造成部分受众的不愉快。例如：部分案件现场的惊悚镜头、伤口；社会纠纷中的肢体纠葛或激烈冲突等，对于受众来说会产生负面传播效果。媒体暴力不仅仅是暴力事件本身的是否披露问题，更是如何披露的问题。镜头与声音的不当处理会困扰受众、家庭与社会的和谐关系。

受众为什么要持续看你的节目，在符合上述收看规律的情况下，受众对节目的心理能量支出，比如受众会有内模仿，紧张激烈的足球赛中，很多男孩子的腿都会对运动员射门、带球等动作产生模仿。这种模仿实际上就是受众收看成本的一种支出，这种成本的支出满足了受众的心理需求，形成受众满意度的基础，并构成受众持续收看电视节目的基础。电视受众其他的成本支出包括：购买频道的收看权（用IC卡）、忍受广告的折磨、将主动媒体预约权交给媒体，受众在媒体预约中处于被约会的状态等。但是，随着三网合一，受众的主动预约权在提升，收视率被点击率部分取代，媒体的主动预约权受到了一定的制约。但是在电视媒体提供节目的内容及形式方面，媒体还是享有充分的主动预约权。这样，黄金电视节目会部分取代黄金时段。

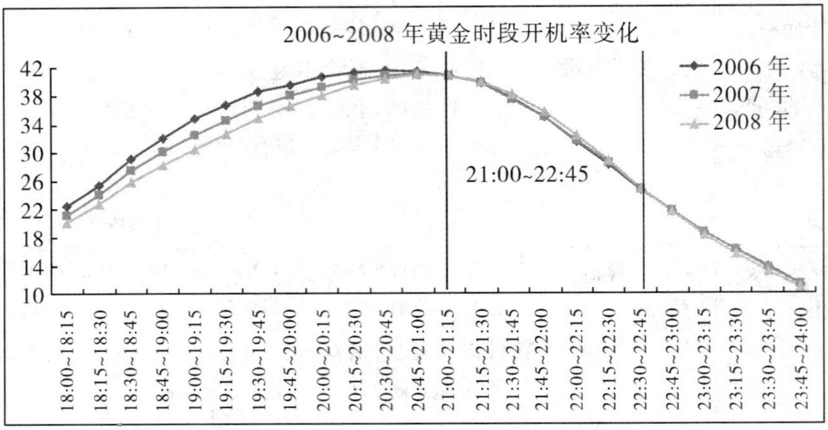

数据来源：央视索福瑞（CSM）收视率监测，2006 ~ 2008 年。

黄金时段近年来有扁平的倾向，从图中可以看出：18：00 ~ 20：45 黄金时间段的开机率呈逐年小幅下滑的趋势。另外时长与节目的板块，对节目的切割影响很大，媒体预约权在板块节目中拥有更多的媒体预约权，每一个板块都形成一个预约权，使得受众无从适应，所以板块节目应该越少越好。大型节目中可以设计板块，但是板块与板块之间要有内容及逻辑的勾连，特别是要形成心理的流动；另外，媒体相对于受众要永远保持一定的信息优势，永远要先受众一步，要比受众掌握的信息更加深入、更加系统、更加综合，受众在接收信息的时候，实际上在主动地选取对自己有用的信息，这也就意味着媒体的信息流和受众接收的信息流的共振与同步非常重要，所以由信息的不对称向对称的改变，就是一种成功的传播。而在受众能够接受的情况下的成本支出，传播的成功就会成倍地增长。观众为你的节目付出了成本，付出了情感，掉下了眼泪，才会在心里感到满意。

第四章

电视与受众市场的对称性结构存在：整合传播营销的机会

整合传播营销一词是近年来国内比较热门的词汇。各方专家对这个词汇的解读各有千秋，我的解释是从媒介管理学的角度进行的。管理的本质是把资源转变为资本的过程，整合是一个强化管理的概念。**整合传播营销就是通过强化管理的方法将大众传播过程中涉及的媒体资源、金融资源、机制资源、市场资源等各类资源集中转变为资本的过程，使传播的市场效能实现最大化。**那么这些资源从哪里来，整合的基础是什么？对于电视媒体来说，电视受众市场的对称性可以构成电视媒体整合传播营销的基础。整个媒介市场板块也是这样的对称性生存状态。

电视传播市场的主体由电视媒体、电视受众、广告主、广告商四大板块构成多维相互对称的结构。电视媒体与电视受众是一个共生体，广告商与广告主是一对孪生兄弟，他们组成联盟成为电视广告运营商的主体。电视媒体、电视受众、电视广告运营商成为电视市场相互转移支付的三角循环关系：电视台通过投资、生产、播送电视节目圈选一定数量和质量的受众，电视广告运营商通过向电视台支付广告费和向观众播放一定数量的广告的方式将观众群购买过来以实现广告产品的市场渗透，受众一方面收看电视节目，一方面忍受电视广告的折磨，用自己的闲暇时间支付电视节目的运营成本，并通过广告产品的购买行为冲抵广告运营商投放广告的实际花费。电视媒体与广告运营商的市场行为的主动性高于受众，但是市场的核心资源却是被受众掌控着。受众的精力预算直接关系到电视节目的成败和广告运营商的广告投放价值，受众的财务预算直接关系到广告产品的市场渗透率。受众是市场的真正主体，因为电视台也好，广告运营商也好，其所有整合营销的手段都是围绕着特定受众群的综合价值来进行的。

这就出现了很多发生市场错位的机会。电视媒体是不是可以圈选到真正有实力的受众群？电视媒体圈选到的受众群有怎样的市场开发价值？其市场容量几何？消费偏好度是怎样的？广告运营商的广告投放的媒体价值如何？广告投放的机会在哪里？广告投放与产出关系如何？广告投放的成本几何？这些都是可以通过受众的数量和质量情况来进行测量的。这些问题的模糊与清晰直接关系到电视媒体的市场地位与广告运营过程的成败。例如，电视节目的研发应当根据受众的圈选特征与规模来进行，但是目前中国部分电视台管理层对于电视受众的理解过于机械，更多的是通过两种手段确定节目的研发与市场定型。一是依靠电视艺术家的个人偏好度，二是克隆海内外的电视节目形态，稍加改造冒充自己的创造。第一种方式属于对电视艺术家的押宝行动，特别是对过去曾经取得过一定成绩的艺术家的押宝行动。但是受众这个市场主体具有多变性和高速的审美进化能力，这使得曾经取得过成绩的电视艺术家很快就处于落后于市场的地位。因而，艺术家个人的智慧在广大受众面前经常显得单薄无力或无所适从。受众经过电视媒体的超饱和竞争已经处于相对的审美疲态，电视艺术家的个人偏好度以及围绕技术层使出的奇招、怪招、险招在受众那里几乎变得一钱不值，受众变得钝感而智慧，艺术家甚至连编写故事的能力与耐心都相对退化了。再说说电视克隆技术，电视克隆技术远没有克隆羊多利来得伟大与崇高，因为借用生物学名词“克隆”来描述电视界运营模式与节目创新手段实在是一件令人脸红心跳的事情。电视克隆就是在不尊重海内外同行知识产权的前提下，抄袭或模仿那些曾经的或现时的热播节目。这一现象在中国电视界断断续续持续了十年之久，近一两年克隆的势头有所收敛，不是因为电视运营者或克隆者的良心发现，而是由于前些年的克隆速度过快而失去了克隆资源。又由于对少数热播节目形态如真人秀选秀节目的集中克隆，使得近年来中国电视节目呈现集体疲劳状态。这多少透着几丝悲凉与滑稽。当时代呼吁我们实现与中国经济实力相匹配的电视传播力和国际综合传播力的时候，我们发现我们对于电视受众的资源开发是那么的原始和缺乏计划，有的时候这种开采显得野蛮粗糙，甚至属于滥砍滥伐。克隆的经验抵消着创作的智慧，这是一种体系性缺失，是一种艺术灵魂的沦丧，是一种中国电视界必须集体面对的严峻的现实。

电视媒体、受众、广告运营商之间的对称关系在为我们提供历史的新机会。中国电视界亟须建立基于受众的电视研发体系。**简单地将这个体系加以描述，那就是通过定量定性的手段从目标受众群中采集市场信息以及审美概念，将市场信息和审美概念组合研发为适合目标受众市场的电视节目，进而实现节目市场资源的综合开发。**这个过程是从受众市场中来到受众市场中去的过程，是中国电视界摆脱目前节目形态严重老化和实现国际竞争力的出路所在。

2005 年 10 月，当电视克隆风正盛的时候，我带领 CTR 的一个顾问小组来到上海 SMG 生活时尚频道，对频道次年元月份的改版任务和年度发展提供全案的顾问工作。我们率先对频道的目标受众群和上海电视大众进行了专案定量定性调查，在科学采集了基本数据的条件下详尽制定了频道改版优化策略，并将从受众研究中采集的概念通过研发与创新手段对频道的部分节目进行改造与优化，根据上海电视市场受众的媒介接触时段性科学划分有针对性地进行节目编排。2006 年 1 月 1 日推出新改版的节目，仅 1 月份该频道收视率便比上个月提升了 133%（央视索福瑞收视率调查。另据 AC 尼尔森收视率调查，本频道收视率提升了 147%）。我们继续乘胜追击，2006 年推出了 48 项调查研究项目，研究成果很快导入频道建设和节目调整，使得该频道 2006 年度收视率比上年度提升 300%，电视品牌价值名列上海电视市场前茅。为此，2007 年 3 月该频道和该顾问研究项目被北京大学电视研究中心评为“2006 年度中国电视成功品牌”，并确定该频道年度市场成长率全国第一。

近年来，经过多年艰苦研究，本人推出的关于受众市场调查研究与节目评估、研发模式已经成型。2004 年以来，我曾多次就研发的《中国电视剧研发评估体系》在全国电视剧研讨会上进行理论讲座，并运用该理论对在央视和全国市场成功推出的电视连续剧《武林外传》提供了营销咨询，对国内近 200 个电视节目的优化、研发、策划提供核心支持。

第一节　电视频道与目标受众群的对称性结构与利益重组

电视媒体、电视受众、广告商、广告主四个利益主体之间的对称关系使得市场博弈复杂多变。电视媒体对于受众的圈选在中国这个大市场是通过覆盖率和实际的收视率表现共同实现的。覆盖率常常以地域为单位进行，它为电视频道在覆盖区域人群的影响力提供可以到达的机会，覆盖区域内有机会接触电视媒体的受众构成其潜在的观众规模，这也是电视收视率计算的出发点。在覆盖区域内有机会接触电视媒体的人口数量中实际收看某频道或节目的人口比例就是收视率。所以收视率是以覆盖率为基础建立起来的。在圈选覆盖地域的时候，围绕地域受众价值的争夺近些年来愈演愈烈。从中国电视人口覆盖方式来说，覆盖区域内的有线网络控制着覆盖的主渠道，网络供应商占据着本区域电视覆盖的绝对控制权。

全国电视观众接收电视节目的方式

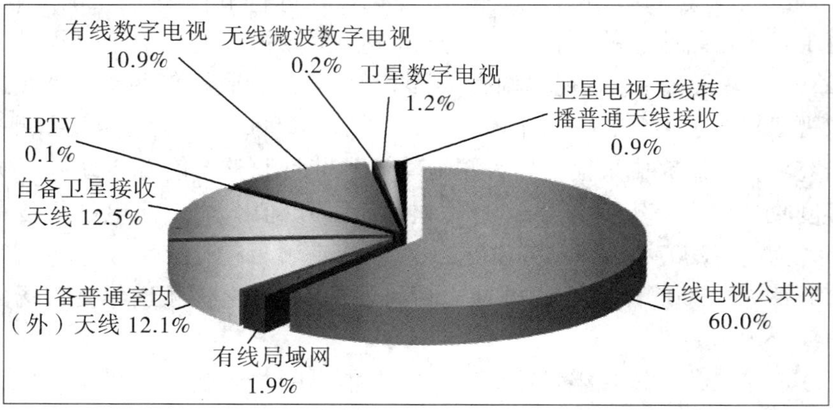

数据来源：北京美兰德媒体传播策略咨询有限公司（CMMR）。

上图是北京美兰德媒体传播策略咨询公司关于中国电视节目家庭覆盖方式专项调查数据。可以看出，目前中国家庭60%通过有线电视公共网络收看电视节目，另有10.9%的用户则通过有线数字网络触达电视节目。这使得不同区域之间的跨区域覆盖成本处于接近失控的状态。卫星电视频道由于无力支付全国所有地区的落地入网费用，只能量力而行有选择地安排这一工作，卫视的全国覆盖变为一个理论名词。

不同地域受众的市场质量成为卫视覆盖考量和计算的基础。这时，经济发展的地区性不平衡导致的电视受众经济收入的不平衡情况便呈现出来。从全国城乡总体情况来看，一类城市电视受众的收入规模与收入增量普遍高于二类城市，二类城市电视受众的收入规模与收入增量普遍高于三类城市，城镇居民的人均收入又普遍高于乡村。从地理位置来看，中国东南沿海地区经济发展速度与发展规模与内陆地区相比存在着十分明显的优势，东部经济发达地区电视受众的收入水平、消费水平、存款等财富积累远远高于西部或贫困地区。这使得卫视频道的覆盖向着财富聚集的东南沿海和发达地区倾斜。因为具有相同数量的受众群由于存在于不同区域，其市场价值含量、购买力指标差距巨大。这是值得重视的问题。因为把这个问题进行逆势思考，可以发现发达地区比欠发达地区存在更多的接触优质电视频道的机会，这一方面使得发达地区电视频道和节目覆盖处于超饱和状态，电视收视率竞争呈现份额竞争态势。而欠发达地区处于电视覆盖的弱势区域，其受众与发达地区受众相比处于相对电视信息贫困的状态。从长期来看，这种状况对于地区之间的均衡发展是不利的。因为媒体对于目标区域的覆盖不仅仅是解决收看电视的问题，而且是在电视营销方面对于市场资源整合的全面关照。一个地区电视媒体的节目竞争、频道竞争、广告竞争、相关媒体运营竞争与该地区经济发育程度呈正相关。欠发达地区在电视报道机会、受众参与电视活动的机会等方面也处于相对弱势地位。这是覆盖方面存在的马太效应。

下表是国家统计局发布的2006年度部分城市在岗职工收入、城乡居民储蓄和社会商品零售总额的数据。显示出不同地区之间的收入、储蓄与消费力之间的相关关系。由此可以推算出，不同地区的电视覆盖与收视率指标所蕴含的财富总量和消费能力存在着相当大的差异。这样的差异可以用收视点单位加以计算：即一个收视点在不同区域含有的购买力。这个指标是电视频道制定覆盖计划与收视价值评估的基础指标之一。

省会城市和计划单列市主要经济指标（2006年）

城市名称	年度总人口（万人）	在岗职工年平均工资（元）	城乡居民人均储蓄年末余额（元）	社会商品零售总额（万元）
上　海	1368	41189	69296	33604142
北　京	1198	40117	72632	33707447

续表

城市名称	年度总人口（万人）	在岗职工年平均工资（元）	城乡居民人均储蓄年末余额（元）	社会商品零售总额（万元）
广　州	761	36770	73120	21827738
深　圳	197	35108	190250	16712934
杭　州	666	32792	37125	11123676
南　京	607	32459	30217	11668519
宁　波	560	28949	31261	8825390
天　津	949	28683	29624	13567865
厦　门	160	25543	42450	3149439
长　沙	631	24617	17322	8656061.2
大　连	572	24227	32626	8392966
乌鲁木齐	202	23677	33599	2726667
青　岛	749	23458	20919	10066708
沈　阳	704	23391	27318	10487404
银　川	145	23227	21177	1087118
呼和浩特	216	22948	20995	3609919
成　都	1103	22563	21855	11552570.7
济　南	603	22306	19600	9393436
合　肥	470	21907	13293	3843098
太　原	349	21422	33942	4364712
海　口	177	21385	23034	1613497
西　宁	213	21029	12823	1195073
昆　明	514	20812	22478	4842035
福　州	623	20665	21059	7755301
南　宁	672	20652	10142	4355090
武　汉	819	20633	23054	12933276
西　安	753	20476	25900	7761959.2
南　昌	484	20286	15163	3584025
长　春	739	19954	15889	6662790

续表

城市名称	年度总人口（万人）	在岗职工年平均工资（元）	城乡居民人均储蓄年末余额（元）	社会商品零售总额（万元）
重　庆	3199	19215	9219	14035809
兰　州	314	19103	21928	2897169
郑　州	692	18862	23434	8221881
哈尔滨	980	18780	15951	8946159
贵　阳	355	18522	16422	2349623
石家庄	940	16911	16533	6988128

注：工业总产值的统计范围为全部国有及年销售收入500万元以上的非国有工业企业。数据来源于国家统计局网站。

围绕频道节目覆盖率的争夺，由于数字化网络的改造而加大了上述电视传播的不平衡。因为部分地面频道开始乘坐信息高速公路追求频道的异地覆盖，一些新开办的主题数字频道也加入全国覆盖竞争。但是由于这两类频道目前尚不具备卫视频道全国传播或异地传播的经验与全国性电视节目制作能力、竞争能力、机构智慧，使得这一竞争潜能尚未完全发挥出来。

围绕卫视全国覆盖的竞争，对于不同卫视频道来说有着不同的追求。我们通过电视频道覆盖费用与频道经营收入、年度利润之间的关系，可以清晰地了解电视台、电视频道经营的健康度。就2007年度卫星电视频道运营的基本成本来看，一个频道做到基本正常的运营需要1.5亿元人民币的年度经费。这是卫视频道年度运营的最低限度。经费的1/3即5000万要用于全国部分地区的落地入网费用。而这笔费用的使用效率随着落地入网费用的逐年增加而降低。2004年这样的落地预算可以覆盖全国3～4亿人口，到了2007年已经降为2～3亿人口了。于是，在市场经营方面走在前面的几家省级卫视只能不断加大落地入网费用，而这样做的结果是全国的落地入网价格不断上涨。这大大加快了电视市场对于弱小频道的淘汰速度，也使得相对强势的部分卫视频道的年度利润受到影响。所以在2006年度和2007年度美兰德公司召开的全国电视覆盖工作年会上，我反复强调卫视落地入网的理性回归问题。围绕卫视频道的资金流状况，适度调整覆盖策略成为下一阶段大部分卫视需要考虑的问题。我的思路是这样的，既然落地入网费用持续上涨，那么**落地工作应当由外延式工作模式改变为内涵式人口覆**

盖。因为受众在不同区域的年度财富增长是不同的，这使得受众价值和使用价值出现地域性差异。在相同人口覆盖数量的前提下，经济欠发达地区的受众年度收入与年度支出远远小于发达地区的受众。而且，经济发达地区的经济贸易活动、社会文化活动数量与规格也处于相对优势地位。这使得卫视或电视频道异地覆盖入网工作不得不考虑市场本身的质量。全国覆盖工作需要根据频道各自的定位精确寻找目标受众群。这样会使得部分地区落地入网市场涨价的速度相对放慢，同时使得全国落地入网费用得到相对控制。但是，这样做的结果使得部分地区的电视信息资源处于更为饱和的状态，而欠发达地区电视信息的贫困会呈现加重趋势。所以，为了彻底解决卫视或地面频道异地落地入网的价格秩序问题，需要行业制定相应的规范。

2006 年各地区城镇居民家庭平均每人全年可支配收入和消费性支出

地　区	可支配收入（元）	消费性支出（元）
全　国	11759. 45	8696. 55
上　海	20667. 91	14761. 75
北　京	19977. 52	14825. 41
浙　江	18265. 10	13348. 51
广　东	16015. 58	12432. 22
天　津	14283. 09	10548. 05
江　苏	14084. 26	9628. 59
福　建	13753. 28	9807. 71
山　东	12192. 24	8468. 40
重　庆	11569. 74	9398. 69
湖　南	10504. 67	8169. 30
辽　宁	10369. 61	7987. 49
内蒙古	10357. 99	7666. 61
河　北	10304. 56	7343. 49
云　南	10069. 89	7379. 81
山　西	10027. 70	7170. 94
广　西	9898. 75	6791. 95

续表

地　区	可支配收入（元）	消费性支出（元）
河　南	9810.26	6685.18
湖　北	9802.65	7397.32
吉　林	9775.07	7352.64
安　徽	9771.05	7294.73
江　西	9551.12	6645.54
海　南	9395.13	7126.78
四　川	9350.11	7524.81
陕　西	9267.70	7553.28
黑龙江	9182.31	6655.43
宁　夏	9177.26	7205.57
贵　州	9116.61	6848.39
青　海	9000.35	6530.11
西　藏	8941.08	6192.57
甘　肃	8920.59	6974.21
新　疆	8871.27	6730.01

数据来源：国家统计局网站。

第二节　电视媒体与广告运营商之间的对称关系：相对精确传播的实现

电视媒体与广告商以及广告主之间的对称关系更为有趣。电视媒体价值是对于受众群的圈选价值，实际上是受众群蕴含的市场价值。广告商、广告主对于电视频道电视节目的广告投放行为实际上是通过电视频道电视节目的受众触达过程实现的对于受众市场价值的开采行为。但是对于不同的广告产品来说显然市场目标不尽一致。这使得广告主总是感觉到自己投放广告的费用至少50%以上被浪费掉了，但浪费在哪里却说不清楚。如果我们把广告投放的资金使用效率：即投入产出关系加以考量，我们发现广告的相对精确传播是可以实现的。广告产品的销售资金量与广告投放的资金量之比可以了解广告行为的恰当性。如果把知名度与潜在消费市场的获得考虑进来无疑更加全面地

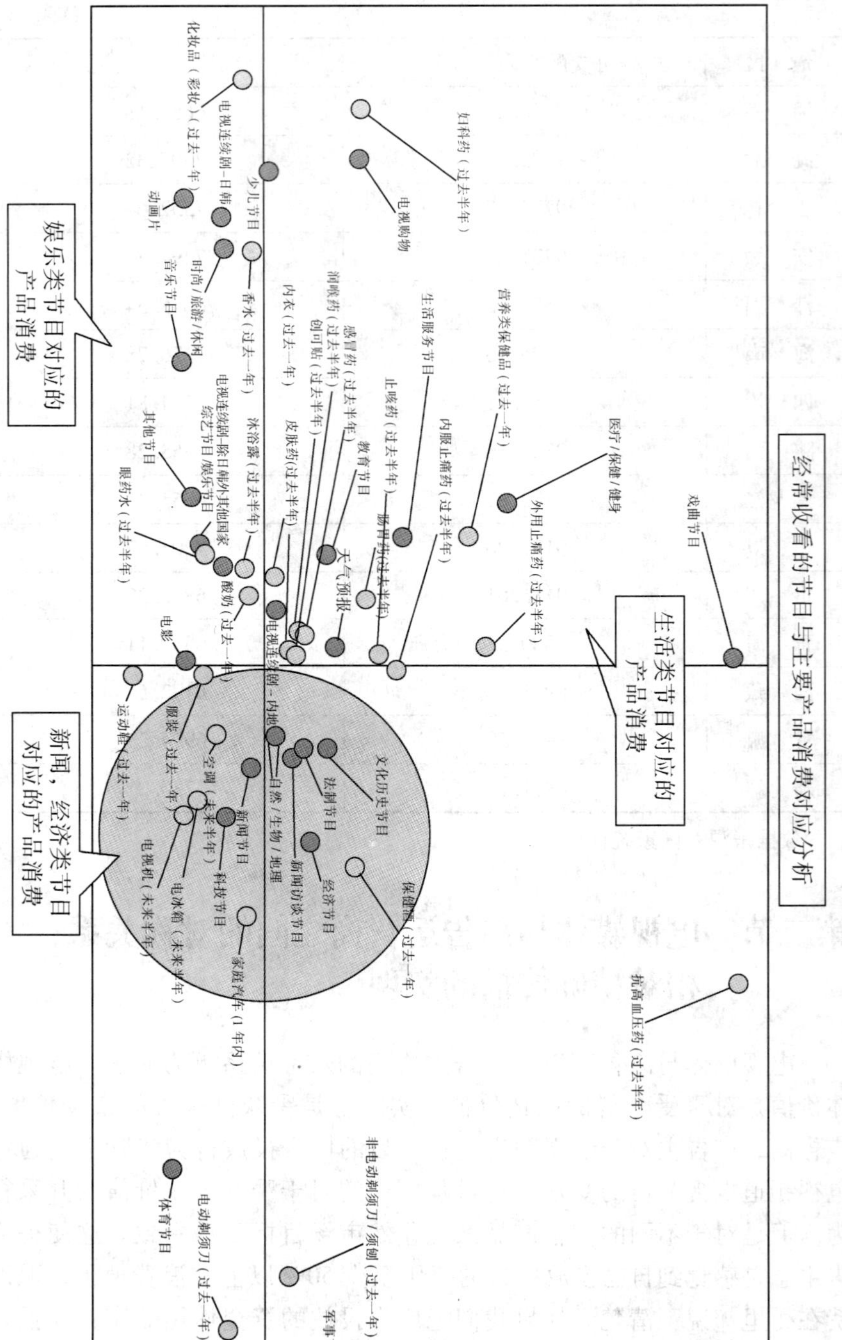
经常收看的节目与主要产品消费对应分析
娱乐类节目对应的产品消费
生活类节目对应的产品消费
新闻，经济类节目对应的产品消费
化妆品（彩妆）（过去一年）
电视连续剧—日韩
动画片
少儿节目
妇科药（过去半年）
电视购物
时尚/旅游/休闲
音乐节目
香水（过去一年）
电视连续剧—除日韩外其他国家
综艺节目/娱乐节目
其他节目
眼药水（过去半年）
沐浴露（过去半年）
内衣（过去一年）
润喉药（过去半年）
创可贴（过去半年）
感冒药（过去半年）
皮肤药(过去半年)
教育节目
天气预报
酸奶（过去一年）
生活服务节目
止咳药（过去半年）
肠胃药(过去半年)
营养类保健品（过去一年）
内服止痛药（过去半年）
医疗/保健/健身
外用止痛药（过去半年）
戏曲节目
电影
电视连续剧—内地
运动鞋（过去一年）
服装（过去一年）
空调（未来半年）
新闻节目
科技节目
电视机（未来半年）
电冰箱（未来半年）
自然/生物/地理
法制节目
文化历史节目
新闻访谈节目
经济节目
保健酒（过去一年）
家庭汽车(1年内)
抗高血压药（过去半年）
非电动剃须刀/须刨（过去一年）
电动剃须刀（过去一年）
体育节目
军事节目

（数据来源：CNRS）

揭示出广告传播效能。问题是，广告效果评估都是在广告投放之前进行的，广告投放之后的效果评估只能用于总结经验教训。广告投放的行为本质上属于期货购买行为，这使得这一行为的市场风险几乎无法回避。广告投放的问题核心是如何降低广告投放行为的实际风险。所以广告投放的精确性是相对的，不确定性或风险是绝对的。那么相对的精确性如何获得呢？受众、电视媒体、广告运营商之间的对称性可以给我们一些启示。

第一，电视广告投放的相对精确性取决于电视节目目标受众群与广告产品目标消费群的重叠度。电视频道、电视节目对于目标受众群的圈选既是电视台主动行为的结果，也是电视市场竞争的结果。电视台通过节目设计与播送获得电视受众，而本频道电视受众同时又是其他电视频道的受众，这种分割在不断进行，频道与频道之间、节目与节目之间构成受众的重叠关系。这就为广告投放带来了机遇与挑战，一方面广告商有机会通过对于不同节目的组合投放获得短时间内的广告高到达率；另一方面可能造成对于同一受众群的广告反复投放，从而损失广告费用或丢失其他广告投放目标。所以，将电视频道和节目的目标受众群与电视广告产品的目标消费群进行对称性研究确定显得极为重要。利用 CTR 无主调查“全国读者调查”数据，我们对 2006 年某频道节目与受众的消费偏好进行了相关分析，发现不同属性或调性的频道，其受众在消费市场对于不同类型的产品具有不同的偏好倾向，这实际上为不同的广告主找到了对应关系：受众的市场偏好对广告主相关产品对应性非常强，因此，不同属性的电视频道与不同类型的广告产品、广告主存在着相关性。一些频道最近几年的广告经营停滞不前，其广告相关性过于狭小是主要原因之一。

对受众的收入状况与消费需求、受众的品牌渗透情况与电视频道、电视节目的接触情况进行同源性数据采集，我们可以清晰地了解市场中围绕电视节目和广告产品、广告渗透的综合情况。这就是广告投放最重要的决策基本面之一，是广告投放的相对精确实现。

某电视节目与中插广告之间的重叠率

名称	播出日期	开始时间	结束时间	平均收视率%	与前节目（广告段）的重叠率%
玩转地球	2009－2－3	22：04：41	22：12：50	0.2142	100
广告	2009－2－3	22：12：50	22：13：34	0.1981	71.02

续表

名称	播出日期	开始时间	结束时间	平均收视率%	与前节目（广告段）的重叠率%
玩转地球	2009－2－3	22：13：34	22：18：00	0.2394	77.52
广告	2009－2－3	22：18：00	22：18：06	0.2147	81.33
节目预告	2009－2－3	22：18：06	22：18：26	0.2147	
广告	2009－2－3	22：18：26	22：18：34	0.2147	
节目预告	2009－2－3	22：18：34	22：19：39	0.2341	
频道包装	2009－2－3	22：19：39	22：19：59	0.2157	
广告	2009－2－3	22：19：59	22：20：28	0.2157	
玩转地球	2009－2－3	22：20：28	22：29：50	0.2695	81.82

数据来源：央视市场研究（CTR）广告监测，2003～2007年。

第二，电视频道、电视节目的广告匹配度决定着电视台广告产品类型与规模。受众是电视台的载体，电视频道、电视节目是电视广告的载体，这样的关系决定了电视频道定位与节目定位是对目标受众群某些类别的电视偏好的圈选，同时这样的频道与节目定位只适合某些类别的电视广告投放，不适合其他类别的电视广告投放。电视受众、电视频道（或节目）、电视广告类别之间存在着相互匹配关系。例如，某境外电视台的两个频道在受众中的影响力逐年拉升，但是它的广告经营规模数年来都没有明显扩大。通过建立数学模型，我们发现该台频道与节目定位清晰，但节目类型过于单一，这样的载体只适合几类广告的投放。从广告市场份额的角度来看，这几种类别的广告目前只能安排这样大的广告投放量。所以，该台如果没有其他广告载体，广告经营额在近期内不会迅速拉升。由此可见，电视媒体的定位非常重要。

某台两个频道广告开发程度研究

开发分类	产品数	总费用（万元）
合理开发	8	178967
合理未开发	3	158306
过度开发	0	0
欠开发	19	537895

续表

开发分类	产品数	总费用（万元）
合计	30	875168
指标	按产品数量计算	按广告费用计算
广告开发度%	26.7	20.4
广告健康度%	36.7	38.5

某台两个频道广告类型与频道属性对应研究

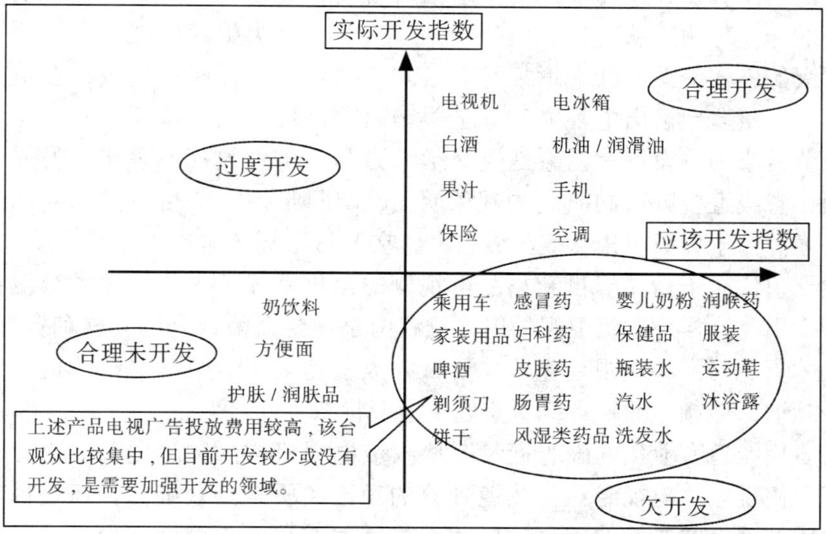

国内从20世纪90年代延续至今的以题材细分市场的手段为频道定位的方法使得绝大多数市场细分频道处于经营亏损状态。频道定位与电视广告的匹配度低是真正的原因。电视频道的定位如果属于公益性质，在频道定位时重点考虑频道与受众偏好的匹配度就可以了。如果想进入广告竞争的行列，一定要同时考虑两个匹配关系：频道、节目与目标受众群、频道与广告类别属性的匹配关系。20世纪90年代以来，围绕电视频道竞争，“频道专业化、节目对象化”的运作理念一直处于绝对的统治地位。如果这个过程是基于综合频道和综合类节目而言，无疑具有进步意义。以中央台为例，中央台一套设计为新闻综合频道，其他10余个频道分别设计为覆盖不同学科领域或具有不同传播目标的专业频道，形成以中央一套为中心，以其他专业频道为延伸的一个完整而封闭的电视传播体系。这个体系中的各个频道除了CCTV－4覆盖全球之外，其他频道的理论覆盖区域是全国（或通过卫星覆盖亚太地区。外语频道除外)。可见，综合频道和专业频道在中央台由于覆盖区域的相同显得十分合理。

但是省级电视台在频道设计方面却存在着两个断层，一是一套卫视频道（新闻综合频道）和其他专业化频道覆盖区域不能统一，卫视频道覆盖全国（或通过卫星覆盖亚太)，其他专业频道只能覆盖本行政区域。二是频道数量不足以通过专业化设计形成完整而封闭的传播系统。由于各省市经济发展的不平衡，专业化地方频道数量不允许无限度增加。这就使得省级电视台在频道专业化设计方面出现了理论和实践的错位，在频道和节目两个层面表现得很充分。一方面，省级电视台的专业化频道从定位和诞生的第一天起，就为生存而战，为了争得更大的广告份额不断地增加综合要素，朝着综合类频道迈进，在黄金时间尽量多地播出电视剧和综艺类节目，体现本频道特征的专业化对象节目成为摆设——无论是受众影响力和广告创收都不理想。另一方面，省级卫视频道同质同构现象明显，节目形态、节目编排思路如出一辙。由于省级卫视覆盖区域广大，在节目市场竞争中处于明显劣势，生产单位对于精品节目和精品电视剧的出售一般首先要躲避省级卫视的播出。这样，省级卫视的出路只有两条：要么整合全国题材和资金、人才资源与强势电视台竞争；要么办成覆盖全国但服务本地的地方综合频道，使频道的跨省级覆盖处于浪费状态。

用频道专业化的眼光衡量一些权威电视机构的频道定位，也存在不平衡现象。**电视专业化频道划分的理论实质是受众细分，但是目前中国的受众并未像欧美发达国家那样随着节目的细分而细分。**从某台受众规模和广告占有量来分析，其综合频道处于绝对的强势地位，广告占全台广告额的80%左右。另外20%左右的广告额又集中在其余的一两个频道。剩下的若干频道只捞到了一些前述几个频道的漏网之鱼。而从受众的角度考察该台的专业化频道，虽然在内容方面具有专业化频道性状，但它本质上属于大众频道。而其余的频道不仅仅内容专业，题材狭窄、受众面也明显缺乏宽度。

可见，**从受众的角度考察专业化频道，可以分为大众的专业化频道和小众的专业化频道。大众的专业化频道具有比较强的综合传播价值。就目前中国受众结构来分析，大规模的受众分化并未形成，其对节目和频道的需求具有很强的趋同性、综合性。**或者说，欧美等发达国家的电视受众已经细分为对小众专业化频道和比较单纯的对象性节目的需求，而中国的电视受众只细分到对综合的专业化频道和大众的对象性节目的需求。二者不仅仅是程度的差异。

我们通常将受众理解为静态的理想受众，而忽视了受众是由不同年龄、不同区域、不同性别、不同文化背景下的活生生的人组成的自组织系统。电视艺术的发生是电视工作者通过凝结在电视作品表面和深层的生活现象、政治观念、价值判断、审美倾向、文化理念、人生理想组成的复合体同电视受众结合并发生心灵或情感、情绪共振、共鸣、互动的过程。如果我们将这个过程描述为电视频道、电视作品与受众的贴合度，那么，贴合度越高电视传播就越成功。其标志是收视率和广告收益的波动与变化。在这个过程中，**受众在内心完成电视艺术的再创作，电视人要做的是通过电视作品影响受众的再创作过程、方向和深度。**我们所要强调的是电视人在进行频道运营的时候，不论频道的定位如何，都在寻求频道、节目与受众贴合度的最大化。而受众也在追寻能够体现自己收视意愿的频道和节目。现阶段能够体现这一特征的除了综合频道就是综合的专业化频道，那些取材过于狭窄的专业频道从一开始就处于边缘位置。

正像受众主体对于综合的专业化电视频道的需求一样，受众的主体对于对象性节目的需求也具有极强的综合性。在此，**我们把它表述为大众的对象性电视节目。这绝对不是说要将对象性节目完全做成综合类节目——而是对对象性节目加以改造，使之具有尽量广阔的大众传播价值。**例如，很多电视台都办有求医问药节目，但是由于题材狭窄（如就一种病的诊治展开节目）使得其他不关心此类题材的受众换台。如果将这样的窄众节目增加综合要素，增加一些知识的普及，或改造为以一种疾病的诊治为依托普及健康知识的节目，就会收到更好的传播效果。这就成为大众的对象性节目。大众的对象性节目一般可以从一个具体的题材开始做起，但是对于该题材的传播却不是窄众化进行的，而是尽量进行全方位的文化关照，使其社会认识价值具有社会广泛性。否则，就事论事受众是无法满意的。目前，道德观察类节目、科教类节目、法制节目多多少少存在着这样的毛病。道德问题并不一定是道德本身的问题，科教节目不能流于说教，法制问题并不是单纯的法律问题，一些个案看似简单却有着复杂深刻的社会根源。

全国数千个电视频道普遍存在着两个基本问题。一是节目过多过碎，20 分钟长度的节目占大多数。就一般的节目而言，制作 20 分钟和制作 30 分钟，甚至 40 分钟节目的成本几乎差不多，因此 20 分钟长度的节目成本最高。如果对现有 20 分钟的节目追加 50% 的经费，使之扩展一倍时间，不仅能够省去另外的 50% 经费（少办一个节目），而且有利于节目向深度和广度开掘。二是体制障碍。频道节目编排不论是横向（一周内同时段节目流）还是纵向（一天内节目流）编排都没有章法可循，节目形态也是社教、科教、外宣、文体等五花八门。其结果是无情地割断了受众的合理流动。究其原因，频道成为电视台不同部门进行诸侯割据的战场。2006 年夏天开始，我在旅游卫视主管频道的节目管理运营。到 2007 年，运用这样的原理使得旅游卫视节目经费使用效率提高了 229% 。

在寻求频道板块化的同时应当追求节目形态的非板块化，其本质仍然是受众的同一性问题。目前，我国电视节目（栏目）的主要形态是板块式结构，其典型状态是一个节目由数个板块构成，板块之间虽然寻求一定的关联性，但是常常成为各自独立的子栏目。这个从 20 世纪 80 年代末开始流行的节目式样，其弊端是板块之间很难保持受众的同一性。第一个板块是这部分受众喜欢，第二个板块是另一部分受众喜欢，就会形成受众错位，我国电视受众每天晚上换台次数不断增加，原因固然是多方面的，但是，栏目板块化结构无疑增加了换台的可能性。

从受众的同一性出发，我们认为应当注意设计那种具有一定的逻辑结构的大型节目。**取消板块不是取消节目的层次，而是根据节目题材挖掘情况和节目展开状况，注意节目的逻辑关联和递进，使节目从开头到结尾一气呵成。**

所以，电视频道、电视节目与广告的匹配关系本质上仍然是电视频道对于受众圈选的能力，受众的质量是广告的生命。

第三，电视频道、节目与广告主、广告商的对称关系还表现为广告主、广告商对于电视媒体的反策划。随着后媒体时代的到来，计划体制下的以媒体为核心进行利益和资源配置的局面在被逐步打破，以市场为核心的多种相关利益实体开始着手建立法律架构下的平等竞争关系。其中，广告主、广告商对于媒体行为的策划就是这种新型竞合关系的突出表现。或者说在媒体对于频道、节目、广告、经营进行策划的同时，市场各个相关利益实体已经开始策划媒体。其突出的手段就是植入式广告的大行其道。这种来源于美国的电视广告投入的新模式，在近年来对于中国电视媒体的节目传播和广告传播的影响是多方面的。巧妙的创意可以在不知不觉中将广告主的部分企业文化、标识、品牌导入常规的电视节目，节目与所植入的广告会产生双赢。影片《天下无贼》中，惠普、佳能、诺基亚、宝马、中国移动、长城润滑油等 12 个赞助商都在影片里得到了品牌展现的机会，加上其他品牌的荣誉赞助，为剧组贡献了上千万的经费。在这种合作中，媒体赚到了客户的钱，客户利用产品品牌的提升赚到了消费者的钱，消费者开心地消费着影片和广告产品，是名副其实的“多赢”。据央视索福瑞媒介研究的报告显示，仅2006年，全国综艺娱乐节目中植入式广告的产值已近10亿元，可见在形式开发和投放量日趋接近饱和的传统广告市场外，植入式广告已成为广告市场新的经营增长点。但是，现阶段我们看到部分广告商借着植入广告的名头，把电视节目朝着二类广告的方向加以策划改造。如果不是悄然的植入，而是广告意识的简单的二类化切入，势必造成节目品质的下降。在电视媒体活动方面，如各类媒体选秀与大赛、大型媒体直播活动等，广告运营者对于广告植入与全方位媒体营销策划的兴趣更加浓厚。媒体通过这类活动吸引广告运营者的资金，广告运营者通过电视活动的策划导入更为广泛的市场传播资源：企业的媒体线上活动对于线下活动的支持与放大起着重要作用。如路演活动、商品推销活动和渠道建设、多媒体互动等借着电视媒体活动的传播力而弥漫出更为深远的市场影响力。广告资源通过活动得到整合与放大。这是电视媒体近些年来的一些新尝试，广告主通过与电视媒体举办活动使得品牌渗透率、产品销售额和市场占有率实现迅速提升。部分企业在这方面的成功大大刺激了众多广告主的纷纷效仿，在2005年真人秀选秀节目登陆中国并获得一定成功以后，许多企业主怀揣着大笔资金推动着各家电视台类似的节目，非传播领域的营销措施便开始简单导入电视等大众传播领域。这也为2007年国家广播电视行业管理部门对于娱乐节目加强行业管理埋下了伏笔。非传播领域的营销手段突出的代表就是媒体炒作，新闻制假、捕风捉影、小题大做或多媒体联动。其结果是部分电视节目的低俗化倾向让全社会埋单，文化含量高的电视节目受到相对冷落，电视传播的权威性遭到贬损，部分受众的情绪躁动使得局部的社会安定受到干扰。个别电视频道的个别节目大有滑为不健康情绪的宣泄桶、部分公众人物的个人秀场的可能。

电视广告市场的波动、广告品种类别的变化情况会同时反作用于电视频道、电视节目的市场健康度。市场中电视广告类别的变化情况受到商品市场竞争程度的制约，有些品类的广告年度增减变化幅度大，这对于电视广告收益有着直接的深刻的影响，同时对于电视频道、电视节目的影响也是直接和深刻的。一些品类的广告投放量如果锐减，或国家对于部分广告类型出台新的规定都会直接影响到与这些广告相匹配的电视频道与电视节目。例如，某些超越道德底线的保健品、生活用品广告的播出限令使得一些影响力逐渐萎缩的电视频道出现经营困难。一些饲料类广告使得一些电视频道广告经营环境出现恶化，其他有品质的广告纷纷撤单。2007 年，行业监管部门加大对涉嫌违法广告的管理力度，烟草类广告当年的广告投放总额大幅降低。自 2007 年 9 月起，国家广电总局出台选秀节目管理细则，加大了对活动类节目的监管力度，众多“言行举止失态、内容格调低下”的选秀活动纷纷被叫停，使得 2008 年活动类广告的总投入额比 2007 年缩水 4%。电视广告的品类与总量变化使得一些频道与节目定位相对呈现呆板而缺乏活力的状态。

2008年传统媒体广告增幅最慢的五大行业

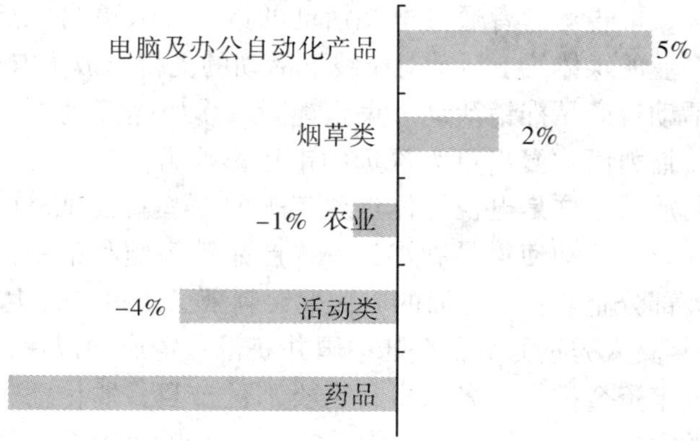

数据来源：央视市场研究（CTR）广告监测，2007 ~ 2008 年。

第三节　电视频道、广告公司与广告主的利益划分：合纵连横

电视频道与广告运营商的对称关系已经很清楚了。但是广告运营商是由广告公司、媒介资源购买者与广告主等构成。这三者之间的利益关系围绕着电视频道资源呈现合纵连横的态势。一般情况下，广告主将广告计划下达给广告代理公司执行广告媒体投放计划，广告公司通过与电视频道博弈寻求尽量多的广告差价。而广告主与频道的利益似乎更为接近：频道寻求的是尽量多地圈选受众群，广告主则尽量多地使自己的广告渗透率最大化进而实现广告产品渗透率最大化。这就使得电视频道、广告主、广告公司之间产生了利益的纠葛。电视媒体与广告主之间的信息沟通与直接合作显得合理而便利。广告公司为了

获得更多的代理客户，不得不朝着电视媒体运营商的方向发展：通过有利的折扣集中购买年度电视频道的广告资源，以此作为吸引广告主同意进行年度代理的先决条件。媒体为了降低年度广告经营风险是可以接受这样的合作方式的，广告主在安排年度广告投放计划时也会考虑广告公司占据的电视频道广告资源，但是，广告公司向着媒介购买公司的转变使其经营风险大大提高。

在这场合纵连横的戏剧中，出现了诸多的购买与销售策略。

一是收视点购买策略。部分广告公司为了获得有利的电视频道购买交易，执行这一策略。其营销要点是这样的：在评估一个频道或时段、节目取得一个收视点的广告投放成本与价值的基础上，根据上年度的情况购买频道的下一个阶段的收视点期货。这时的操作又有很多变化，其中有两种方式值得关注。一是广告公司和频道谈判确定本频道收视点价格，然后投放广告。广告公司运用这样的方法购买频道一定数量的收视点，频道如果能够达到预期收视点指标则可以实现交易，如果没有能够达到预期收视点指标则由频道在同时段向广告公司补点。这种看似公平的交易实际对电视台和电视频道构成了损害与威胁。因为收视点的获得并不一定与电视节目的质量成正相关，频道收视点的多少更取决于本频道节目与其他频道的收视率竞争，特别是同时段收视点竞争。广告公司常常对一个市场中不同频道的相同时段的收视点进行集中购买，由于时段的总份额的多少基本上决定于受众的起床在家率和开机率，时段的收视点是个常量，那么对于同一个收视市场不同电视台的不同频道的相同时段的收视点购买则构成实实在在的收视点陷阱。因为时段的收视点常量使得收视点总数基本上是稳定的，广告公司根据这个基本值分别与各个频道或不同的电视台进行收视点购买谈判，以使得分别谈判的收视点总量超出这个常量，这本身就使得广告公司处于合同盈利状态。在实际运营过程中，由于收视点的常量使得不同频道相同时段的竞争是一个零和游戏，只要某一个频道进步突出，超出了自身的收视点计划，那么其他频道的收视点就会处于无法获得与实现的竞争被动地位。这时，其他频道开始向广告公司补点。补点的结果使得多个频道的广告数量相对增加，节目内容被广告时段稀释，在时段收视点竞争中的地位更为不利。某强势电视台有近 10 个电视频道，一家广告公司用这样的方式只花费了 2 千万元的广告费用便控制了这个电视台数个频道的接近亿元的广告资源。教训不可谓不深刻。

媒介购买公司对于收视点的购买如果只是某个时段或某个频道、

某个节目，那么从自身的经营出发，他渴望所购买的时段、频道或节目收视率相对稳定，即不出现收视率大幅的起伏变化。这样可以对广告主所提供的广告投放费用进行比较精确的控制。如果所购买的收视点比预期的高很多，电视台会重新考虑投放载体的价格；如果所购买的收视点比预期低很多，那么广告主会感到失望而提出重新调整投放策略。这对于媒介购买公司来说都会造成损失。

如果不是这样的话，收视点购买就变成了真正的期货操作方法，电视台与广告商根据下一阶段的节目计划预估收视点与收视点价格，然后实施购买。这多少有点押宝的味道，但是买卖双方相对公平。如果频道成长性超过了预估，则广告商经营余地就扩大了。如果频道收视率相对萎缩比较厉害，那么广告商的潜在风险就会呈现出来变为现实风险。当然，这样的方法还可以对双方的经营作出其他附加的限定。对于电视台推出的媒体活动，这样的广告投放模式充满了博弈的魅力。

电视频道与广告商、广告主的合纵连横有很多情况，对称性是其基础。双方有一种媾和是我们应当了解和研究的，那就是广告投放行为对电视频道传播行为的干预。这种干预由于是基于电视频道与广告投放者的利益关系加以实现的，所以隐蔽性很强。但是对于电视等媒体来说，广告的诱惑实在太大了，这样的利益博弈涉及电视等媒体的市场核心竞争力，因而构成市场经济条件下电视等媒体的软肋。广告主广告商向电视等媒体投放广告的同时——特别是这种合作达到相当的规模，一般会与媒体建立利益联盟，对于广告主的相关利益，电视等媒体在大众传播过程中自然会加以考虑。如果广告主、广告商遭遇公共关系危机，那么合作的电视媒体一般不会“落井下石”，甚至挺身相救。这远远超越了广告领域的合作，舆论监督对于大的广告合作伙伴——不论是广告主还是广告商——都会变得相对疲软。这是近年来中国大众传媒领域出现的新情况，这一新情况在部分媒体内部管理工作中逐步转变为一个不成文的规定：客户根据投放额度和投放潜力分为大、中、小三级，对于在本媒体投放广告的客户需要媒体支持的时候媒体会给予适当支持，在大中型客户出现公关危机时，媒体会慎重处置。

这是市场经济条件下出现的新情况，欧美以及海外市场经济比较发达的国家和地区也是这样。长期以来，中国受众很奇怪美国与欧洲的权威媒体为什么总是对中国或别国的事务说三道四，其中固然有媒体霸权与冷战思维作怪，但是，这些媒体基本不敢批评本国的广告主与广告商确是很重要的缘由之一。批评自己国家的法人与自然人不仅仅会遭遇法律诉讼的风险，而且会遭遇广告运营商以及利益相关者的经济报复和政治风险，这样，就只好批评别的国家和人民。美国 CNN 新闻评论员卡弗蒂对于中国人民的侮辱言行集中体现了欧美这一恶劣的行业属性，所谓的言论自由实际受到了法律与经营利益的双重制约，美国式民主也因此而疲软。

这样的媾和使得电视频道与广告运营商之间成为利益共同体。这对于媒体舆论监督职能的坚守来说是一个挑战。我们媒体的很多运营者是喜欢“记者是无冕之王”这个说法的，在计划经济时代这个命题几乎是行政权力的延伸。记者与媒体手握大众话语权，对于社会组织、社会现象、新闻当事人的批评是居高临下进行的。而舆论监督并不是简单的批评报道。**舆论监督是通过事实的揭示与呈现追寻社会的普适价值观，是一定社会形态下的政府、社会组织和自然人基于法律平等条件下的媒体生存方式，当社会行为背离或危害社会的生存秩序的时候，如出现价值判断分裂与社会行为失衡，大众媒介通过信息交换的方式对此进行事实呈现、讨论、评判，并通过受众达成的趋同的认识对事务进程进行相对客观的信息控制**。而批评报道是大众媒体超越法律授权对社会新闻事件进行居高临下的是非判断。批评报道的风险在于，新闻事实常常是难以搞清的，特别是新闻事件本原的真实更是难以完整呈现，所以在这样的基础之上对于新闻当事人进行简单的是非曲直的批评经常会使媒体陷入诉讼的旋涡。法律诉讼的过程是诉讼事件的证据呈现过程，缺乏证据的正义并不为法律所支持。批评报道也是这样，如果媒体对于新闻当事人的批评没有基于证据的呈现——即事实的呈现，那么这样的批评最多是正义猜想，而不是正义本身。法律平等架构下的媒体与其他社会组织、自然人处于平等的地位，这就是市场经济条件下的法律平等。所以法律并没有也不应当赋予媒体以批评他人的权利，媒体对于社会健康度负责的方式应当是基于新闻真实呈现的舆论监督。媒体对于社会事件的任意指责会对一定的社会秩序造成伤害，甚至严重伤害。

大众媒体与广告商、广告主的媾和是一种利益的纽带，这种纽带从传播生态的角度来考察，如果不以牺牲国家利益、受众利益、社会利益和其他媒体、其他广告商、广告主等竞争伙伴的利益为前提，那么这种纽带是可以接受的。对于各种合法利益的适当保护是法律架构下和谐社会建立的基础，法律不应当给大众媒体以特权，但需要给媒体以平等的法律地位。

但是，中国电视媒体的所有权与广告运营商利益关系的双重制约使得舆论监督成为可能。中国电视媒体的所有权属于国家，广告运营商、广告主与电视媒体的利益联盟被严格控制在电视台广告经营方面，这种利益关系向新闻等传播领域渗透的机会相对较小。遇到涉及政策基本面、大众利益的冲突时，利益联盟很难维持。舆论监督仍然作为社会公器而存在。国家电视台进行广告运营，使得国家电视台的节目传播具有国家与市场的双重属性，市场的主体并不是广告运营者而是普通公民，这使得国家电视台在兼顾广告运营者利益的同时更加贴近市场，因而更加贴近人民。而西方电视媒体的所有权有三类基本形态，一是以德国电视媒体为代表的社会独立法人结构，这种电视台的所有制既不属于政府，也不属于政党和企业主，而是根据社会的政治结构成立独立的理事会，理事会由不同派别的代表组成，投票决定台长人选。台长通过对法律负责而对理事会负责。这样的结构使得电视频道的经营与新闻节目运营相剥离。但是，由于各种政治派别的意见分歧使得台长人选很难协调产生，任期也很短暂，因此传播效率与综合运营效率相对较低。德国对于批评报道的法律规定是这样的：法律给予媒体批评者与被批评者以相同的地位，电视台如果在某时段为一个社会组织提供了批评别人的机会，也必须在相同的时段用相同的篇幅为被批评者提供反批评的机会。德国的广播电视法律同时规定电视台具有无条件发布政府的政令的职能，但政令的法律责任由发布者承担。这是德国式的政府喉舌作用。二是以美国之音为代表的单纯的政府传播工具，它花纳税人的钱替政府做事，在西方媒体干预他国事务以及平衡国内舆论方面它是本国政府的代言者。三是西方主流的电视媒体所有制形式：商业电视台。以美国三大电视新闻网为代表的媒体集团公司有着复杂的股东成分，这使得媒体公权力受到利益主导的深层次制约。公司股东，特别是控股者的价值判断决定着新闻传播的价值判断。因为资本在不同的人手里具有不同的颜色，资本在市场经济条件下始终蕴含着价值判断。从这样的基础出发，商业电视台开始建立市场的利益攸关方：以受众的代言人的身份出现、通过广告运营、节目运营、资本运营等手段搭建商业媒体集团。这样的传播结构构成的传播生态本质上体现着投资者的愿望。正是体会到这种快乐，美国传媒大亨才会说：谁抓住了信息传播的出口，谁就掌握了世界。

电视存在	所有权	利益价值判断	情感结构	舆论监督基础	传播视角	舆论监督
中国电视台	国家	国家、大众利益判断	集体意识+个人意识	国家利益、法律	国家、大众	批评报道为主
美国电视台	国家、法人	政府、财团、大众利益媾和	个人意识+利益相关者	财团利益、法律	财团、利益相关者	事实呈现为主

电视等大众媒体与受众、广告运营商之间的对称关系本质上体现着一定社会历史阶段电视行业的管理运营体制。它既是一定社会传播生态的缩影，又是一定社会政治生态和利益关系的缩影。现阶段，中国电视媒体的管理体制改革的主要方向应当是与中国社会文明等级和国际地位的迅速提升相适应的行业优化，而不是简单模仿西方电视媒体的商业发展模式。因为，三十多年改革开放的成果证明，现行体制与管理模式与中国发展模式是相对匹配的，它本质上体现着国家的核心发展理念，本质上代表着广大受众即人民的文化利益，同时通过与社会组织和经济实体的联系为推动社会经济的发展提供传播动力。这不是说现行广播电视管理体制没有任何问题，而是对于体制优化方向的一种判断。在2005年国家广播电影电视总局产业发展蓝皮书起草过程中，我便提出了自己对中国电视行业管理体制优化方面的忧虑。在目前的历史阶段，我不赞成广播电视媒体的股份制改造，或者说不赞成广播电视所有制成分的任何非国有制改造。非国有资本持有者对于电视媒体的资本介入，会本质上改变中国电视媒体的价值判断，而这样的改变必然导致大众媒体的传播生态和社会和谐政治局面的破坏，大众传播生态的和谐繁荣是中国社会持续发展的前提条件。我也反对那种将电视媒体改造为公益性质的社会组织的学术观点，因为国家的核心目标是发展社会主义市场经济，电视等大众媒体本质上属于市场经济体系中的娱乐经济板块，在法制的前提下，电视等大众娱乐经济板块越发达，它对于社会总体进步的综合意义越大。这是大众传播与社会大众紧密结合的基础，是中国电视等大众媒体参与全球化竞争的基础，是中国大众传播板块形成世界影响力的必由之路。

即便如此，我仍然对于电视媒体与广告主、广告商之间的利益联盟的建立，特别是这种联盟对于社会公正舆论的危害性深表忧虑。媒体本质上属于社会公器，社会利益集团的直接干预会导致大众舆论的畸形。

第四节　大众媒体与受众的媾和基础：迷人的悖论与新闻形态的裂变

电视等大众媒体与受众的结合无疑是传媒经济板块最重要的利益联盟。这种利益联盟的维系是通过大众媒介信息的传播与接受来实现的。对此，前文已经就媒体信息的流动与受众的心理流动情况加以描述。但是，这种流动得以实现的基础是怎样的？大众新闻、大众传播的本质又是怎样的？

（一）悖论是大众媒介传播的本质

悖论，也被称为“二律背反”或“两难结构”。这是逻辑学和神秘主义哲学、数学等学科的重要命题，它重点揭示的是单义语句和多义语句中存在的形式逻辑的混乱关系或表现为能得出不符合排中律的矛盾命题。但是本文的目标显然不是讨论语义悖论的传统问题，而是基于多年的实践研究发现的存在于电视等大众传播领域传播主体和传播客体之间的空间逻辑关系。这种空间逻辑关系的混乱程度远非语义学中的混乱关系所能够比拟。其社会价值或意义也不像语义的悖论那样单纯，它关系到社会、国家、组织、媒体和自然人思想意识、心理行为、具体行为的困顿与变迁。但是，这种传播空间的逻辑悖论与形式逻辑中的语义悖论有着本质的一致性：如果命题指“具有真假意义的语句”，那么命题 A 不能同时满足 B 和非 B 的逻辑推论结果。这种逻辑关系正是大众传播领域每时每刻都在发生的事情，不同的是它存在于传播主体与传播客体之间。悖论是大众传播的本质。

大众媒介信息是这样被制造出来的。在此，我使用了制造这个词语，而没有用“发生”。大众媒介信息分为客观来源和主观来源。新闻报道传播的基础是客观事实的发生，但是，这种发生因为传播者或受众的本体需求才会成为新闻。这是一个从客观事件到媒介关注，再到大众关注的过程。对于某些具体的新闻传播或媒体来说，它可能是这样的程序：由大众关注引起媒体关注，然后再追溯到客观事件本身。这就对传统的“新闻”定义形成了彻底的颠覆。

权威的教科书把新闻定义为“新近发生的事件的报道”。这个定义的要件是时间要素“新近发生”。新闻的“新”在这里成为纯粹的时间要素，从而忽视了其传播内容的新颖性。即便是纯时间要素，那么多久的时间是“新近”？新近是一个相对的时间概念。它可能是一分钟前，也可能是两天前？或三年前？相对于数十亿年的地球来说，7000

年前和一亿年前都是“新近”。由此可见，**新闻事件的发生时间并不具备什么特殊的意义或价值**。但是，就报道本身而言却不同了。事件发生后，媒体认为有报道的价值，迅速进行传播，在此，迅速报道传播是一个时间概念，即所谓的抢新闻；依托于事件的“报道价值”却是传播的本质。那么，“报道价值”体现在哪里？一定是新闻传播内容的新颖性与事件本身真实性挖掘。传播内容的“新颖性”是相对于受众而言的，也是相对于媒体而言的，但最终是相对于受众而言的。这种传播内容的新颖性是受众的关注点所在，是我们所传播的大众媒介信息的价值和使用价值所在。在这里，新闻事件所发生的时间是不重要的，重要的是媒介报道的时机、报道方式、报道内容与大众关注点的重叠度。引起受众兴趣的是电视等媒介提供的与受众自己相关却与自己的观点、态度、情绪不尽相同的那部分信息，即悖论。

下面的图示描绘了新闻发生与传播的过程。

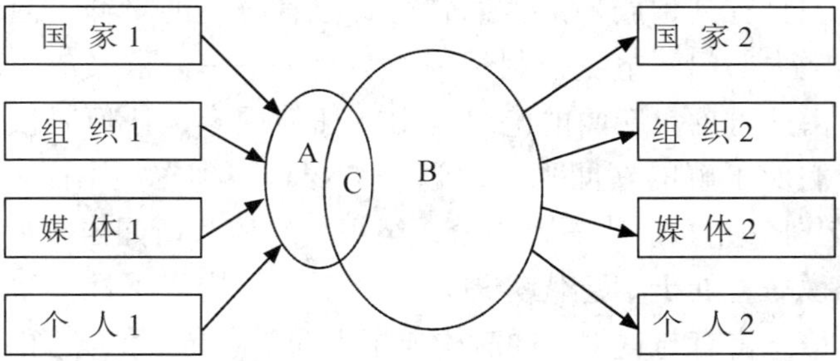

图中圆圈 A + C 表示新闻事件本身，新闻事件依存并制约于一定的国家、组织、个人或媒体（也是一种组织），也就是说任何新闻都是这些社会细胞共同构建的；但是出于国家、组织、媒介、个人的自身利益，新闻事件的公开报道圆圈 B + C 选取的新闻事件本身永远只是 A + C 的一部分 C。这里我们可以注意到，关于事件 A + C 的报道 B + C，远比事件 A + C 本身大，这是由信息资源的使用特性决定的：世界上的任何资源都是随着使用消耗变少，只有信息资源越用越多。我把新闻传播的这一属性描述为“新闻发酵”。B 的部分是凝结于新闻事件的部分事实之上的新闻报道价值取向、态度、情感因素和观点的织体。这就是新闻制造的工艺流程。

这个关系图还为我们揭示出新闻等大众传播的真实性结构。基于一定历史阶段的新闻事件 A + B 是新闻事件的本原的真实，A 是新闻报道没有挖掘到的被新闻利益攸关者隐藏的部分真实，这部分真实的进一步披露取决于深喉的作用、利益关系的变化、消息的不小心走漏与相关文件的解密。B 是被大众媒体披露出来的新闻事件的部分的真实。C + B 是报道后的媒体真实。

这里还有一个疑问：新闻是由国家、组织、个人、媒体共同制造的吗？回答是肯定的。上图 C 的形成，即新闻所披露的部分事实永远受到国家、组织、个人和媒介的综合制约。之所以披露新闻的这个部分，而不是那个部分；之所以这样报道而不那样报道，这取决于国家、组织、个人、媒体在一定的价值体系、意识形态、法律规范之下的妥协或“无意识共谋”。这些妥协和共谋不仅仅表现为报道的趋同性，也表现为不同媒介传播的差异性。国家、组织、媒体与个人之间的利益、观念的冲突性始终伴随着新闻传播的整个过程。实际的情况是，国家、组织以及新闻当事人对于新闻事实的披露总能够在媒介市场中找到信息收支的平衡或社会博弈的平衡。道理很简单，任何媒介、组织和个人都属于特定的国度，任何媒体都具有自己的价值取向或价值认同，任何个人都具有某种族群的共同特征。信息收支的平衡一旦打破，社会法律等强力部门、组织强制行为将会介入——但这又成为新闻事件的延伸。由此可见，新闻的绝对自由在任何国家、任何时候都是不存在的。我们所了解的新闻真相永远是“媒体真实”，而不是“绝对真实”。从另外一个角度来看，国家、组织、媒体和新闻当事人相对于普通受众来说一直处于信息优势地位，这不仅仅构成了社会整体资讯的不对称、信息富有与贫困，同时构成了大众信息传播的势能。

但是，新闻与大众传播的社会价值、历史作用却不容低估。国家、组织、新闻当事人任何消息的披露、大众媒介的任何信息传播都会不同程度地反作用于国家、组织、个人和媒体本身。因为，新闻传播的“新颖性”决定了新闻信息与国家、组织、个人和媒体所固有的理念、意识形态、价值观念等抽象行为和具体行为在新闻传播发生后不同程度地加深、修改或递进。这是大众传播的“悖论”存在的依据。

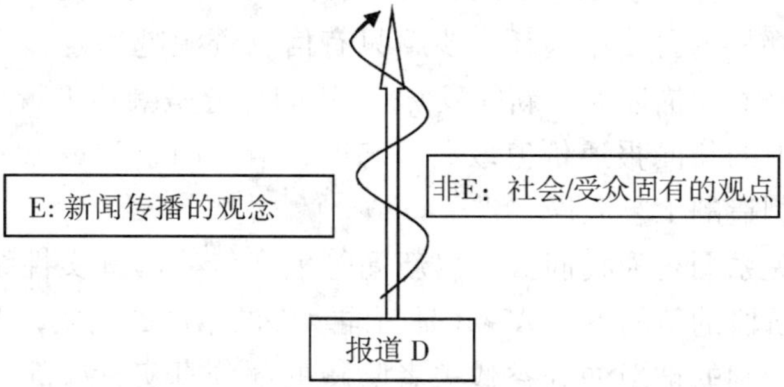

值得重视的是，这种大众传播与受众之间的悖论正是传播的魅力所在：大众传播与受众之间存在的适度的事实、信息、态度、情绪等悖论夹角是传播成功的关键。受众对于报道 D 所传达的信息 E 与自己的固有观念非 E 所形成的悖论夹角，是受众接受有用信息或把信息提炼为知识的前提。如果观众的观点非 E 与 E 重叠，那么这时的悖论夹角为零，大众传播的作用是加深受众的固有观念。但是在大多数情况下，大众媒介的观点与社会固有的观念之间呈现左右摇摆或相互缠绕状态，正如上图所示。可见对于大众传播来说，迷人与迷失只是一念之差。所以，后媒体时代的新闻传播已经在整体传播形态方面区别于传统的新闻模式。

（二）大众媒体新闻传播形态的裂变

我对新闻的定义是：**新闻是社会大众关注或能够引起社会大众关注的事件的报道**。新闻事件之所以区别于一般的社会事件，是因为它受大众和大众媒体的双重关注。西方传统的新闻观认为：人咬狗是新闻，狗咬人不是新闻。现阶段则转变为：如果大众关注或能够引起大众关注，狗咬人和人咬狗都是新闻，否则都不是新闻。这是后媒体时代电视等大众新闻传播社会存在的基本形态。

下图即是后媒体时代电视等大众媒体进行新闻传播的变化情况。与传统的新闻传播观念相比，后媒体时代新闻定义的核心已经由过去的事件本身变为大众关注度，新闻时效性对于新闻报道速度的追求依然重要，但是新闻媒体对于新闻报道的速度控制开始显得重要起来，新闻的延宕性即受众对于新闻传播的持续关注成为新闻价值的重要的衡量指标；新闻传播的批发与零售开始分离，抢新闻更是新闻批发商追求的市场目标，但不排除重大新闻与大众媒体新闻报道的同步发生，如电视新闻的现场直播。传统新闻观念强调新闻的资讯性，消息类传播成为新闻机构的版面主角，后媒体时代则强调新闻的意识，消息、评论、新闻故事等复杂多变。同时，后媒体时代重视独有性、报道重心的滚动性，报道内容的深度剖析，新闻背景的深度解构，多种新闻观点的碰撞与对称传播；传统新闻报道则强调观点的单一与简单评判，以宽度报道代替深度报道。由于社会法治进程的加快，后媒体时代的新闻传播已经使新闻报道本身作为新闻事件的参与者加以考量，传播者的每一次传播都要负相关的法律责任与道德责任，这样，新闻事件发生的第一现场与电视演播室等新闻第二现场已经开始重叠。对于新闻第一现场性较弱的节目来说，新闻第二现场甚至可以跃升为第一现场。例如，江苏电视台的《人间》节目便是通过制造第一新闻现场，将具有新闻属性的故事的当事人约请到演播室实现现场直接冲突，完成故事中“已经发生的”部分和“正在发生的”部分的重叠。

新闻传播模式比较	定义核心理念	新闻的外延界限	资讯传播方式	评价标准	传播方向	深度追求	辅助手段	新闻评论	演播室价值
传播新闻模式	时效性事件性政府宣传	资讯为主	及时性连续分析	速度快角度新	指向性强	弱以宽度求深度	强调视听语言	侧重事件评判	梳理资讯
后媒体时代新闻模式	延宕性关注度多点传播	新闻意识	适时性独有性滚动性	速度控制形成焦点	多元化对称性强	强纵深之终极追求	强调视听读综合	侧重背景解构	演播室是第二新闻现场

第五节　多元对称关系下的深层媾和：频道节目、工作团队、大学教育与科研

2007年10月下旬，我在武汉的华中科技大学参加了全国高校影视理论研究会年会并应邀做了学术报告。我此行的另一个目的是通过年会中各个院校相关专业的年度发展目标的论坛与报告，考察了解当前国内大学影视教育与相关科研发展状况。因为大众传播、电视频道建设、电视节目发展与相关工作团队也存在对称关系。电视工作者或团队的政治智慧、业务能力与国内相关专业的大学教育和基础科学研究水平同时构成对称关系。所以，电视等大众媒体、广告运营商、受众与相关的大众媒介工作队伍、大学相关专业的教育和科研工作处于一个看似相对独立，实则紧密相连的体系之中。凡是大众传播实践中出现的困惑与问题，不论是浅层次的还是深层次的，都与队伍建设、后备人才教育培养和基础科研工作密切相关。

2002年，我开始将这一思路导入电视频道的定位与节目综合研究之中。第一个研究项目是为央视体育频道提升竞争力进行定量定性研究。我把频道节目现状与目标受众群以及频道工作团队进行对称的研究设计，通过定量问卷、定性深访、焦点定性座谈会、节目实验室测评等形式对频道节目、目标受众、频道工作骨干人员进行对称性研究。将研究成果与频道节目主体、节目编排、广告投放情况进行结构性、

对称性研究分析。研究结果显示，频道整体建设、节目状况、受众观念、频道与节目团队的意识与能力构成相关关系（或共变关系）。频道工作团队的体育传播意识和工作能力、频道节目信息体系的构筑和目标受众的体育观念构成实证性相关。例如，中国受众对于足球项目的理解深度、思维方向基本上来源于相关节目频道解说团队的足球智慧。对于受众不是很了解的体育项目、体育规则，频道在传播方面也存在重视不够的现象；相反，对于频道重视的足、篮、排、体操、乒乓球等项目，受众的收看热情与理解力都有比较高的分值表现。电视的媒体市场与受众处于一种对称开发的状态，媒体传播什么，受众的思考方向会因此受到很大的影响和暗示。同时，受众本身的偏好度又反过来影响着电视市场的发育。

奥运项目关注度排名

奥运项目	排名	奥运项目	排名
足球	1	击剑	18
篮球	2	马术	19
跆拳道	3	艺术体操	20
羽毛球	4	沙滩排球	21
乒乓球	5	举重	22
网球	6	射箭	23
拳击	7	垒球	24
游泳	8	花样游泳	25
排球	9	皮划艇	26
体操	10	帆板	27
射击	11	铁人三项	28
田径	12	手球	29
摔跤	13	曲棍球	30
帆船	14	赛艇	31
跳水	15	水球	32
棒球	16	现代五项	33
柔道	17	自行车赛	34

数据来源：中国人搜索行为研究中心《中国人奥运生活趋势报告》。

这在后来有关奥运传播的综合研究、世界杯传播研究、亚运会传播研究等方面也得到了相应的证明。

节目的制作人与节目是共同成长的，节目、节目制作人与大学的教育和相关科研工作也是共同成长的。无论是受众、电视节目，或是节目的制作人还有大学相关专业的师生，从严格意义上来说都是中国电视团队中的一分子。对于电视教学与科研来说，电视实践中的优势也会表现为教学与科研方面的优势；电视实践中的问题在教学与科研工作中也切实存在。举一个明显的例子，电视分类学是随着电视频道逐步发育而成的，这使得中国电视分类学呈现分类标准不统一、评价标准缺乏科学体系等问题。就节目形态来说，有时用题材分类，如新闻、文艺等；有时用节目创作地点分类，如演播室节目、现场节目等；有时用创作方法分类，如纪录片、专题报道等。这使得中国电视分类学尚未整合完成。对于电视受众的研究也存在诸多误区，教科书中的电视观众几乎是一群没有思想与情感的傻瓜。在学科建设与体系性发育方面，很少有学校能够开出完整而科学的专业学科体系。相关科研工作基本停留在研究者个人对于电视相关问题的偏好度研究水平上。这与电视实践中电视台按题材分类进行市场细分导致的市场脱节问题；电视台将电视受众根据年龄、学历等机械地进行市场细分的问题；电视节目创新缺乏科学的体系性、机制性支撑而寄托于编导个人偏好与聪明度的问题等是一回事。那么对于年轻学子而言，在这样的概念体系下思考行业或节目未来的发展方向会呈现逻辑的、学理的、实践的混乱。在电视艺术实践中，这样的研究教学现状使得诸多的伪理论、伪命题被奉为创作的经典理论加以应用。

例如，受众在生活环境里观看电视过程中存在疲劳期的问题就是典型的伪理论。这种理论认为，电视观众在收看一段电视节目后会出现短暂的收视疲劳，这时，电视台需要用小片或节目包装等方式刺激受众的大脑，以唤醒受众的收视兴趣。这种理论认为受众这样的短暂疲劳周期为 8 至 10 分钟，其理论的来源是通过社会调查问卷实现的，这使得这一理论的外衣很难被扒掉。但是细细考察问卷与调查方法，我们就会发现问题的根结所在，从而颠覆整个理论。这个结论的确是通过受众调查的方式获得的，但受众调查设计本身存在着重要缺陷。这种针对电视受众调查的问卷提问是这样设计的：“在通常情况下，您持续收看电视节目多长时间会感到疲倦？”然后用限选题的方式请被调查者选择一个选项。被调查者中的大部分人根据自己的想法圈选 8 ~ 10 分钟这个选项。但是这个选项并不是受众心理疲劳的实证性的存在，而是受众自己认为自己 8 ~ 10 分钟可能产生疲劳，但不一定真的产生疲劳。再重新审查这个提问，它的最为严重的缺陷是在向被调查者提问前预设了一个前提，这个前提是一个对受众所要回答的问题的心理暗示。这个问题的核心是："您……收看电视……会感到疲倦。"这等于被调查者设计了一个陷阱，被调查者如何回答都无法逃离这个问题陷阱。这种提问是典型的伪问题，被调查者的回答自然就是"证伪"的过程，所以这个理论命题从根本上来说是个荒谬的命题。

第六节　基于多元对称关系的科学评估：电视的数据生存与数据陷阱

从上述诸多对称关系中，我们可以了解到电视社会生存的复杂性，电视与受众、广告运营商、创作团队以及电视学教学、电视科研的对称关系使得这种复杂性得以延伸。这种对称关系为我们进行电视或对称存在物的存在现状、存在方式、存在基础、发展脉络、发展趋势等进行全方位的调查、关照与评估提供了相互实证的机会。比如，电视频道、电视节目的健康度可以通过受众调查来完成。电视收视率、平面媒体阅读率、受众满意度调查、受众欣赏指数、受众多媒体接触与市场行为的同源性调查研究、电视媒体品牌评估等都可以通过受众的定量定性调查研究获得相关数据。这是电视等大众媒体数据化生存状态的科学揭示。数据体系的建立是电视等大众媒体发展到一定阶段的必然产物，是中国电视事业向更高的历史阶段推进的充要条件。

但是数据体系的建立需要严谨的科学精神，它的采集过程，如调查研究设计、调查执行程序与质量控制、理论的猜想与重建、因果关系与共变关系的建立与发现、演义逻辑与归纳逻辑的应用、数据体系的积累与前瞻性分析等需要通过运用成熟的科学法则来进行。目前，反映中国电视市场现状的数据体系建设正在迅速展开，但是数据应用中存在的问题却不可小视。例如，某省级电视台对于各个频道的业绩考核采用收视率的评估体系，这样的思路无疑是正确的，因为运用收视测量仪采集的收视率数据能够极为精准地测量电视频道、电视节目的健康度。但是，该台所运用的评价指标却是不科学的。他们具体的办法是这样的：通过考核各个频道自办栏目的市场份额确立频道的成长性，即不论频道自办栏目在什么时段播出，也不管自办栏目的目标受众群是大众还是小众，把频道自办栏目的首播时段的市场份额与重播时段的市场份额简单相加除以二，然后进行全台排队。这样的考核会出现一连串的问题。首先，收视率数值比较高的节目，市场份额不一定高；收视率低的市场份额不一定低；因为收视率计算的分母是当地有机会接触到电视媒体的人收看某节目的比例；市场份额是以时段开机率为分母来计算的收看某栏目的人口占比。在对不同时段、不同节目的市场份额的计算过程中，分母并不一样；而收视率的分母却是一定的。收视率的比较已经很清晰地标明了某节目、频道、时段在该地区的竞争地位。而市场份额虽然也能标明本栏目在某时段的直接竞争关系，但是，在进行不同栏目、不同时段、不同频道的比较过程中便不公平了。这样的评估体系直接导致该台各个频道自办栏目的制作积极性受挫。频道主管纷纷取消自办栏目的重播，或以重播当首播，或将栏目首播转到垃圾时段。各个频道的竞争主体就只剩下电视剧了。这样的评估方法导致该台自办栏目的综合影响力大大下降，综合竞争能力急遽萎缩。

这是数据陷阱存在的证据。当采用正确的数据体系进行恰如其分的市场竞争开始成为电视等大众媒介、广告运营商淘汰竞争对手的利器的时候，媒体、广告主、广告商对于市场各类数据的追逐将愈演愈烈。这时，正确使用数据便显得非常重要了。就目前业界在使用数据过程中出现的问题，我们把它概括为三个类型：**数据陷阱、数据错误和数据欺骗。**

（一）正确的数据体系导致的数据应用错误：数据陷阱

媒体、广告公司和市场调查研究机构为电视等大众媒体、广告运营商或相关机构提供数据及数据解读服务的过程本质上属于市场调查研究咨询工作，这一工作与欧美发达国家的情况有所不同。欧美发达国家的强势媒体一般会设置研发部门，统管本台本机构的数据研究工作，即社会化的市场调研机构提供原始数据与本机构的自我数据解读分开进行。但是，由于中国电视等媒介板块市场发育过快，中国电视机构内部缺乏对于收视率等数据研究有着深刻认识的人才与团队，这样就需要独立的调查研究公司介入到媒体组织内部进行研究咨询，帮助媒体建立科学的数据评估体系，正确使用数据。这意味着数据供应商改变单一工作地位，实施研究设计、调查执行、数据整合解读、为客户提供研究咨询等全方位服务，最终满足客户直接的和潜在的市场需求，直至电视台等传播机构具备科学有效的数据管理能力为止。目前，力避调查数据本身为电视等媒体管理者、研究者布下的可怕陷阱是重要的工作内容。那么，经过精心设计的调查方案和严格的程序产生的数据本身难道有误？回答当然是否定的。数据陷阱指在数据本身准确无误的情况下——正确的数据为媒介管理者、研究者布下的陷阱，即由正确的数据得出平庸、模糊、甚至错误的判断与结论，或使用数据的方法缺乏科学依据，如违背统计学原理等，从而导致本机构数据体系的混乱、决策与评价标准的失衡和工作的失败。上述那家省级电视台对于自办栏目的考评办法就是错误使用正确数据，使得全盘工作落入陷阱。海内外媒体机构、广告公司、调查咨询公司那些著名的失败案例大多数与数据陷阱有关。

陷阱一：数据扼杀创新。市场中电视等大众媒体和相关机构可以分为两类，一是既有机构或公司，即目前已经存在的机构、公司或组织；二是新建机构或公司，即准备创建的机构、公司或组织。不论是哪种机构，寻求创新（摆脱困境也是自身的创新）或竞争优势是其通过数据研究解读进行科学决策的内在动力。对于既有传媒机构或公司来说，这一需求主要表现为通过数据管理实现更加理想的市场机会——不断提高的影响力、优良的经营业绩和市场地位；对于新建传媒机构或公司来说，主要通过数据产生经验的原始积累，解决公司创立和进入市场的最佳方式或相对理想的运营模式——通过创新获得市场准入和生存的权利。而电视等大众媒体、广告公司、调查咨询公司手中掌握的调查数据只是现实市场的直接反映。这就产生了一个难以调和的矛盾：一方面是寻求未来市场生存与创新的机构需求；另一方面是反映过去与现在的市场数据。数据的科学使用便显得非常重要了。其目标是搞清市场调查数据与客户未来发展的关联。但是，对于电视等媒体一些特殊的组织需求、专业领域或具有超前能力的大胆创意来说，却很难将创新与数据挂钩。例如，市场对于新的审美趋势、形态的潜在需求是怎样的——这就需要更为精确的研究专案才能加以解决。如果简单地用既有数据评判创意，很可能得出与创意不同的结论或判断，好的创意有被数据陷阱吞掉的危险，这时损失的是电视媒体与相关机构的商机和数据本身的信誉。

陷阱二：数据细节扼杀数据偏差。广告服务和调查咨询工作应当对于社会调查经常出现的数据偏差加以矫正，这是一个优秀的数据供应商或研究者必须经常思考的问题。如果忽略了数据偏差，而由数据细节或数据交互直接得出结论，有时显得非常令人兴奋，以为从数据中得到了伟大的发现。但是，仔细分析也许是数据偏差造成的。所以忽略了数据偏差的结论是危险的结论。这是日记卡受众调查数据和收视测量仪调查数据差异的根本原因之一。数据的精确性不在于数据是否存在偏差，而在于数据偏差时刻被监管，使之成为数据的一个常量。

也就是说，数据偏差的稳定性是数据的生命。某电视机构以两家不同的调查公司提供的收视率数据简单相加除以二得出的数据值评估电视频道与节目的市场表现，其要害是破坏了两个数据体系本身的稳定性，数据偏差难以控制。这有点像将一种红颜色和一种绿颜色混合在一起，混合后的颜色既不是红色也不是绿色。电视频道与电视节目的健康度与整个机构的发展目标是一致的，任何评价的失当不仅仅破坏评价体系本身，对于电视机构战略意图的破坏也是巨大的。

陷阱三：数据扼杀目的。这是唯数据论的表现之一。电视台或媒体相关机构追求数据的质量和数据分析开发能力是非常重要的。特别是将一组相互关联的数据进行严密的逻辑分级往往可以带来分析水平的提高或研发出新的数据产品。但是，这里强调的是，我们永远不能自我陶醉于数据本身的严密，而忽视了工作的本质需求。满足机构的本质需求才是数据的生命所在。同时期的不同电视台一般也处于各自不同的发展阶段，面对不同类型的市场竞争。这就使得不同电视台对于数据体系的建设重点及其应用重心不尽一致。所以电视台需要搭建适合自身发展条件与发展方向的数据体系。例如，当前电视频道竞争力提升需求很热，但是不同的频道内在品质不同，发展规模不同、市场环境和表现不同、发展方向也就出现了差异。面对相同的收视率数据体系，不同电视机构如果得出相同的数据解读结论就会出现市场目标的扭曲。数据是市场的密码，如何加以体系性建设，从中获得新的市场机会是电视台机构智慧的体现。

数据解读过程就像看病问诊。数据好比就医者或进行例行身体健康检查的人的化验单。成熟的数据使用者犹如高明的医生，往往根据化验结果和就医者的实际情况如性别、年龄、病史等进行辨症施治或进行健康度诊断，开出适合此人的健康诊断书和治疗药方。如果只看化验单对不同的个体开具相同的方子，会存在把健康人治成偏瘫的风险。

（二）数据本身的质量问题：数据错误

所谓数据错误，是指媒体、广告商、调查咨询机构或其他数据使用者调查获得或采用的不正确的数据及数据体系。它可能是数据采集处理不当造成的数值差错，属于数据质量问题，也可能是研究设计本身存在缺陷。数据错误的发生常见的大致有三种类型：

错误一：由于调查方案的设计偏颇所导致的错误。这种数据相对于设计方案应当是正确的数据，但是由于设计方案本身的缺陷——特别是那些存在一些质的规定性方面的重要偏颇的方案——会导致数据体系本身不能够本质地反映被调查事物的属性。这种数据错误是由研究者定性定量研究的能力不够所致；这样的数据往往具有细节的真实却缺乏本质的真实，或细节真实与本质真实全面缺失。

前文曾经谈到有关受众疲劳周期的伪命题，这个问题就是由于研究设计错误导致的数据错误，甚至是理论错误。类似的问题还有关于电视频道无缝编排的一种伪理论。频道无缝编排是一个非常复杂的实践问题，节目转换之间、节目与广告之间、节目板块之间存在一定的收视率方面的结构性缝隙是一种必然，它一定会隔断受众在频道内部的合理流动。**所谓频道节目的无缝编排是根据节目与广告设置使得受众的流失量控制在可以接受的范围内。**2008 年初北方某省电视台的领导将 2007 年度本台卫视的编排表拿给我，谈出了自己的困惑和烦恼。原来，2007 年该台采纳了一个建议，卫视节目采用了无缝编排的方法，结果导致收视率和广告创收双双下滑。广告部主任由于完不成任务也被撤换。经过对节目编排表和收视率表现的综合研究，发现该卫视是所谓“无缝编排”伪理论的又一受害者。数据错误导致编排失误，编排失误导致市场萎缩。这一伪理论认为，无缝编排的技术要领是受众对广告的忍耐时间长度。经过受众调查研究，发现受众对于电视广告的忍耐时间为 2 分钟左右。所以，该卫视的节目编排表便将广告以 2 分钟为单位均匀地切割节目。这样，节目广告时间基本上控制在 2 分钟以内，但是，广告的切口却大量增加。从一次广告切口受众的流失量来看似乎达到了一些目标，但是由于一个频道的广告容量是被规定的常量，那么只能通过广告插播次数的增加来安排广告播出，这样的编排使得受众群基本上无法聚集，流入频道的受众对节目的持续收看经常被打断，而每次被打断，受众都存在转台流失的机会。这样的编排使得频道缝隙数量增加了数倍，受众规模急遽减少，这同时使得广告的千人成本增加，所以广告也跟着滑坡。这一编排根本背离了无缝编排的原则。

那么这一伪理论的产生根源在哪里呢？它来源于研究设计的错误导致的数据错误。那就是经过受众调查，受众忍耐广告的时间长度为 2 分钟。这也是问卷调查获得的数据。这类调查问卷是一道限选题：“在平时看电视遇到播出广告时，您收看多长时间广告会感觉厌烦或考虑转换频道?”或类似的提问。然后是不同时间长度的选项供被调查者选择。结果，选择 2 分钟左右的时间的人数占被调查人数的比例最高。于是，无缝编排理论就光荣诞生了。但是，这样的研究设计忽略了几个重要的问题。第一，其提问方式也是基于一种假设的情况下对于被调查者的心理暗示：“遇到播出广告时……您……会感觉厌倦或考虑转换频道。”这种调查提问方式根本背离了市场调查的基本原则。第二，受众圈选的答案是2分钟，但这不是受众实际收看电视广告换台的可测变量，而是受众想当然地表达的一个心理值，2分钟这个数据背后的意味是遇到广告，“收看时间很少，但也可以观看一小会儿”的意思。第三，受众收看电视广告的时间长度与电视节目的精彩程度成正相关，节目越精彩，电视广告的渗透率越高。曾经的一项针对某大型选秀节目的研究结果更是彻底否定了“2分钟忍耐极限”的伪理论，该选秀节目在180分钟的播出过程中共设计了6次时长超过5分钟，累计30分钟的广告时段。经计算，这6段广告与下一时段节目的观众重叠率平均达到了60%以上，也就是说，有超过60%的观众情愿忍受超过5分钟的广告时间来避免对于节目中任何细节的遗漏。这是电视节目质的规定性对于广告传播力的制约，是广告供应商追捧强势节目的原因之一。第四，受众收看电视广告的时间长度与电视广告本身的产品市场功能、市场热度和广告的创意水平、广告要素的吸引力以及综合艺术水准成正相关。实际的情况是，受众如果能够在广告中发现自己喜爱的娱乐明星，有可能专门等待收看某支广告。受众调查中的2分钟，怎能包含第三、第四这两种情况呢？这样的数据错误导致的伪理论真是害人不浅。

某娱乐节目中的节目与广告时段的观众重叠率（%）

日期	开始	结束	收视率%	本时段与上时段的观众重叠率
节目	19：37	20：07	1.61	100
广告	20：07	20：12	1.28	94.96
节目	20：12	20：50	1.13	66.04
广告	20：50	20：55	1.88	94.75
节目	20：55	21：24	2.48	56.10
广告	21：24	21：30	2.07	91.97
节目	21：30	22：07	2.86	55.87
广告	22：07	22：12	1.91	96.39
节目	22：12	22：30	2.60	61.91
广告	22：30	22：32	2.29	97.96
节目	22：32	22：49	2.73	65.83

数据来源：央视索福瑞（CSM）收视率监测，2007年。

错误二：由于调查执行程序的缺损导致的数据错误。这种错误在一些不负责任的研究者那里经常发生，其本质是省略调查成本或工作程序缺乏必要规范。调查的程序是需要明确规定和强制执行的，它属于数据正确的机制性制约系统，任何程序的省略与缺损都会导致数据错误。例如，抽样过程或样本分配中的缺陷、调查过程中问卷填答的不规范、数据加权过程中对于某些加权要素的忽略、调查过程的质量跟踪检查制度执行不够严格等都会导致数据错误。这是电视台数据体系建设过程中必须选择品牌数据调查公司或研究者的原因所在。

错误三：不恰当地运用不同数据体系的数据而产生的错误。这种错误是由于广告商、研究者或数据使用者简单地将不同调查体系的数据拧在一起进行联合分析并得出结论。严格讲这属于数据使用方法的错误导致的数据错误。由于使用不当而发生的数据错误在现阶段经常发生。所以对于那些对调查业比较陌生的客户来说，数据供应商应当不厌其烦地将正确的数据和正确的数据运用方法一并教给他们。而运用数据比较成熟的公司或机构则不轻易委托调查机构解读数据。

（三）数据使用的道德和法律问题：数据欺骗

数据欺骗是另一种数据错误，或者说，数据欺骗表现的结果是数据错误，但其产生的原因却与数据错误存在着本质不同。所谓数据欺骗是数据供应商、研究者、数据使用者主观故意地出现数据错误以达到某些商业目标或实现自身的部分利益。数据欺骗本质上是一个道德问题，如果欺骗目的过于重要，后果过于严重，很可能上升为法律问题。我们经常看到各类大众媒体就某些领域的“打假”问题进行披露，须知数据造假的问题一直伴随着电视及相关行业的发展而蔓延。有的客户公开讲，我出钱请你们研究调查，其数据必须于我有利。如果这些用于商业欺骗的错误数据流失到社会，其危害是显而易见的。它不仅仅会导致一个品牌或公司的信誉下降，对于电视等传媒业、数据调查业这两个充满生机的行业也具有深刻的摧残作用。

数据欺骗的手段是变化多端的，但是目的却只有一个：诱骗被服务方采取不应有的投资策略和市场行为以获取物超所值的利益。

从数据陷阱到数据错误、数据欺骗，其本质问题有两个：一是大众媒体、广告运营商、数据调查机构的数据研究能力、商业道德水平、质量管理机制是否可靠、健全的问题；二是调查人员业务能力与道德水准问题。机构与机构中的人的能力与信誉是构成大众媒体、广告运营商和数据调查机构品牌运营所不可或缺的最为重要的素质。

避开数据陷阱、数据欺骗和数据错误，我们才有可能领略到数据魅力。这个过程是中国市场整体和要素全面优化的必由之路，也是电视的数据生存之道。有关中国受众的数据生存状况，我们会在第六章继续加以讨论。

第五章

电视品牌：电视传播的社会心理生存

第一节　电视品牌的本体描述

在日常商品消费过程中，中国消费者对于奢侈品已经有了初步的认识。一些国际著名的品牌运营商，通过品牌的建设与开发，在市场中疯狂攫取着超级的市场利润——品牌溢价。奢侈品是品牌建设的顶级代表。部分消费者愿意从自己的荷包中拿出比购买同类产品花费更多，甚至多得多的金钱实现品牌的梦想。一双具有品牌价值的鞋子比具有同等物理性状的鞋子价钱高出 5～10 倍，消费者仍然趋之若鹜；而具有顶级品牌价值的类似的鞋子，销售价格甚至可以再高出 100 倍以上，部分品牌极端爱好者或者高端消费者仍然肯敞开自己的荷包。当某汽车超级品牌推出价格超过一千万元人民币的手工打制的豪华汽车时，这款车上用几块纱布缝制的窗帘竟价值 15 万元以上。人们不禁要问：消费者花如此高的价钱购买的到底是什么？如果是在购买品牌，那么品牌的本质是什么？人们为什么需要品牌？品牌建设需要怎样的发育过程？品牌的价值如何评估？品牌的市场意义在哪里？电视台、频道与节目的品牌构建可以实现吗？

品牌是一个复杂的市场概念。我对品牌的认识来源于多年来大量的定量定性研究，这其中主要是对海外一些著名品牌的市场综合调查研究。通过研究我发现从资本的角度去定义品牌或可对其有一个新的认识。

第一，品牌不是名牌，二者有着本质的差异。名牌顾名思义就是知名度高或相对比较高的商品的牌子，或者说某种具有高知名度同时含有一定市场美誉度的牌子。名牌可以理解为品牌的初级阶段。换句话说，做品牌首先要做名牌。二者的区别在于，名牌和品牌都具有使用价值，但品牌拥有更加强大的使用功能支撑，被市场信任的程度更深。这意味着产品质量的超级保证和受众使用过程的舒适度的顶级追求。很难接受一个几万块钱购买的品牌手提包没有使用很久便出现劣质问题。很难想象一个具有品牌价值的电视频道出现虚假新闻报道，或播放对社会造成无端困扰的节目。

第二，在实用功能和质量保证以外，品牌产品拥有更深层次的精神核心，世界著名品牌无不以独特的文化魅力或精神内涵吸引着消费者。当人们花费数倍乃至百倍于同类产品的高价去购买品牌时，肯定不仅仅是为了它的使用功能，这其中更多的是附着于品牌之中的精神文化形态。名牌的知名度存在不是长盛不衰的，名牌可以被同类产品的其他名牌所轻易取代，它的生命周期相对品牌来说脆弱而短暂。如果没有长期的大众媒体广告投入、名牌会被当代让各种媒介信息搞得十分焦虑的健忘的消费者迅速遗忘。而品牌的发展却已走上坚实而辉煌的道路，它从知名度的怪圈里脱颖而出，并像宗教一样长期存在于市场和消费者的心里，供人顶礼膜拜。实际上，消费者对于顶级品牌商品的感觉就是一种购物过程中的宗教活动，这和古典政治经济学中关于“拜物教”的描述没什么两样。如果说消费者对于名牌产品是一种喜欢或深度喜欢，那么对于顶级品牌或奢侈品的态度则是崇尚。

品牌之所以存在这样的魔力，是因为它作为一种知识资本或组织资本而被品牌运营商长期持有，通过商品梦幻的制造驱动消费者的欲望与心灵，并通过植根于高端市场和人们的精神生活之中与受众形成具有高度精神认同的利益共同体。品牌的创建、成长、成熟、壮大的过程贯穿于品牌拥有者、机构或组织内部管理行为和外部运营行为的一切环节，它是物质等有形资本长期投入积淀形成的无形资本，并反作用于物质等有形资本，使之市场综合效能放大。资本投放的本质是市场综合利益的追逐。在当今市场经济的架构下，资本的存在方式复杂多变。知识资本、技术资本，人力资本、社会关系资本、机制资本、管理结构资本等都是传统金融资本的变通形式，并相互驱动形成市场行为与盈利空间。从资本的角度考察品牌本身，品牌不是牌子也不是名牌，它是多种资本有序整合在一起或相互支撑形成的具有高度精神附加价值的商品研发、融资、生产、运营、管理、贸易、销售、购买、使用、消费等市场体系及其社会关系的总和。品牌既是一种资本，也是一种社会关系，是多种社会资源高度结合的精神纽带。

目前，国内在品牌建设方面存在的主要认识误区是把名牌的概念混同于品牌的概念，一提到品牌就理解为通过大众媒体做知名度，其背后潜在的逻辑是把“大家知道了”等同于“受众深度的精神认同”，而并没有把对于品牌的理解和建设深入到整体管理运营的层面。知名度是品牌成长初级阶段，它是建立品牌的必由之路，但远远不是品牌的本身或全部。

品牌与名牌的定性区分

属性与区别	知名度	实现周期	社会存在方式	消费满意度	文化精神含量
品牌	具备	长时期持续积累	管理运营各环节与受众内心世界	极度满意+精神认同	高含量
名牌	具备	短期传播获得	媒体广告为主	相对满意	相对低含量

品牌存在于社会组织（品牌持有者）内部管理行为和外部运营行为的一切环节，即组织的所有行为之中。没有一个品牌企业忽视员工的作用，没有一个品牌企业内部管理结构是不合理的，或者缺乏趋向于合理运营的机制。品牌拥有者无论科学决策、市场研究、公共关系或媒介的沟通都在贯彻着这种文化资本；商品的生产、流通、购买、使用等各种市场资源无不被这样的精神资本所整合。品牌所建立的社会关系是品牌的核心价值所在。

我对品牌的定义是这样的：**品牌是社会组织经过长期的社会行为在一定的社会大众中积淀形成的可以感知的实用功能、价值取向、精神追求的概念和一定深度的认同。品牌作为组织资本贯穿于内部管理和外部运营的一切环节，其核心价值是一种紧密的社会关系。**在这个定义中，“长期的社会行为”不是解决知名度的问题。知名度很容易解决，大规模的投放广告，半年、三个月就可以解决知名度的问题。而品牌不是这样形成的，品牌具有时间属性，它是长期的社会行为积淀的结果，是言行一致的长期坚守形成的社会深度认同。“社会行为”是指自身和别人发生联系的行为，非常好的产品在深山老林中不为人知不能成为品牌，必须通过社会行为与市场形成沟通与联结，这是紧密的社会关系的建立过程。定义中“一定的社会大众”指品牌的利益相关者，像运营商、消费者、批发商，零售商等。“实用功能”指品牌具有切实的使用价值，而其“价值取向与精神追求”则指市场对于品牌深度的心灵感应与精神融合。同时，品牌的“功能”和“价值取向”在利益相关者头脑中的积淀必须有一定深度。

按照这个定义来理解，**电视品牌是电视媒体经过长期的传播活动在一定的社会受众中积淀形成的凝结于视听信息产品的传播功能、价值取向、心灵感召的概念和市场深度认同。电视品牌作为电视机构的组织资本贯穿于媒体内部管理和外部市场运营的一切环节，并与国家、受众、广告运营商、电视台员工等利益相关者构成紧密的社会关系。**

电视品牌作为电视无形资产的载体，承载着电视台、频道与节目的核心价值；长盛不衰的电视品牌是长期的传播优势积淀，并通过实现各种资源重组形成的受众和利益相关者深度的精神认同。从大众传播的角度来看，**电视传播品牌表现为品牌利益相关者心目中一种理想的舆论，电视传播品牌在市场中拥有高知名度、良好的口碑、媒介信息的使用价值、市场资源的超级整合能力与精神深度认同；并在电视机构内部管理中持有优势的组织资本，使得内部管理与市场运营形成文化资本优势。电视品牌的文化内涵与受众等利益相关者的精神外射形成品牌的市场联盟。**

电视品牌表现	传播力	市场形象	使用价值	资源整合	内部管理	外部运营
品牌要素内涵	权威性表达	行业制高点	高附加值	资本驱动力	组织资本	市场联盟
品牌要素外延	事实、态度、情绪、心灵四个维度的传播制高点	高知名度、高满意度、价值判断深度认同与精神依赖	信息独有超级关注广告议价广告溢价气质置换	电视媒体、多媒体、市场基本面综合竞争的优势地位突出	知识资本驱动各类资本形成组织文化与愿景	组织资本外化为知识资本，形成市场深度精神认同并超越时空限制

通过上表可以清晰地了解电视等大众媒体锻造品牌的路径。不论是大众媒体，还是时段、节目，具备品牌的价值需要遵循这样几个条件：

（一）电视传播力的权威性表达

在大众传播环境或某一传播领域形成传播信息的权威话语权，不仅在社会大众或目标受众群中有广泛的深度认同，而且在信息垄断性、独有性、真实性方面形成一定的传播优势；在此基础上形成受众广泛认同的价值判断资源、媒体态度资源、情感共振资源与对社会大众或目标受众群的超级的心灵感召力。

电视等大众媒体的权威性可以通过以下指标加以综合区分：媒体触达人数的多少，如电视收视率；受众对于电视媒体与相关节目的满意程度，即电视满意度；媒体对于受众相关领域的行为支配能力与潜在支配能力；媒体对于相关领域的其他媒介的影响能力；媒体对于受众综合社会生活的影响能力；媒体在跨国跨区域的影响力等。权威性的获得是某一或某些领域的综合社会驱动力。如中央电视台的《新闻联播》以其中国国家态度驾驭国内外时政新闻和社会新闻，构成中国最为权威的电视新闻节目。其对于社会政治经济文化生活、受众日常生活、相关报道的国际影响力诸方面有着绝对权威的传播地位。

电视传播力的权威性表达不仅仅表现在新闻传播方面，其他题材体裁的传播都存在相关的权威地位。电视文娱节目、纪录片、现场故事、时尚节目、生活类节目、电视剧等均可获得相应市场的权威传播地位。

（二）电视品牌的市场形象塑造

品牌形象是个相对概念，品牌电视台、品牌频道、品牌时段、品牌节目乃至品牌主持人需要居于市场的制高点，并同时具备市场的高知名度、高满意度、机构综合价值追求方面的市场深度认同，以及市场利益相关者的一定程度的精神依赖。这就要求电视品牌拥有者不仅仅在受众中形成权威影响力，它同时具备利益相关者如广告商、投资者、合作者、节目供应商对于电视品牌的精神依赖，还需要品牌形象的市场穿透力。将心理学投射技术导入电视品牌研究发现，电视主持人的形象、精神气质等代表着节目的形象和精神气质。还以中央电视台的《新闻联播》为例，主播李瑞英、罗京等人的形象气质代表着节目的气质。其播音风格强调淡化自我意识、强调国家态度、字正腔圆、亲切自然、干脆利落，正是节目风格的缩影。在泛娱乐化电视风气弥漫的今天，这样的风格凸现了中国的国家形象与中央电视台国家大台的品牌形象。这样的形象风格的传播价值和经济价值以其独有性实现了节目品牌的核心价值。

（三）电视品牌的使用价值

品牌溢价与品牌议价。电视品牌的高附加值是电视机构打造电视品牌的动机与市场结果，通过独有的传播资源与超级的传播能力实现受众的强烈关注，并在合作经营、广告投放等方面拥有议价能力和明显的溢价收益，即牢牢掌握市场的主控权。合作伙伴可以通过合作行为取得成功：如广告品牌建设、市场占有率的迅速提升、销售额度的迅速实现，并通过合作实现电视品牌与广告品牌的气质交换。

在电视台内部，品牌的使用价值在于节目团队对于节目的深度认同以及由此形成的内部向心力、凝聚力以及多工种的优化组合关系。电视制作人才与电视品牌是个共生体。制作人通过品牌电视节目的创作与市场价值实现从而获得个人或团队品牌价值。

品牌和电视品牌管理工作的任何环节无不渗透着品牌精神。品牌建设不仅仅是产品终端的品牌化，生产程序、管理程序也需要相应地导入品牌属性。在这方面，国内电视机构尚处于品牌构建的初级阶段。当前很多电视机构已经开始认识到电视品牌的重要意义，但是如何构建品牌却存在过于简单化的倾向。例如，注意到了节目、时段、频道的传播影响力建设，但是在管理过程中缺乏程序的品牌意识。电视团队、人才战略、节目研发体系、技术支持体系、节目等评估体系甚至决策程序、战略制定等均缺乏品牌概念的导入。部分电视机构专业理论建设、知识管理、创新管理甚至处于空白状态。

（四）电视品牌的资源整合能力

品牌的资本属性使得品牌的任何市场行为都具有投资属性。如广告运营商对于电视品牌节目或时段的广告投放，已经不单纯属于广告投放行为，而是一种具有投资属性的行为。用千人成本的思路计算这样的广告投入很可能是不划算的，它应当理解为广告商通过一定的投资行为占有大众权威的传播资源。这时，具有品牌价值的传播资源已经成为具有高市场渗透价值的稀缺资源。对它的实际占有意味着广告品牌实现市场战略目标机会的获得。反过来讲，电视品牌一定要具备把合作资源强力整合的能力，使得市场资源通过信息的传播实现价值转换。

（五）电视品牌在市场运营方面的资本属性

通过内部管理的组织资本的市场外化，控制综合的市场资源，在获得市场广泛认同的基础上建立以品牌拥有者为主导的品牌利益联盟。品牌拥有者的任何市场行为都含有知识资本外化与分享的特征，在这样的资本外化与分享的过程中实现市场资源的有效控制，进而实现品牌传播效能。

品牌作为社会组织与利益相关者之间的一种心理关系，长期以来给人以虚无缥缈的感觉。其实，这是一种误会。公共关系直接作用于组织或企业内部经营管理与外部市场运营的一切环节，是组织或电视台的在社会心理方面的存在形式，是市场占有与利润实现的贡献者，属于组织或电视台资本的认识范畴和管理范畴。

电视等大众传播的一切行为都是围绕人来进行的，内部管理环节的核心问题是把人力资源转化为人力资本。只有这样，人力资本才能够使得资金、电视技术、节目生产模式、频道编排等惰性资源与资本转化为实际的电视产品与传播服务，进而形成综合的资本效能：具有大众传播行业竞争力的管理模式以及相关联的节目传播优势、广告等综合经营利润优势等。在外部的市场竞争中，组织或企业的一切行为也是围绕人来进行的。人与人群是市场的主体。企业产品与服务的市场价值实现过程最终由市场中的人或人群来决定。市场利润实现、市场占有率、品牌价值带来的品牌溢价和议价能力，都是通过市场中的人来获得的。由此可见，品牌建设是一种实实在在的市场投资行为，电视台的关系资本存在于电视台内部管理与外部市场运营的一切环节，并以最积极的因素直接控制着企业的生存与发展。

电视品牌的深层结构是一种社会心理关系。品牌的市场着力点正是电视传播利益相关者的人心。电视台资本持有者、管理者和普通员工，节目供应商、电视传播专利与技术持有者、电视产品分销商和零售终端，电视传播产品与相关服务的受众、产品消费者、潜在消费者等都是由活生生的人来构成的。他们是电视事业发展的利益相关者。这些利益相关者持有各自的资金资源、技术资源、渠道资源、消费资源和社会关系资源，他们各自的行为方式与利益重点对于电视台的发展发挥着决定性作用。将这些利益相关者手中持有的资源转化为一定节目与电视台的资本是电视社会生存与发展的核心问题。这便需要通过恰当的手段对利益相关者手中的资源进行有序化管理，而品牌建设正是担当这项艰巨而重要的工作的最有效手段。

品牌建设通过社会化沟通的方式和社会心理的占领方式，说服电视传播的利益相关者，使得市场各类资源通过人心的改变朝着有利于电视传播自身的方向发展。这是电视品牌地位的确立过程。人的具体的社会市场行为都是由其心理行为决定的。品牌建设正是通过心理沟通的方式将社会中无序的市场资源转变为电视的发展资本的。

（六）电视品牌的时间空间的同一性

电视品牌和其他商品品牌一样拥有一定能力的超时代性和超地域性，我姑且称之为时间空间的同一性。很难设想，品牌商品在五年前是品牌，五年后就不是品牌，或过了数年又成了品牌。品牌作为知识资本的存在形式具有超时间性，它可以跨越时间的阻隔。如果时间的消失对于品牌存在影响的话，那只能出现一种情况：时间越久远品牌的价值越高。可见，品牌的建设需要长期的战略支撑，而不是短期的战术行为。另外，品牌对于地域的识别系统来说明显表现为趋同性和一致性。品牌电视台不能够说在甲地是品牌，而在乙地就不是品牌了。品牌对于空间来说具有超强的穿透力。电视品牌超越时间与空间的属性是形成市场利益联盟的基础。这个指标是中国电视台品牌建设中最薄弱的指标。最强势的电视台在不同的地区的品牌发育也处于极为不均衡的状态。

谈到这里，我们需要对电视是否能够打造成与奢侈品高端品牌相比肩的品牌地位加以讨论。“顶级品牌不上电视”这在欧洲是个不用讨论的命题。因为欧洲人认为电视与其他传统媒体相比更具有大众粗品的属性，相比之下，一些时尚类专业杂志则更具高端品牌的媒体气质。喜欢收看电视的人基本上是缺乏文化品位的社会大众，是缺乏社交机会与社会影响力的人等。这种论述为诸多中国的传媒人士所遵循，这使得顶级奢侈品品牌的电视曝光机会极度缺乏。但是，中国电视精品的社会存在已经很久了。或者说，全世界几乎只有中国电视人把电视节目当作视听艺术精品来创作。新闻的权威性、电视晚会的精致、电视剧创作的白热化竞争是其精品追求的代表。这为电视品牌的锻造提供了历史机遇。身处历史转型期的中国电视受众更具备欧美受众不具备的气质：顶级品牌的消费潜质与社会分层的不确定性形成的品牌消费混乱与忠实度的相对不足。这是迅速成长的中国经济催化下的受众在价值判断方面不断优化、观念不断更新导致的市场特征。不断优化与观念更新直接导致的后果便是品牌消费的混乱与品牌忠实度不足。社会的急遽转型使得人群分层经常出现上下扯动，受众的越级消费与社会地位的不断变化更加重了这样的特征。所以，当代的中国品牌市场迥异于欧美或世界任何地方的品牌市场：崇尚品牌、消费力惊人但缺乏品牌的基本忠诚。这对于世界顶级的品牌渗透不仅仅不是坏事，反而是不可重复的历史机遇。因为，对于品牌的极度忠实意味着品牌细分市场的渗透机会的存在、品牌市场的重组的可能和品牌潜在市场的占领的历史机遇。所以，顶级国际品牌对于中国电视广告的低投入实在是欧美电视经验主义的历史性失策。在中国这个 13 亿人口的大市场，新富阶层人口数量已经在 5 年前超越了欧洲人口总数，而且这个阶层的人口数量还在不断增加。同时，中国众多的普通受众普遍存在越层发展的愿望与历史机遇，他们对于奢侈品广告的触达愿望与对于奢侈品的越级购买意愿十分强烈。这么庞大的受众人群可以被细分为品牌的目标市场和品牌的潜在市场，他们每天都有着共同的爱好：收看电视。下图是中国电视受众总体与白领人群生活方式。

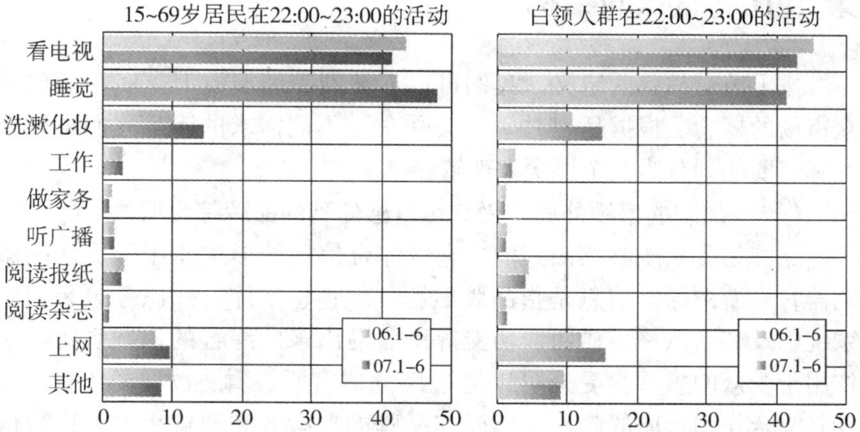

数据来源：CTR 市场研究 CNRS。

调查数据表明，这两个人群的差异虽然存在，但是差异值并不是很大。他们的行为有着广泛的趋同性，特别是对于电视的触达兴趣都非常高。所以，中国电视的部分时段、部分节目与部分频道不论是精神气质还是受众的市场消费能力与顶级消费品品牌的兼容度、匹配度都是非常高的。这一点已经大大超越了欧美受众关于电视的经验。中国电视的精品追求与品牌建设是历史性的进步。

中国与欧洲电视市场比较

国家/地区	传播理念	经费投入	主力收看人群	家庭电视机摆放	普通城市家庭收看节目套数
欧洲	粗品	低成本	社会大众	非客厅	数十套
中国	精品	高投入并逐年增加	大众＋精英	客厅、卧室等	50～100 套为主

由上表可以看出，中国电视与欧洲电视对于受众的综合影响力有着本质的差异。精品追求、高成本运作、社会大众与社会精英的共同喜爱、电视频道的超饱和竞争使得中国电视更好看、收看成本更低、品牌价值更高。当然，随着后媒体时代的来临，这样的电视传播格局能够坚持多久有待于进一步研究，如果制播分离实现或频道的所有制

成分发生变化，电视粗品的时代就会悄然而至。如果这一切真的发生，那么电视品牌广告时代还没有到来就已经过去。

第二节　品牌的结构

按上节对品牌的定义，我们可以了解到品牌本质上是一个面向受众市场的概念。根据品牌对“社会受众”不同需求的满足我们可以把品牌简要的划分为三个层次来理解。

（一）品牌的感观外壳：受众可以感知到的品牌综合信息

品牌是受众能够感知到的，它以综合信息的形式作用于受众的感觉器官。所谓综合信息是指品牌名称、颜色、字体、标识等包装识别系统以及产品风格、质料、功能等所散发出来的综合的识别系统。它作用于受众的感观，受众可以通过感觉器官听、看、读、闻、触、尝及其综合作用形成的趋同性感受与品牌的拥有者和利益相关者进行信息沟通。就像海外进入中国的某快餐品牌，它的包装、形象是统一的，吃起来的味道也是基本一样的。该品牌制作汉堡的面包，甚至每平方厘米有多少个孔都有着基本规定，这使得其在全世界各个角落的连锁分店汉堡包的口感才会接近。感官外壳的规范、统一是消费者最直接接触到的品牌内容。任何品牌的知名度建设主要是进行感官外壳的拓展工作，品牌的感官外壳是人们能够共同感知到的且趋同的感受。

某快餐品牌的品牌识别体系

品牌识别	品牌名称包装	店内装潢	快餐产品	服务及音乐
识别系统	名称标识颜色	地板、墙壁颜色等	名称口感原料等	工装、工具、音乐
感观属性	眼睛	眼睛、脚等	眼睛、舌头、手	眼睛、耳朵等

但是，中国电视媒体的品牌感观外壳的塑造存在着很大差异。一些频道虽然具有品牌的权威性，但是频道的受众识别能力并不是很强。表现为频道包装的设计风格不统一；或风格虽然比较统一，但是包装方面的功能诉求不够明确，包装过度或流于形式。中国电视人存在着一种电视改版综合征，新领导上任或岁尾年终，多数电视台一定会改版的。改版如果能够使得频道、节目的定位与编排、包装等实现升级换代是可行的。但是，中国电视台的多数改版本质上来讲就是换换片头和包装。节目名称和内容的改动基本上属于换汤不换药。这样的改版，正像把洗澡水和婴儿一起泼掉一样，使得频道节目名称、内容、

包装识别处于市场的不确定的处境。破坏频道感观外壳意味着受众的第一识别的市场缺失。这使得频道与节目处于市场的重新导入状态。在电视激烈竞争的中国电视市场，还有什么事情比这个风险更大的呢？

（二）品牌的功能支撑：品牌的实用价值体现

品牌结构的第二个层次是在感官外壳之下的功能支撑。产品功能和使用价值是相对应的概念。在使用价值方面，品牌产品较非品牌产品应当更具优势。目前，一些产品在拥有一定的市场知名度以后，经营者便开始进行概念的泡沫化营销，即在没有实际功能支撑的情况下，通过概念营销使消费者对不存在的功能产生期待，诱使消费者进行购买。这就是俗话所说的“挂羊头卖狗肉”。品牌的运营与此有着本质的区别，品牌必然要通过强大的产品功能开发，不断满足受众的实用需求。任何产品都要有用，品牌与非品牌之间在这一点上应当没有区别，但消费者对于品牌的使用价值期待度更高。商品的实用功能或使用价值都是围绕人的能力的延展而进行的：电脑延展的是人的计算能力和信息处理能力；汽车延展的是人的腿脚的快速行走能力；飞机开发了人的翅膀；电视传播延展的是人对于外界信息的获取能力，所谓“千里眼、顺风耳”……感官外壳和功能支撑是一切商品都具有的社会属性，品牌商品在这两个层次上比一般商品的品质更优，但这还不是品牌与普通商品最本质的区别，真正的品牌与之区别的是在第三个层次上。

对于电视等大众媒介品牌而言，其对于目标受众的信息传播功能的明晰与强大是极为重要的。电视作为视听读信息传播载体，它延展的是受众的眼睛、耳朵和全身心。电视节目的画面与同期声织体形成的身临其境感使得受众通过虚拟的行为完成着各类旅行。当美国宇航员登上月球的时候，电视画面使得亿万受众模拟完成了这一壮举。一般来讲，电视节目在传播方面的功能独有性是其基本的竞争能力，这在受众那里表现为信息的有用性。满足受众的好奇心、增长智慧与知识、了解事情的原因与结果、与电视中各类角色进行心灵对话、通过了解信息指导自己的社会行为等是电视受众收看电视节目的基本动机，这也是电视节目有用性的传播作用点。当前，由于同质同构频道的充斥，一批平庸的节目在市场中处于传播无力的状态，究其原因，传播功能的缺失导致的有用性缺失是其要害。

从电视人的角度来看，电视节目的有用性缺失本质上反映出当前电视人存在的一种浮躁心理。其中，泛娱乐化倾向是这种电视思潮的主要根源。具体表现是简单地将搞笑手段导入诸如新闻、专题等多种节目形态，致使节目的有用信息淡化或缺失。这并不是否定电视节目的娱乐功能，我坚信电视给人的愉快感可以使有效信息传递的效能增强。但问题是，这样简单将所谓的娱乐搞笑的电视手段导入其他类型的电视节目的做法，恰恰剥夺了大部分观众对于有效信息的愉快追求。电视节目类型、形态与电视手段的匹配关系是非常明确的，那种生搬硬套的做法本质上违背了电视传播规律。

（三）品牌的精神核心：凝结在品牌之内的文化资本与价值认同

品牌结构的第三个层次就是品牌的精神核心。**这是品牌所凝聚的被受众所广泛认同的品牌创造者和品牌拥有者的抽象行为，是品牌与一定社会形态政治、经济、文化、法制、宗教等的媾和与自身演变过程的积淀。**消费者肯拿出更多的金钱去购买品牌，不仅仅是实现前两个层面的感官满足和使用功能支撑，而是在寻求更深层次的精神认同：这是一种类似宗教的购物活动，通过购物过程和对相关产品的使用过程寻求自身的社会精神认同。某奢侈品牌的女性手包，其实用功能无非是满足女性朋友随身携带钥匙、口红之类的东西，但却堂而皇之地标价数万元——这样的消费肯定不完全是为了购买手包的装载功能，而是购买一种精神生活方式。品牌产品凝聚的精神价值与购买者之间社会阶层的属性与价值判断的媾和才是真正的购买动因。品牌在满足消费者实用需求的同时还标明了其身份、社会地位、审美趣味和价值追求。功能支撑商品的使用价值，品牌给人以气质和精神境界。具有强烈社会属性的人的一切行为都是其内在精神的外射，这包括人对于自己的形象塑造、行为方式和特征。人的穿着打扮、行为举止、所属工作与生活环境无不反映着其内心世界在社会价值判断、审美倾向、

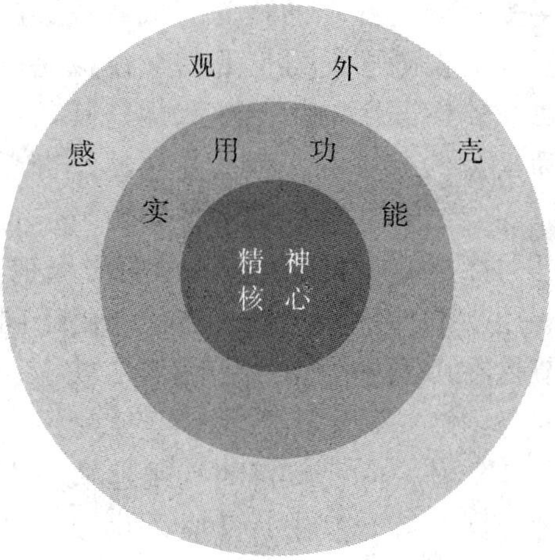

品牌结构简图

生存状态方面的现实与追求。这是人的综合修养、社会地位与社会认同的混合状态。这当然包括人对于公共信息的趣味特征、获取能力与获取方式。这使得品牌电视节目有机会与目标受众群形成紧密关系。

电视品牌的精神认同与回归也是非常明显的。电视等大众信息对于受众来说作用于感官层面、共振于情感层面、并在内心深处寻求广泛的认同。这种从感观外壳向内心传递的信息不仅仅是知识，还有情绪、价值判断以及受众内心的呼唤。电视传播过程充满了对于受众心灵的感召。所以，品牌电视节目不仅仅有一定的知名度、有一定的知识的有用性，同时，它必须具备和目标受众的心灵相容性。做到这一点并不是容易的事情，这也是当前电视节目普遍缺失的东西。也就是说，很少有节目可以做到这样的传播境界。近些年来，部分影视剧创作在这一点上形成了一定突破。电视连续剧《亮剑》、《闯关东》等即是具有灵魂穿透能力的电视作品。相较之下，许多社教类节目常常流于说教，忽视情感抚慰与人格关爱；部分青少类节目也是过分夸大个别案例，扭曲传播青少年群体中存在的问题，如迷失于网络的问题少年、不孝敬父母的啃老族、月光族等。

值得重视的是，品牌电视频道、电视节目对于品牌广告的吸引力也是这样相互的精神关照的结果。品牌广告投放的首选原则不是收视率的高低，而是品牌广告与媒体、时段、节目的匹配关系，即相互的精神气质认同。众多广告品牌盯准中国最具品牌价值的中央电视台一套节目《新闻联播》时段争相投放广告的做法正是这样的精神气质的相互认同的结果。在这个过程中，广告主与广告主之间的广告比肩投放，使得这些广告品牌形成了一种气质交换的机会，我们称之为品牌价值置换。

第三节　品牌运营的市场价值：品牌溢价和品牌议价

品牌的建立是一种投资行为，是市场综合价值的沉淀过程。通过品牌模式的市场运营可以大大缩短创立成功商业模式的时间周期，虽然这与品牌建立的长期性有所背离。成熟的品牌或具有一定品牌属性的产品与服务可以在市场竞争中处于行业议价的主动地位并为投资者、运营商带来超出同类商品数倍溢出价格的市场回报。我们称之为“品牌议价能力”和“品牌溢价能力”。

（一）品牌议价能力是品牌拥有者对于相关市场游戏规则与产品价格制定的主控能力

品牌属于市场的优质资源、稀缺资源，它位于同类市场或相关市场的最尖端，对于市场同类产品具有非常强的价格指导意义和价格辐射作用。品牌价格的确定不仅仅是自身销售价格的确定，它还会直接影响到同类市场相关产品的价格制定。这是品牌议价能力的突出表现。同时，在与合作伙伴、利益相关者和品牌联盟的合作、合资、贸易等方面，品牌拥有者也握有绝对的价格掌控权。在商标使用、原材料采购、委托加工、销售渠道、零售终端等各主要环节拥有绝对的掌控权。品牌的合作过程、议价过程本质上属于品牌持有者通过品牌所积淀的知识资本的投资行为。依托优质和稀缺性品牌自然拥有制定高出市场平均价格的能力，确保产品销售数量和市场占有率。议价能力就是市场的掌控权。中央电视台一套黄金时段招标是中国最具品牌价值的电视时段的议价行为。

央视一套黄金时段品牌价值一览表

时段节目属性	信息独有性	信息权威性	核心卖点	广告议价	广告溢价	品牌合作联盟
新闻联播	超强编辑力	国家重要资讯发布	政府态度	招标完成	最高溢价	品牌商标集中投放
天气预报	全国天气形势	天气新闻权威发布	综合服务	招标完成	最高溢价	品牌商标集中投放
焦点访谈	超强判断力	中国社会动向案例	政府态度	招标完成	最高溢价	品牌商标集中投放
强档电视剧	超强渗透力	精品电视剧独播	剧作方向	招标完成	最高溢价	品牌商标集中投放

上表归纳了中央电视台一频道黄金时段节目的权威属性，这是中国最具品牌价值的电视时段，因为此时段的存在，央视一套成为中国最具品牌价值的电视频道。其核心资源是依托于中国中央政府态度的权威新闻信息发布平台、重要社会案例披露的深度报道和独播超强档电视连续剧的播出渠道。这样的组合使得本时段形成独有的传播资源，它的议价和溢价能力于是凸显出来。目前，这个时段的广告价格容量接近50亿元人民币，形成了中国唯一的电视品牌时段与品牌广告的价值联盟。广告投放者通过竞标过程争得本品牌时段的广告曝露权，赢得品牌比肩、气质互换与对自身品牌的高端传播支撑的机会。

这一时段的广告资源体现着中国电视广告最高权威性，而且时间长度有限、广告容量有限，这加重了本时段广告投放的竞争分量，于是公开议价竞标便成为广告投放的基本方式。广告主、广告商用投资的眼光和方式近乎疯狂地购买着中国最具品牌价值的广告期货，谁都不希望竞争对手掌握品牌时段的核心传播资源。这深刻地说明了一个道理：广告价格不仅仅以时段的传播功效千人成本来制定，它还可以通过自己竞标成功并阻止竞争对手获得这一紧缺的战略传播资源来确定。这种议价能力来源于资源的品牌内涵的深度认同、权威的传播资源的占领价值及其广告时间资源的稀缺性。

中央电视台广告招标会从 1995 年开始每年 10 ~ 11 月份进行一次，以决定哪些企业在下一个年度能够站在中国电视传播领域的最高峰上为自己广而告之。招标会举办以来已经成为每年中国企业界的盛会，参加招标的企业都是各个行业的领军企业，招标段成为透视中国经济和媒介经济板块的浓缩版，被业界誉为中国经济发展的“晴雨表”和行业发展的“风向标”。这种说法并不夸大，从历年的统计数据可以得到证明。从 2000 年到 2007 年的 7 年时间，央视“招标段”招标额度从 19.2 亿元人民币增长到 67.9 亿元人民币。同期中国国内生产总值（GDP）由 9.9 万亿元人民币增长到 24.9 万亿元人民币，二者几乎同步发展。

央视招标段收入与国内生产总值(GDP)比较(亿元)

数据来源：国家统计局，《中国统计年鉴》，2007 年。

“招标段”缘何有如此大的吸引力令众多领军企业趋之若鹜，并且宁可比竞争对手多花钱也要抢下每天十几秒钟的媒体发言机会？首先招标段所在的时段和媒体是中国电视领域传播能力最强的时段。根据测算，在招标段投放一条广告可以在不到60天的时间内向全中国50%以上的电视受众告之企业的产品信息，这种能力在中国甚至世界范围内仅此一家，以至全球最大的广告主之一宝洁公司把中央电视台招标段作为中国市场最大的货架。其次，中央台招标段涵盖了中国两个最重量级的新闻节目《新闻联播》和《焦点访谈》，还有一个最权威的服务类节目《天气预报》。《新闻联播》和《焦点访谈》是中国最权威的政府信息发布窗口，国家的各种政策信息、官方态度都是从这个窗口传向中国和世界。可以说在这个时段的媒体声音就代表了官方的声音，所以对于中国的受众来说这个时段所代表的核心价值就是“权威性”。权威性的媒体平台携带广告信息的时候，就仿佛某领域的专家向消费者推荐该领域的产品，其背后的含义就是保证信誉，无形之中产品就被贴上了可靠的标签，这种效果绝不是通过增加到达率和到达频次所能达成的，只有具备“权威性”品质的媒体才可能做到。

由以上分析可见，如果只以广告时段的时间价值来给“招标段”估价的话，显然会严重低估媒体的价值。事实上招标会上每个行业的企业都争相抢占招标段资源，谁都希望自己比对手离“权威”更近一些。这里最成功的例子就是“统一润滑油现象”。

“统一润滑油”投放招标段之前，中国润滑油行业是不投放电视广告的，润滑油行业的广告策略是严格按照传统的“目标受众理论”只把广告投放在那些了解润滑油的专业人员手中。当时普通的受众很少知道还有润滑油这个行业，知道润滑油行业的也很少知道润滑油还分品牌，至于直接使用到润滑油的人就少之又少了，所以润滑油企业都认为用大众媒体做广告是“用导弹打蚊子”——太浪费。“统一润滑油”用了十年时间去实践“专业用户专业媒体”的方法，每年将3000万元~4000万元的广告预算投放到专业媒体，但十年的宣传没有给润滑油带来任何效果，“统一润滑油”开始意识到原来的传播策略可能是错误的。

2002年统一润滑油首次参加中央电视台黄金段位招标，中标价达6000多万元。从2003年1月1日开始，统一润滑油的广告片出现在中央电视台《新闻联播》后的黄金广告时段。2003年3月，美国－伊拉克战争爆发，中央电视台进行了大规模直播报道，统一润滑油马上推出“多一些润滑，少一些摩擦”的新版广告，一时成为广告流行语。伴随大众权威媒体广告的推出，“统一润滑油”品牌影响力空前成长，随之带来销售业绩的直线上升。据北京统一石化有限公司的数据显示，2003年1月至6月的半年时间里，统一润滑油销售的产品结构和利润结构都发生了明显的变化：销售总额同比增长了 100%，其中高端产品增长率达到了 300%，高端产品销售数量在公司产品结构中的比重由 14% 上升到了 40%，低端产品则由 23% 猛减至 5%，公司整体产品结构实现了向高端领域的跨越。而与此同时，统一润滑油也由半年前默默无闻的企业一跃成为润滑油行业的领导品牌。一个有趣的故事可以从侧面证明品牌的成长。2003 年以前，北京统一石化有限公司总经理李嘉在跟别人交换名片时，总要被别人问上一句："你们跟统一方便面有什么关系吗?"这时候，李嘉总要解释："此统一非彼统一，统一石化已有 10 年历史，统一石化成立时，统一方便面可能还没在内地注册呢。"而 2003 年后，别人见到李嘉的名片，都会说："你就是那个统一润滑油的老总?"

"统一润滑油"的成功，刺激了同行业其他品牌。随后在中央电视台 2004 年黄金段位广告招标会上，国字号企业中石油旗下的昆仑润滑油和中石化旗下的长城润滑油与民营企业统一润滑油上演了润滑油"三国大战"。昆仑、统一、长城中标额均在 1 亿元左右，三家润滑油的中标额总和超过 3 亿元。"统一润滑油"的成功不仅促进了国产润滑油行业的成长，同时也打破了国外高级别润滑油的品牌神话。通过央视招标段的广告投放，"统一润滑油"迅速形成了"品牌突破"，高端产品出货量形成突破性成长，高端市场被迅速打开。原来不卖"统一润滑油"的零售店变成主动上门合作，经销商建立了足够的合作信心；很多人通过央视知道了"统一"的名字，在零售店点名要使用"统一"品牌的润滑油，"统一润滑油"市场占有率迅速提升。

"统一润滑油"的例子说明媒体品牌价值向消费市场的价值延伸，它提醒企业界关注媒体到达能力的同时重视媒体的舆论影响能力，同时也提醒媒体要看到自身潜在的传播价值，避免被"贱卖"为声光信号的发射机。

（二）品牌溢价能力指的是品牌商品在一定市场范围内价格溢出的能力，即超出商品本身使用功能与属性的一般商品价格的部分，或者超过同类商品市场平均价格的部分

从商品的使用属性本身来说，名牌意味着安全，品牌意味着绝对的安全。这是一个保障，但品牌溢价并不仅仅来源于此。品牌溢价是品牌蕴含的精神气质所缔造的市场价格。名牌比普通牌子在价格上高出一点，而品牌在同类产品中数倍甚至百倍于其他牌子的价格，这就是品牌溢价。

近年来，二类广告市场竞争围绕着各个电视频道的垃圾时段的价值来进行。二类广告多的频道基本上是品牌广告相对较少的频道。这是负的品牌效应。但是，即便是这样，二类广告在不同频道的投放价格也是不一样的。目前，强势频道与弱势频道的二类广告差价竟达10倍以上。这从一个侧面证明了频道的品牌效应。

品牌为什么能够具有这样的议价和溢价能力？电视品牌为什么能够通过公开竞标进行市场议价并实现市场溢价？

第一，品牌与电视品牌具有比市场同类产品更高的受众忠诚度和综合影响力。电视频道、电视节目的高知名度未必能够形成高忠诚度和综合影响力。当面临多媒体市场激烈竞争的时候，电视品牌频道受市场的波动影响相对较小，而非品牌频道、节目的销售可能就在市场的波动中被淘汰。市场好，品牌销售得很好，市场不好，品牌抗击市场波动的能力可以反面证明品牌的超值属性。

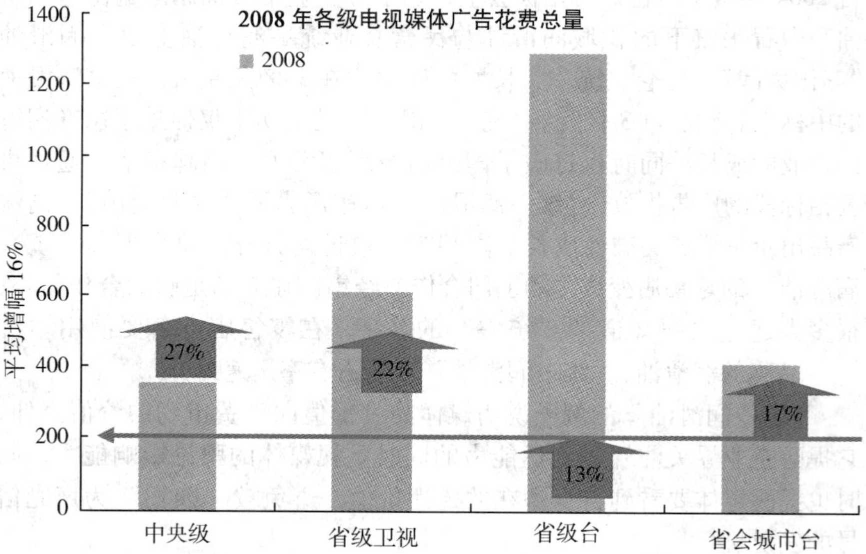

数据来源：央视市场研究（CTR），广告监测，2007～2008年。

中国电视媒体随着国家改革开放和社会综合进步的步伐不断进步。这种由社会综合发展带来的长期实惠掩盖着电视品牌的透支行为。也就是说，中国电视频道的经营收益过分受惠于国民经济宏观基本面的持续向好。国家GDP的持续高速增长为不同地区、不同行业带来历史发展机遇的同时，也为电视产业的整体进步带来了历史机遇。在这样的形势下，电视媒体——不论是具有一定品牌价值的电视媒体，还是弱势传播的电视媒体——都能够在广告经营与创收方面捞到相应的市场份额。并且，就其广告经营额来说，也出现了大多数电视频道广告集体持续增长的局面。这一方面给各级电视媒体以经营繁荣的现象，一方面隐藏着深刻的品牌危机。宏观经济的持续发展带动的广告投放总量的急遽拉升，使得诸多电视频道运营者的经营行为显得急功近利，电视台、频道、节目的品牌建设尚未得到真正重视。

上图为2008年中国各级电视机构广告额度与上年同期比较的增长情况，全线飘红是多年来中国电视广告的神话。这主要来自中国宏观经济的持续高速增长。可以预测，如果遇到国家宏观经济的调整或电视产业的市场化进程提速，全国将有三分之一的电视频道在不久的将来会遭遇经营困难。那将是一次洗牌，市场能量将朝着具有品牌价值的电视媒体快速集中，而品牌积累相对弱势的电视频道会存在退市之虞。

美国宏观经济（GDP）与广告额增长速度比

GDP变化%	广告额变化%
4%	8%
3%	5%
2%	2%
1%	0%
-1%	-6%
-2%	-9%
-3%	-12%
-4%	-15%

数据来源：央视市场研究（CTR）。

第二，品牌根据自身属性以综合管理运营模式的方式介入市场竞争，品牌产品是品牌综合管理运营模式的载体。品牌的利润实现无疑需要品牌产品的市场销售，这样的市场行为使得品牌产品与非品牌产品的界限显得模糊起来。但是，从本质上讲，品牌产品比非品牌产品拥有更为广阔的市场空间和更加可靠、综合、丰富的市场运营模式。品牌拥有者不仅仅可以经营品牌产品，还可以销售经营模式、管理理念或提供相关服务作为销售的核心产品；可以经营一种产品，也可以经营由主营业务派生、延伸出来的相关业务，或另辟蹊径推出与传统主营业务关联不大的新的主营业务。我们经常看到模仿制售品牌的现象，但是品牌的经营模式及其蕴涵的文化含量是制假者和其他竞争者难以从商品外观甚至制造技术层面克隆、模仿得到的。品牌的存在方式是由品牌所蕴涵的知识资本、组织资本和机制资本进行内在支撑的。这一独特属性决定了品牌“众星拱北辰”的市场地位。

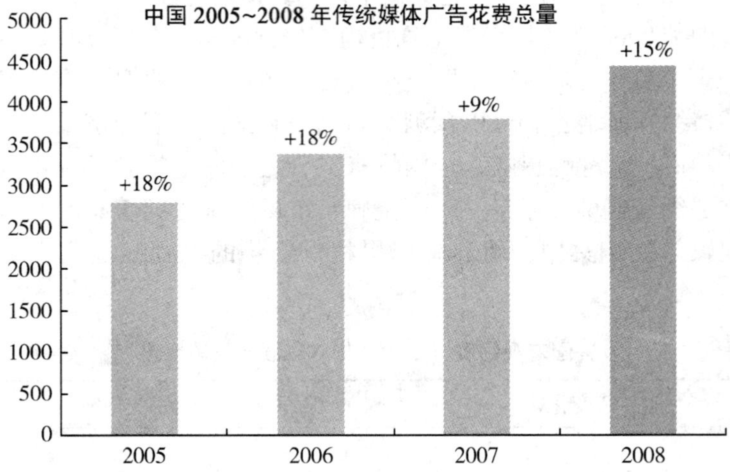

数据来源：央视市场研究（CTR），广告监测，2005～2008 年。

电视品牌建设同样具有这样的市场特性。如果我们仅仅看到具有品牌价值的电视频道在广告经营方面的优势是远远不够的。随着电视市场化进程的不断深入，具有品牌优势的电视台、电视频道和电视节目同时拥有市场多级开发、立体经营的市场优势或潜质。品牌媒体拥有更多的融资渠道和机会，拥有更加宽广的电视市场合作机会，拥有更加丰富的市场资源整合和跨行业合作的机会，拥有更加丰富的市场延伸机会。

目前，体制资本对于广播电视行业跨行业、跨国、跨区域运营的制约依然存在，这使得广播电视品牌建设显得功能单一，而市场综合竞争尚未充分展开。这一方面保护了电视行业的传播秩序，但是另一方面却也保护了落后频道的市场生存。这种情况的持续发展不利于电视传播品牌媒体、品牌频道、品牌节目的不断优化和相关业务的延伸发展。这一情况与国家电信业正在经历的充分竞争同步发生。如果体制资本在这两个行业的不平衡现象持续下去，那么这两个相关行业的相互整合将朝着不利于广播电视行业的方向发展。

第三，品牌营销沟通的有效性所做出的贡献。当产品和服务进入市场时，往往有很多的市场保护和壁垒方面的限制，诸如贸易保护，地方技术保护、投资限制，等等。而品牌要进入一个市场相对容易许多。拒绝品牌意味着拒绝综合的市场机会。品牌给一个经济区域的许多方面都带来利益。在这个过程中，品牌本身具备媒体的沟通属性——品牌的符号化存在使之天然具备将品牌的意义向消费者与利益相关者诉求的功能。这就是品牌本身具备的营销沟通能力。这种沟通能力以及隐藏在品牌背后的利益分享的诱惑使得品牌更容易冲破各种市场保护与壁垒。

电视品牌建设是电视台发展到一定规模的唯一的市场出路。电视品牌建设属于娱乐经济板块或第三产业的建设范畴。围绕电视传播进行的电视节目光盘业务、电视形象的多媒体开发业务、影视故事的电玩开发业务、影视等多媒体制作基地建设、依托于电视节目的玩具开发业务、影视制作发行销售的渠道建设以及与上述业务相关的融资业务等构成娱乐经济板块的主体。这样的产业链条对于宏观经济的贡献具有正面意义，对于构建和谐社会、拉动就业、产业升级、增加税收意义重大。当电视品牌节目跨国、跨区域落地播出的时候，当电视品牌进行跨行业市场开发的时候，这种品牌的营销沟通功能将比电视传播本身更加重要。这是中国电视实现全球强势传播的必由之路。

第四，品牌具有超越地域限制，超越族群隔膜的属性。虽然品牌商品可能存在一定的目标消费区域和群体，但不使用此产品的人们也会承认它的精神价值，这就决定了品牌拥有使用价值的广泛性。在不同地域、不同国度的不同人群中，品牌能够获得大众对其核心价值的基本认同。

正是因为品牌具有如此广泛综合的市场价值，所以品牌的运作方式本质上属于投资行为。品牌的经营可以使经营者通过与金融资本的结合迅速获得一个经营平台，金融资本与品牌资本的结合能够创造出惊人的市场价值。

关于品牌运营手段的成功案例很多。几年前，一位福建籍的企业家购买了美国著名牛仔裤的品牌运营权，这种购买便是一种品牌投资行为。有人说买牌子不如创一个牌子，但投资购买一个品牌所得到的不仅仅是牌子，还有一整套的经营模式、品牌特性、消费属性以及与之相适应的市场支持体系。创一个品牌可能需要数十年的运作周期，但是购买品牌在签单的一瞬间就完成了对其几十年发展经验和品牌文化的占有。时间的节约等于获得了市场机会。

微软的成功也不仅仅依托于软件技术，他们进行的是依托于视窗软件技术的品牌的运营，所以微软能够蛙跳似地获得发展。

通过投资迅速获得品牌平台是第一步，品牌建设应该是在一定时间和空间范围内的平衡作用下完成的。品牌的市场存在与运营是一个系统工程，品牌本质上属于耗散结构系统——它的存在需要不断地和外界进行沟通：交换能量和信息。

品牌虽然具有超越时空的能力，但是品牌也不能孤立于市场普适规律之外而存在。品牌在面对新市场的地域转移与业务拓展的过程中需要遵循传播与市场导入规律：在一定人群一定时空条件下存在的品牌，换了地方就需要按照品牌模式精心开展市场导入工作。市场拒绝品牌进入的情况也是可能发生的。市场的竞争关系、受众偏好与受众多媒体诉求非常关键。哆啦A梦在中国最早叫机器猫，在港台地区叫叮当，现在它又回归到了哆啦A梦，这就是品牌在不同区域的分级管理。品牌管理不是僵死的，也不是单一的，我们在创立电视等大众媒体品牌时，要注重挖掘民族的文化底蕴，敢于在品牌运营手段、运营模式上闯出中国特色。

品牌超越时空的能力告诉我们，电视品牌也应当注意开拓这样的属性。如果一家电视机构、一个频道或一档节目在甲地具有品牌特性，在乙地缺乏品牌的市场价值，说明它还算不上真正的品牌。这样的情况在中国电视品牌初创阶段是普遍存在的。我们的强势频道还不能够穿越地域文化的限制在全国电视市场获得品牌市场贡献，而是呈现在甲地强、乙地弱，去年强、今年弱的市场表现。在国际电视市场中，中国电视机构已经开始在汉语文化圈中产生越来越大的影响力，但是，我们仍然不具备国际品牌电视机构的跨语言环境的传播力和综合市场优势。

第四节　电视品牌的成长过程

对于电视品牌来说存在着成长模式与培育规律。以电视节目为例，一个新节目从无到有，到知名，再到成为品牌节目大致会经历初创导入期、调整期、成熟期三个阶段。

节目初创导入期就是一个节目在频道首播后的最初阶段，是节目导入收视市场的关键时期。近年来，中国电视节目初创导入期呈现时间逐步延长状况，这是中国电视频道与节目竞争强度增加的必然结果。目前，新节目的市场导入期可以控制在3~6个月，市场导入过程的顺利程度与节目的吸引力、节目属性、导入强度、播出频次呈正相关。也就是节目品质越高、大众属性越强、导入手段越丰富多彩，导入周期越短。日播节目比周播节目导入期会大大缩短。一个品牌节目的导入期需要在两个方面获得市场成果：一方面要设法让尽量多的受众初步接触节目，迅速扩大新节目在广大受众中的知名度、到达率和观众规模；另一方面是初步获得受众的认可，即受众基本接受或喜爱新节目的定位、形态、立意、风格、主持人等重要的节目要素，对于节目整体形成初步的美好印象。任何遭到受众反感的节目要素与导入方式都应当强行剔除与禁止。导入阶段的受众对于新节目的接触与收看属于浏览型观赏，受众这时的目光最为挑剔。任何陈旧的叙事方式、蹩脚的传播技巧或自作聪明的欺骗型营销手段都会受到受众的鄙夷而使整个导入过程失败。电视节目的市场导入过程可以作为品牌节目打造的初创期而加以细致规划。导入期的节目如果尚不成熟，则需要减少自我宣传，宁可延长导入时间，也不能给受众留下不良印象。否则，再用成倍的力量重新导入市场也不会纠正受众的成见。品牌节目的打造必须研发成熟后方可开始首播并导入市场，任何市场导入的失败都会造成品牌在初创期的夭折。

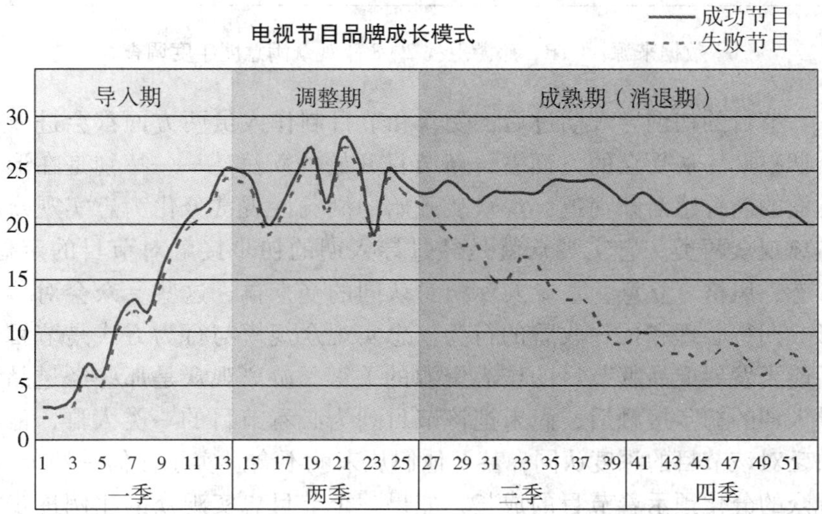

对于品牌节目的市场导入还有一种比较牢靠的方式。那就是依靠节目本身对于忠实受众的吸引力和凝聚力，通过忠实受众的不断积累促进社会综合影响力，随着忠实受众规模的扩大而实现节目观众规模的扩大。这样的方式尤其适合小众精品节目的市场导入。市场导入周期会相对拉长，但是，市场的稳定性相当高。在 2006 年至 2008 年期间，我和我的同事对于旅游卫视频道的市场导入设计即是遵循这样的思考进行的。从频道的品牌发育情况来看，旅游卫视两年多以来品牌饱和度不断发育，受众的忠实度不断拉升，忠实受众规模的不断扩大使得这个频道的品牌价值在受众市场中脱颖而出。

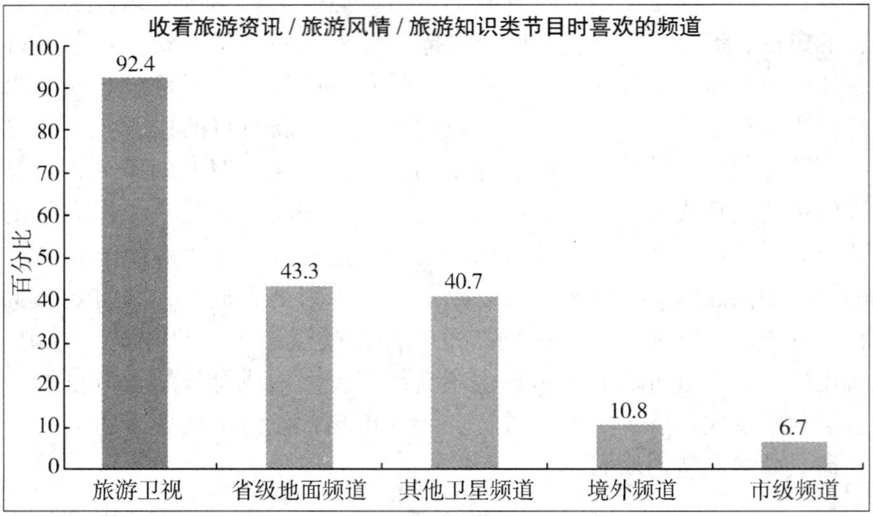

数据来源：CTR，旅游卫视2008年观众满意度年度调查。

节目的初创导入期过后，受众和节目制作人员两方面都会进入一个调整期。从受众的方面看，新节目开始的新鲜感——特别是在形态方面的新鲜感渐渐消退，观众从开始的浏览性观赏分化为忠实观众和游离观众两类。忠实观众就是经过导入期的初步接触对节目的定位、形态、风格、立意、主持人等相对认同的受众群，这些受众会对节目形成期待心理和预约收看的行为。忠实观众规模与行为方式是节目日后能否发展成品牌节目的核心资源的关键。游离观众是那些经过品牌导入期的初步接触后，尚未把该节目列为必看节目的一类人群，他们缺乏对该节目的深度认同，甚至他们从来就不会忠实于任何一档节目。观众的分化预示着节目的成长，如果一个节目忠实观众的比例逐步扩大，那么他很有潜力成为一个品牌节目；如果一个节目的游离观众总是占相当大的比例，那么这个节目终归会因为无法扎根市场而走向消亡。

从节目制作者的角度，经过初创导入期后创作人员会进入一个创作疲劳期，表现为对于节目形态的盲目依赖，而对于节目综合品质提升方面的钝感。特别是日播节目，初创期积累的题材可能面临短缺；长时间的同质性创作也会产生懈怠情绪，导致制作质量下降。

初创期的节目定位、形态设计经过导入期的实践检验，会暴露一些需要调整优化的问题。节目主创人员需要根据市场的情况反馈对节目不断做出相应优化调整。这时，节目自身会出现一定幅度的波动。而节目自身的波动反映到受众市场会产生相应的连锁反应：一方面加大了观众分化的速度与规模——这时，应当设法使忠实观众在波动中持续累积，如捕获游离观众沉淀为忠实观众，使市场正面的力量增加；另一方面刚刚出现的忠实观众也可能在节目的波动中迅速流失，一部分人由忠实观众转变为游离观众。这个时期由于节目自身和观众群的不稳定性，往往在收视率表现上出现大起大落的情况。这样看来，调整期是节目初创导入期之后非常重要的市场阶段。确保节目创作稳定基础上的不断优化是这个阶段的操作要领，以使节目稳步走入成熟期。

处在调整期的节目由于市场稳定性不高，节目组经常希望通过改版把节目重新带回到上升通道。实际情况是，在初创导入期间能够接触到节目的绝大部分观众已经对节目有了基本的了解并产生了一定的思维定式，如果试图通过改版二次导入更大规模的电视观众并不是一个现实的思路，把节目市场做实的方法就是尽可能多的沉淀忠实观众。所以，调整期节目自身的改进应当聚焦在如何使忠实观众满意度不断提高方面。节目的成败将在下一个阶段被市场证明。

新节目市场导入	周期	节目自我宣传力度	忠实受众规模	游离受众规模
新节目初创导入期	新节目前30个播出单元	较弱	比例极小	比例较大
新节目二次导入期	第30－60个播出单元	较强	比例较大	比例较大
新节目持续优化期（成熟期）	常态播出单元	超强	比例较大	比例较小

上述列表是目前新创节目的市场导入周期以及与之相应的导入行为和受众市场的变化情况。2009年初某频道改版后，立即大规模导入多媒体宣传，这样的做法在受众面前重点暴露了新节目的弱点，使得游离受众无法转变为忠实受众，从而导致初创导入期的失败。接着，为了弥补初创导入期的失误，在新版节目推出两个月的时候，再次对频道节目和编排进行了相对较大规模的改版，这加大了频道和节目诉

求的不确定性，收视率再次下跌则难以避免。

我们把经过初创导入期、调整期之后的阶段称为成熟期或消退期，两个概念分别对应成功的节目和失败的节目。对于失败的节目来说，调整期过后，忠实观众的比例会逐渐减少，游离观众成为节目受众的主体。由于游离观众的随机性存在，节目的整体受众规模必然呈现不稳定的波动形态。游离观众比例的增加会导致节目到达频次的提升和收视率的不稳定。这时节目在市场中的竞争地位极为脆弱。节目收视率比较高的时候，其原因可能是由于偶然聚集了较多的游离观众，由于游离观众不是“常客”，所以他们也会经常性地消失。失败节目最主要的问题就是不能把游离观众沉淀为忠实观众，其原因还是节目作为媒体产品从外围的包装形象到实用功能诉求再到内在的精神价值诉求都不能与受众产生一定深度的共鸣，观众只在初创导入阶段“看个新鲜”，在调整阶段偶尔“看上一眼”，新鲜感过后便去寻找别的节目了。无论如何，观众的不断流失是节目导入与开发的失败。不安分的电视受众甚至采用“一眼否定”的方式否定主创人员的辛勤劳动，直到节目被取消。在多年的电视研究策划过程中，很多雄心勃勃的电视节目在眼前消失，这是一种痛苦和无奈的经验。它们有的在初创期是希望打造成品牌节目的。但是，由于创作意图、创作方法严重背离受众市场规律而不得不退出市场。

初创导入期成功的节目最大的特点就是能够保有忠实观众并且不断的扩大忠实观众的规模。成功的节目在经过调整期之后，应当摸索出一种模式化的制作方式。使节目的选题方向、形态、包装等方面形成清晰的定位；确立与同时段节目和同类节目的竞争手段；在策划、拍摄、编辑等具体工作环节上形成固定的操作规程。这些都是围绕着品牌节目的构建和忠实观众的积累来进行的。节目成熟期除了节目制作模式的成熟与优化之外，还要注意观众结构的稳定、成熟与不断优化。忠实受众认同了节目从外包装到实用功能再到精神价值的诉求之后，节目应当设法引领他们走向市场的深度认同。应当设法将节目所代表的形象、功能信息、精神价值定位作为忠实受众的态度、观念、行为并进而改善和优化他们的日常生活和精神生活，满足他们对于精神文化生活的渴望与潜在追求。这样，节目已经进入到市场的品牌运营阶段，在这个阶段中节目所形成的成熟的操作模式也作为组织资本为节目品牌的长久发展提供坚实的基础。

旅游卫视《美丽俏佳人》是 2007 年推出的一档时尚类日播节目，是该频道晚间黄金时段的主打节目。节目导入市场后品牌价值积累迅速扩张。新节目定位在服装、服饰、健康、美容、化妆等时尚题材领域，核心卖点却是对职场女性进行心灵抚慰和价值观念引导。忠实受众目标群体设定在25～45岁的女性。节目由著名主持人李静担当，并聘请时尚领域知名专家、演艺明星作为嘉宾参与节目。节目一推出便赢得了市场的广泛赞誉，收视率表现稳步攀升。节目运行一个季度后收视率突然出现下滑，并且在接下来的几个月内出现大幅波动。经过调查研究，我们发现由于《美丽俏佳人》节目的成功推出，改变了国内晚间档时尚节目的竞争格局，有10余家电视台纷纷克隆这个节目，受众在经历本节目市场导入期之后，游离观众开始增加。这时，我们开始重新审视节目的核心竞争力，坚持节目的高雅宗旨与对于受众生活观念的正确引领，很快摆脱了其他克隆节目的纠缠。《美丽俏佳人》成为同类节目收视率最高、受众结构优化、影响力最大、受众满意度最理想、并初步具备品牌价值的节目。在节目开播约10个月之后，节目收视率开始稳定在一个高端水平。

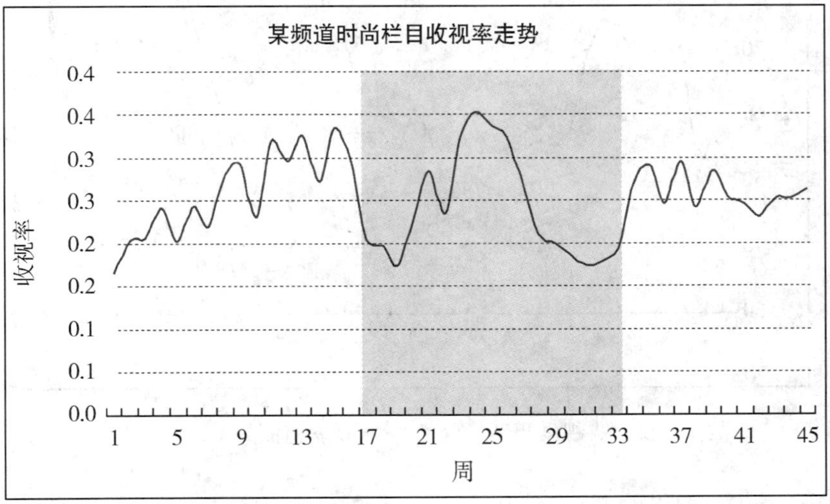

数据来源：央视索福瑞（CSM），收视率监测数据，2007年。

从该节目观众积累的情况分析，节目开播的时候就得到了市场的认可，一开始就获得了50%的忠实观众，并且在3个月的时间里迅速积累达到70%。由于节目新开播并且风格新颖、内容时尚，受众基础非常好，同时由于口碑效应，忠实受众带来更多的忠实受众，可以说节目导入非常成功。从第四个月开始，节目收视率出现下滑，同时忠实受众比例也出现大幅回调，由高峰时的70%回落到50%。分析原因，由于多家克隆性节目出现，使得节目的可接触受众数量接近饱和，新增受众不多。已经触达节目的受众新鲜感有所消退，部分沉淀的忠实观众的收视和信息接受习惯开始变化，部分忠实受众流失或变为游离观众。另一方面节目组人员开始出现疲劳，李静出镜次数不稳定，导致节目的吸引力出现不稳定状况，进一步造成忠实观众的流失。为解决上述问题，频道和节目组召开会议研究解决方法，在强化李静的核心主持地位的同时，提高助理主持人的功能，并强化节目对于忠实受众的价值观引领作用。经过一段时间的调整，节目的工作模式固定下来，岗位分工明确，主创人员有精力在节目内容上做更深的挖掘。从收视率表现来看，调整后收视率水平回升到开播以来中等偏上一点的水平，忠实观众的比例也恢复到 70%，并稳定在这一比例上。节目步入稳定的成熟期，节目品牌得到初步确立。

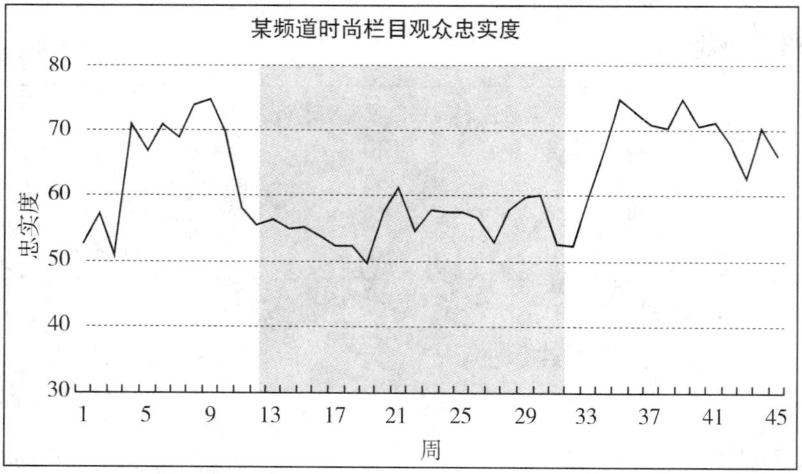

数据来源：央视索福瑞（CSM），收视率监测数据，2007 年。

第五节　中国电视品牌的历史进程和电视品牌线描述

对于电视媒体的感知我们可以用形象的比喻来理解，例如可以把电视频道比喻为商铺，同一电视台的几个频道就构成了一个商圈，具体到电视节目就好比一个个陈列在商场柜台中的商品，观众看电视、浏览频道寻找节目就如同逛商店、买东西。如果建立起这样的对应关系，我们可以得到一个启示，在日常生活中，人们到什么地方、进什么商店、买什么东西是有选择的，这种选择行为对应到电视消费中，就是从电视台、频道、节目以及相关要素的每一个层次中都凝结着品牌效应。对于一个电视媒体来说，在每一个层次上都存在着品牌的经营行为。

受众认可一个电视媒体，并将其纳入关注视野之内的根本原因是这个电视媒体提供的精神产品满足了受众的内在需求。产品与需求的固定对应关系升华为深度的精神认同便产生了品牌。电视媒体所提供的产品呈现在受众面前是以多种信息打包方式进行的，受众直接选择他最愿意接受的方式，其选定的打包方式形成固定内容、风格的概念符号时就形成了品牌。

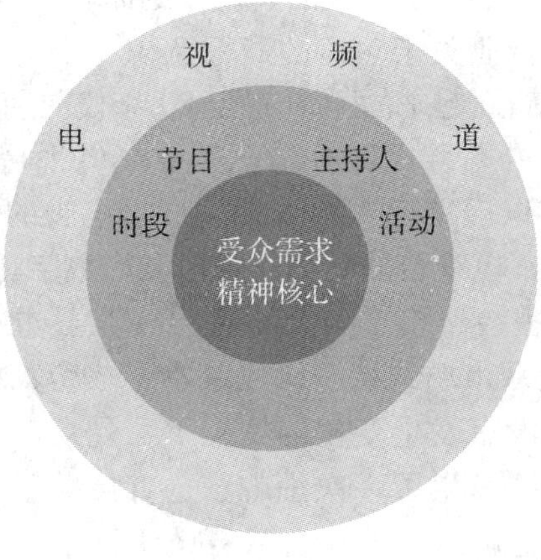

电视媒体品牌线构成

电视频道是受众在心理上认识电视媒体的最基本坐标。日常生活中“频道”已经作为一个区分电视传播内容的日常用语被广泛使用。受众在谈论某个电视节目、某个主持人的时候总会以电视频道进行定位。频道的本来含义与内容其实并没有必然关系，为何它变成了内容的同义词?

频道本身是一个技术词汇，在技术层面指传播信号的频率通道。在生活层面，受众并不能准确地了解频道的技术含义，但受众知道家中的电视机变换不同频道的时候就会触摸不同的内容和内容组合。遥控器在技术层面是对频率的控制，从技术层面降落到生活层面，遥控器对频道的控制就变成了对内容的选择。当观众搜索节目的时候，他们实际搜索的是频道——受众对于节目的预约权目前仍然由频道掌控——但人们选择频道时实际完成了对于收视时段的横向切割。人们在没有必要理解频道的技术含义的前提下，直接把频道等同于内容。

最终频道作为一个“内容”的同义词被日常化、受众化。

当受众想到频道的时候，头脑中涌现出的是一个关于内容的概念。这个将频道定位与标识融合在一起的概念即是一种有意味的形式。频道的标识由于这样的内容联想从而产生了品牌意识特征。

受众关于中国广播电视品牌的意识分为朴素品牌意识阶段和市场品牌意识阶段。朴素品牌意识阶段在新中国广播电视台建立伊始就开始萌芽与建立了。从新华广播电台的广播到中央人民广播电台的建立，从北京电视台（中央电视台的前身）的开播到中央电视台的建立，中国广播电视机构分娩于党政机关，其功能是党和政府的宣传工具，其传播的权威性是受众心目中朴素的、基本的品牌意识。

中国广播电视行业关于频道的商标意识、市场品牌意识是随着国家市场化进程逐步确立起来的。20 世纪 80 年代前期，中国电视台标识基本上以行政区域的名称来区分，比如中央电视台、某省（直辖市）电视台等。1983 年以后实行“四级办”广播电视的方针政策，全国电视台数量增加很快，电视台的标识转为地域加数字。例如中央电视台 1 套、2 套；某省电视台 1 套、某市电视台、某县电视台，等等。到了 80 年代末，中国受众市场的初级阶段基本形成，其标志是国家广播电视机构在基本属性没有发生变化的情况下，受众对于不同类型的大众传播媒介的心理认同发生了一次洗牌。这直接关系到不同传媒行业的品牌地位。由于广播电台、电视台从行政级别来说一直低于同行政区域的党报，所以，大众媒体的排位一直是先报纸后广播电视。就广播电台和电视台来说，由于中国电视台的先驱与骨干基本上由广播电台分流出来，当时受众市场中的收音机持有量远远高于电视机拥有量，电视台的节目更未做到丰富多彩——这些原因综合在一起使得电视传播一直排在广播电台的影响力之后。这样的排列顺序影响着早期行业的品牌地位，直到 80 年代末，随着改革开放和中国市场经济建设的不断深化，中国家庭电视机拥有量大幅提升。国家对于电视台运营经费的管理普遍采取了“预算管理”方式，即电视台通过广告创收等市场手段解决运营经费，创收额度全部纳入同级事业预算。这实际上为电视机构这一由政府机关派生出来的大众媒体进行市场竞争开启了大门。因为电视广告创收额度不论多少，全部纳入电视台的年度预算管理——这意味着鼓励多挣钱，并在相同的财政年度将挣来的所有的钱纳入预算管理，用于电视台的日常支出。这使得电视台的经费越来越充足，电视节目越来越朝着精品化方向迈进——而彻底脱离了世界性的电视粗品的属性。电视节目传播的感官性得到迅速开发，其影响力一跃居于各类媒体的前列。这标志着中国广播电视机构，特别是电视机构行业市场品牌的初步建立。

每百户彩色电视机拥有量（部/百户）

地区	1990 年	2000 年	2005 年	2006 年
城镇	59.0	116.6	134.8	137.4
农村	4.7	48.7	84.1	89.4

数据来源：国家统计局网站。

到了 20 世纪 90 年代，中国电视品牌经历了迅速而多重的整合。首先，相对于开路电视，以有线方式传输电视信号的电视台迅速崛起，于是出现了与开路电视机构相并列的多级有线电视台。但是，这个称谓存在不久，便出现了相同行政级别的有线与无线电视机构同业竞争的局面。这使得初级受众市场和广告市场呈现相互压价等恶性竞争。为了扭转这一局面，特别是随着传输网络的公司化改造，有线电视台与开路电视机构迅速合并形成了今天的电视台。这种与行政区域相配套的电视机构与频道设置格局持续至今。但是，有线电视台与开路电视台的合并，并未将一些相对剩余的频道压缩，频道数量过多使得频道定位同质同构现象严重。这一方面加重了频道之间的竞争关系，另一方面使得中国电视台的初级品牌建设遭遇困难。就拿品牌识别系统来说吧，电视频道的同质化使得识别系统很难真正建立起来。频道包装的异质化难掩内容的同质化。

2000 年前后，国家压缩地方电视频道数量，同时，电视台逐步由单纯的事业单位转变为兼具行政管理架构下的事业属性和综合市场属性的双重属性，各个电视台在完成各级宣传任务的前提下须在市场竞争中求得生存和发展。这时电视台开始着手频道商标属性与品牌属性的塑造，电视机构管理者的品牌意识处于觉醒期。

1999 年中央电视台提出“频道专业化、节目个性化、创作精品化”战略。这一战略的主要内容是对各频道进行改版调整，减少过去频道间定位重复和题材“撞车”现象，形成频道特色和个性，完成全台频道专业化布局，占领新闻、财经、综艺、体育、影视等题材与内容市场。适时推出“走出去工程”，强化对海外受众的多语种电视覆盖。通过实行频道专业化，传媒领域最大众化的传播资源牢牢把握在中央电视台手中，其全国受众市场份额与全国电视广告市场份额同步稳定在 30% 以上，处于市场垄断支配地位。其在受众中的精神价值也得到进一步加强和明晰。全国电视观众把中央电视台视为最有发言权的电视媒体，凡是中国发生的各种重大政策、新闻、事件均以中央电视台的发布为准绳。其他类型的电视节目，不论是新闻、电视剧、综艺等热播节目，还是社交类、文化类、体育类等分众节目，该台也基本上占据着全国同类节目的制高点。受众调查显示，中央电视台在受众心目中形象是最权威的、最有实力的、最可信赖的媒体。受众在自己心目中把中央电视台比喻为一个权威、可敬的领导，可见中央电视台的精神定位已经超越一般媒体所能承载的范围。

中央电视台的专业化频道战略，使得各地方电视台市场份额竞争压力倍增。这种压力来源于地方台传播资源和资金方面相对的双重匮乏，地方电视台突破行政区域的传播范围在全国圈选目标受众群的内在需要促使其寻找新的竞争策略。于是，各省级卫视以至强势地方市级电视台开始出现从频道定位寻求竞争突破口的风潮。率先实现突破的是湖南卫视。湖南卫视在全国省级卫视中是第三批上星频道，当时在全国覆盖率和综合影响力方面并不处于优势。而本省广告资源的白热化争夺使得湖南卫视开始向省外广告市场争夺生存空间。全国竞争的压力使湖南卫视把突破口选在自己相对擅长的“娱乐”方面，频道于是定位为“全国性的娱乐品牌”。在这样的内容定位策略下，依靠全台力量推出一批优秀娱乐节目，使频道从一个后来者一跃成为省级卫视中的娱乐品牌频道。湖南卫视的成功，引来诸多省级卫视的纷纷效仿，各台努力寻找下一个可能成功的差异化定位，于是财富频道、故事频道、情感频道、影视频道、旅游卫视等粉墨登场。

但是，频道的重新定位并未能给众多的省级卫星电视频道以品牌的地位。究其原因，在于对品牌的内涵和外延的理解方面存在着缺陷和差异。业界普遍存在着重概念轻操作、重定位轻机制、重短线操作轻长远设计等多方面的问题。电视品牌最终需要表现为受众以及利益相关者的心理指标的持续优化，即在受众和利益相关者心目中形成有价值的概念。但是在操作层面，对于品牌开创者和拥有者来说，品牌是由概念出发，从内容到形式、从市场运营到内部管理、从广告经营到节目综合影响力等方方面面的升级换代的艰苦的开创过程。品牌需要适合自身发展阶段的知识资本、机制资本的全面支撑。回顾部分频道品牌建设的初步成功经验，可以深切体会品牌初创成功者，手中握着优于全国省级电视同行的知识和机制资本。这种知识资本、机制资本不仅仅在一定程度上突破了体制方面的制约，而且在国内外、台内外节目资源整合方面，在频道传播不断创新方面，在夺取全国市场份额的决心方面，在电视传播渠道建设方面，在调动多媒体互动方面，在用人机制方面处于相对优势状态。

而那些虽然有了明确定位但尚未实现品牌初步确立的电视频道，不是因为人才匮乏，也不是因为节目制作能力不够，而是缺乏实现目标所必需的内在机制资本的强力支撑，缺乏围绕既定品牌目标在内部管理和外部运营方面的一体化建设，缺乏品牌建设的内在的精神文化动力，即知识资本。

由上述情况可以了解到，品牌线建设不仅仅是品牌与分品牌之间的关系，它还是品牌外壳和内在文化积淀的共生现象，并且，品牌受到历史客观条件的直接制约。中国电视品牌发育脱胎于计划体制，计划体制使电视媒体的权威性成为天然资源，这是一般的市场品牌所不具备的优势；在社会主义市场经济进程中，电视品牌的进一步确立需要切实的体制资本与机制资本的强力支撑，在体制资本缺乏的历史时期需要通过机制资本的不断优化以弥补体制资本的不足。

在品牌初创和进一步优化过程中，受众的心理感受始终是最重要的品牌资源。计划体制下的媒介影响力和市场条件下的媒介影响力都是基于受众资源而言的。这样看来，市场的主体——受众，不论是计划经济时代还是市场经济时代——都是存在的。电视品牌虽然被电视媒体所持有，但是受众才是品牌的真正载体。

基于这样的思考，我们姑且将电视传播品牌线建设从三个维度加以描述：

一、基于受众触达与评估方面的电视品牌线划分结构（下图）。从受众的角度可以看出品牌是如何为大众所接受的。如果说，电视传播

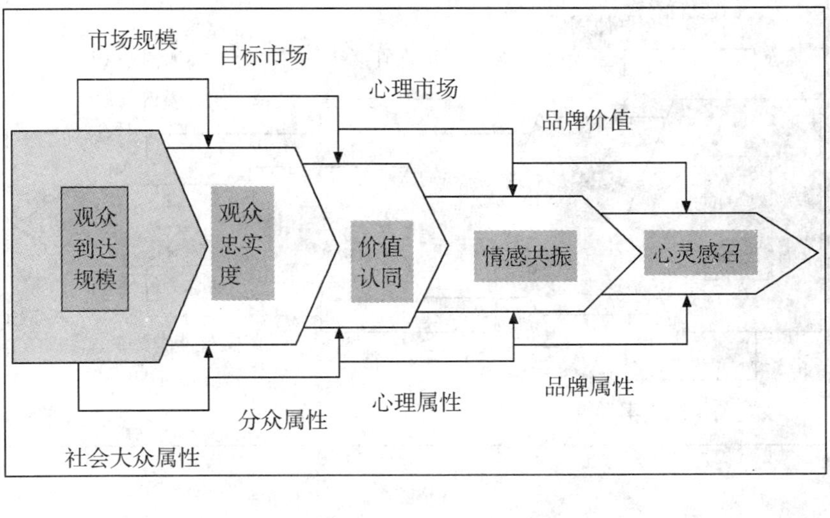

品牌最终具备对于受众这个市场主体的心灵感召能力，那么，实现这种感召能力的基础则是电视节目与受众的深度情感维系；而更为基础的东西是受众所持有的价值判断与电视传播所承载的价值判断的共振或相互认同；这必须具备相对广泛的忠实受众规模与更加广大的电视观众规模。这个过程标明品牌价值和品牌属性由受众的心理属性向着分众目标市场和大众规模市场的逐步递进关系。品牌具有从受众内心向大众市场普及与提高的穿透能力。

二、基于电视内部管理与外部运营的品牌线划分结构（下图）。与上个图例所对应的是电视品牌不同层次的文化结构。电视品牌的基础是电视机构，如电视台、频道、相关公司实体等所持有和遵循的组织文化。它与社会文化密切相连，但是以组织文化资本的方式渗透在电视机构的方方面面。组织文化构成品牌文化的基础。在组织文化之上的是与机构或组织愿景相一致的内部管理机制，与之相对应的是不断切合市场实际的市场运营机制。品牌文化强调内部管理机制与市场运营机制的一体化建设和不断优化。在这样的基础上实现市场同行以及利益相关者的高度认同与尊敬，形成品牌议价能力和溢价能力，并在品牌竞争中处于“众星拱北辰”的市场地位。这个过程体现的是社会文化与组织文化对于品牌价值的创造；由组织文化与政策措施构成的运营机制创造的品牌的使用价值，即品牌功能；由品牌文化穿透力实现的品牌市场的市场价值，表现为同行的尊敬与利益相关者之间的利益分享；最终实现市场的文化地位：通过议价与溢价对行业发展产生影响，并获得利润与市场占有率。

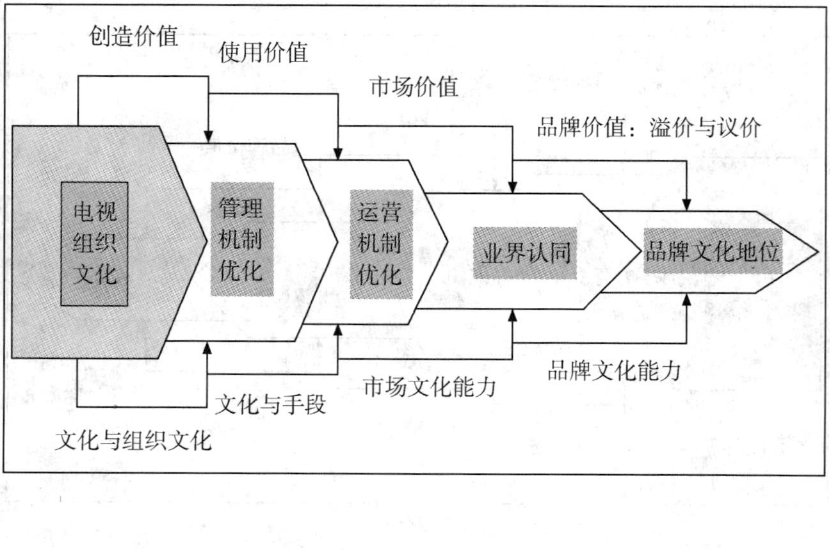

三、基于电视传播层次方面的品牌线划分结构（下图）。这是电视影响力渗透的方式或结构，也是电视品牌的传播结构。电视品牌最终抽象为受众和品牌利益相关者心目中一种符号。这种符号是一种有意味的形式，是电视品牌的标识。这个符号背后积淀的是节目中诸如主持人等最为活跃的多重的视听符号体系，是内容与形式的高度统一。再往深层次挖掘，是形成品牌直接影响力符号的具体的节目和形成品牌直接影响力的电视频道，以及形成品牌综合影响力的电视台和电视机构。电视品牌的传播力不论在什么层次上，都必须实现传播内容与传播形式的高度统一。

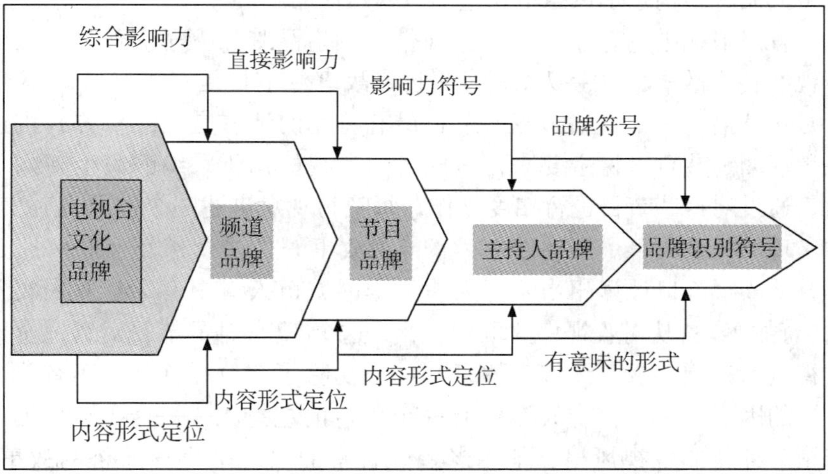

品牌符号背后是多层次的复杂的文化结构支撑。品牌与分品牌组成的品牌线在文化结构方面存在着同一性，在内容与形式方面追求相互贴合或高度统一。

例如，电视节目与节目主持人是一种文化品牌的共生关系。一个优秀的主持人能成就一档品牌节目，一档优秀的节目同样会成就一个品牌主持人。人是电视屏幕上最活跃的因素，对一个频道、节目来说，主持人就是它所提供的信息当中最活跃的因素。节目乃至频道、电视台或电视机构的内涵、精神属性在主持人身上都有集中的体现，主持人的仪表、穿着、打扮、举手投足和语言表达水平代表着节目的面孔和水平，所以主持人是作为电视媒体品牌经营线上最接近消费者的尖端符号。主持人能否被接受是一档新电视节目、一个新的电视频道在品牌初创阶段的导入期最为重要的环节。以主持人品牌带动节目品牌、频道品牌成功者不乏其例。凤凰卫视的成功之道中就包含“主持人品牌战略”。凤凰卫视是从定位于城市青年人的娱乐节目开始起步的，但在两三年的时间内，由抓住国内外重大新闻事件的机会开始转型到以新闻、评论、人文、历史为突出特点的高品质电视新闻媒体。在此期间，受众看到一大批代表了全新节目形态、全新话语体系的令人耳目一新的品牌主持人的加盟，我们看到了学者型的新闻评论员曹景行、阮次山、何亮亮，看到以调侃见长的窦文涛，看到以述评方式播报早间新闻的陈鲁豫，看到集新闻主播、出镜记者及新闻评论员于一身的吴小莉。他们有的以渊博的学识开启了新闻视角的多元化，有的以独特的语言风格讲述世间百态。这样的信息打包方式很快被受众所接受，并逐渐固化为代表一家电视机构和频道内容、风格的概念符号。他们的个人品牌线构建了凤凰卫视这个电视媒体品牌。

省级卫视中也有以主持人品牌带动频道品牌的例子。例如，江西卫视《传奇故事》主持人金飞。《传奇故事》节目是江西卫视 2005 年元月份开播的一个日播节目，节目最有特色的地方是以故事方式讲述民生新闻。节目素材主要来自全国各地电视机构所采编的民生新闻节目，通过对这些节目进行二度创作，每晚为观众讲述一个涉及真善美、德义理的社会故事。开播以来，《传奇故事》的受众市场反映一路走高，从收视人口计算相当于每天晚上全国城市人口中有 250 万人收看《传奇故事》；从对收视率的贡献来看，这个 40 分钟的节目对频道全天收视贡献达到 12%。《传奇故事》的成功除了定位准确外，还有一个重要的因素就是《传奇故事》有一个出色的主持人——金飞。金飞创造了一种新的电视风格，他用老百姓日常的语言来讲述通俗的故事，通过使用源于生活中的俗语、谚语、成语、寓言，在亲切自然的讲述中又能实实在在给人予生活的启示和鲜明的价值判断。主持人形成了固化的内容、风格概念符号，在他形成个人品牌的同时，成就了节目品牌，同时为江西卫视的品牌建设提供支撑。

需要强调的是，上述电视品牌线是三维一体的结构。我们根据不同角度对于电视品牌建设加以描述，目的是希望业界在品牌建设过程中立体地思考问题。目前，中国电视品牌建设刚刚起步，完整电视品牌线的建立任重而道远。我在上述举例中虽然将部分频道、节目、主持人等冠以品牌的称呼，但是，从品牌线的多种角度思考这一问题，我们会发现中国电视品牌建设在品牌文化、品牌运营机制、市场溢价与市场议价诸方面存在着相当大的可耕耘空间。目前，中国的电视品牌与品牌建设还是一个相对的概念。我所提到的“品牌频道”、“品牌节目”、“品牌主持人”如果修正为“具有一定品牌价值的频道”、“具有一定品牌价值的节目”和“具有一定品牌价值的主持人”也许更为恰当。

第六章

电视受众市场的数据生存：管理与运营

随着电视事业和受众市场的持续发展，市场调查技术和电视市场研究模式于 20 世纪 90 年代开始导入中国电视市场。这种基于社会调查技术、统计学原理和社会心理学研究的交叉学科以定量定性研究的姿态、科学的实证主义精神，逐步全方位与中国电视媒体的大众传播结合在一起，初步形成了与世界发达国家接轨的中国电视市场数据生存体系。这是社会主义市场经济发展到一定阶段的历史必然，也是中国电视事业发展到一定规模，特别是电视受众市场不断发育、深化的历史必然，是中国电视事业和受众市场持续健康发展不可或缺的体系性保障。

中国电视市场的数据库建设从收视率调查开始，逐步通过受众的电视触达与收看行为调查，扩展为电视满意度心理调查研究、多媒体市场受众同源性调查研究、电视等多媒体广告投放调查研究、电视与相关市场专项调查研究、电视媒体与管理运营专项调查研究等穿透电视受众市场、多媒体市场、综合市场宏观基本面的立体研究体系。中国电视调查业与其他市场调查门类一起构成了新的知识经济板块，形成了目前年产值 40 亿元以上的市场规模，并且以每年不低于 23% 的递增速度持续增长。中国电视市场调查研究起步伊始便开始执行世界调查业行业标准（ESOMAR），不仅科学体现了中国电视行业和受众市场的数据生存状态，而且成为中国电视产业链条中的重要一环。

电视市场调查研究清晰地勾勒出中国电视行业的现状和受众的行为特征、电视市场的发育情况。

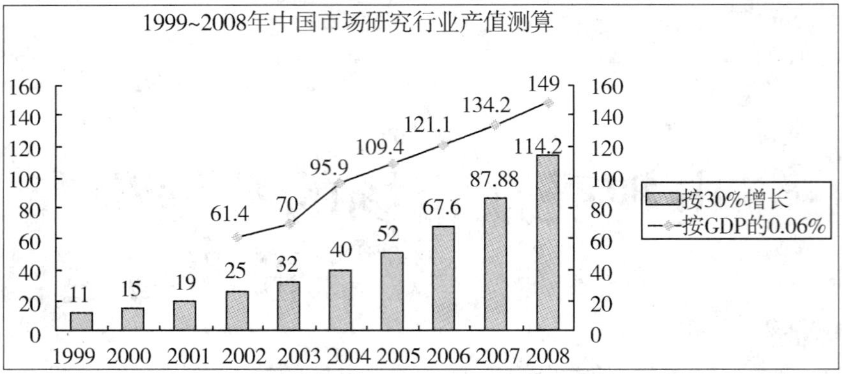

数据来源：据中国市场研究行业协会测算。

第一节　电视收视率的概念：收视率曲线对时间和受众的收视行为的圈选

电视受众市场的存在状态是通过收视率调查的方式加以揭示的。目前电视收视率作为电视行业的通行“货币”已经被中国电视行业、广告行业所广泛采纳。央视索福瑞（CSM）的全国电视收视率数据体系在充分的市场竞争中脱颖而出，成为中国电视市场板块遵循的数据标准。但是，从整个电视行业来看，特别是在电视节目创作环节、管理环节对于收视率数据的科学应用方面，工作才刚刚开始。

那么，电视收视率是一个怎样的概念呢？

电视收视率是一定地域范围内有机会接触到电视媒体的人在一定时间范围内收看电视节目的比例，这个比例通常用百分比来表示。

电视收视率 = 电视实际收看人数/电视总人口数 ×100% 。

由此可见，电视收视率具有时间属性和空间属性。所谓“一定地域范围内有机会接触到电视媒体的人”即为空间性，它限定了收视率调查的一定地理范围，并同时划定了电视受众规模。而“一定时间范围”说明电视收视率的计算可以定义为不同的时间区间和时间长度。在电视收视率的应用中，其空间性和时间性组合构成特定的“时空性”。这是电视收视率可以精准地反映电视台、频道、时段、节目市场表现的基础，是可以精准地反映一定时间空间范围内电视受众收看电视行为特征的基础。

电视收视率统计单位可以以收视个人为单位，也可以以家庭为单位。中国内地通常以家庭作为收视率的采集场所，以收视个人作为收视率的统计单位，而在东南亚部分地区则以电视家庭户为电视收视率的统计单位。这两种统计单位所遵循的电视收视率统计原理和计算方法没有本质上的区别。“电视实际收看人数”比较容易理解，即真实发生的电视收看行为的人口数量。“电视总人口数”是通过统计一定区域的总人口数量和电视普及率计算而来的，其现实含义是有机会或有条件接触电视媒体的人口数量，也可以理解为该地区有可能收看电视节目的最大潜在人口数量。因为在中国市场总人口和电视机普及率的变动是不明显的，所以电视总人口这个数字在一定时间段内趋向于一个常数，不因为电视节目的播出与否而发生重大改变。于是，以这个常量为分母用于衡量每个电视频道、每个节目吸引受众的能力到底有多大成为可行的方法。我们经常把电视收视率数据称作电视收视点。例如某个节目的收视率如果是2%，我们就称为两个点。一个收视点就是1%的收视率，代表了总电视人口中1%的人口数量；如果以10亿电视人口数量计算，就代表了1000万人次的电视收看行为。

电视收视率本质上是一个概率统计推算数据，其本质是受众收看某个电视频道或电视节目的可能性。即通过抽样调查得出样本数据以后推算出在一定区域电视人口总体收看一个频道或节目的可能性。或者说对于单个的电视观众来说，收看一个节目的概率是多少。用概率的观念来阐释电视收视率我们可以获得更加本质的理解，通过在电视节目的吸引力和电视收视率两个概念之间建立联系，我们可以发现电视观众收看一个节目的概率决定于观众搜索到节目的可能性和节目吸引观众在频道和节目中驻足观摩的能力。所以，电视收视率是通过精确的数据对电视收视市场受众触达机会和卷入程度进行的精确的猜想。

电视收视率数值是一个平均概念。目前国内对收视率计算的最小时间单位是分钟，一分钟的收视率和一天的收视率之间的关系是，一天的收视率等于一天中所有分钟收视率的平均值。一个电视节目的收视率等于这个节目播出的每一分钟的收视率的平均值。从这个角度来理解，电视节目收视率实际代表着节目每一时刻对受众的平均吸引力，并以此来衡量不同节目对于受众的竞争能力。

例如，北京市城区的电视总人口为780万人，北京电视台一套节目某日《北京新闻》的收视率为6.9%。6.9个收视点的收视率实际含义是，在当日《北京新闻》播出的30分钟里，平均每分钟吸引北京观众的概率为6.9%。也可以理解为，对于任何一个北京的电视观众来说，他在《北京新闻》播出的30分钟里，收看该节目的概率为6.9%。6.9%同时代表着《北京新闻》对本地受众的吸引能力，它表明本期《北京新闻》播放期间有53.8万名北京人收看了这个节目。

使用收视率的概念可以帮助我们更加深刻地理解一个电视媒体的受众市场行为。通常我们用全天收视曲线来观察一个电视频道的收视情况，比如我们看到某个电视频道的全天收视率如下图：

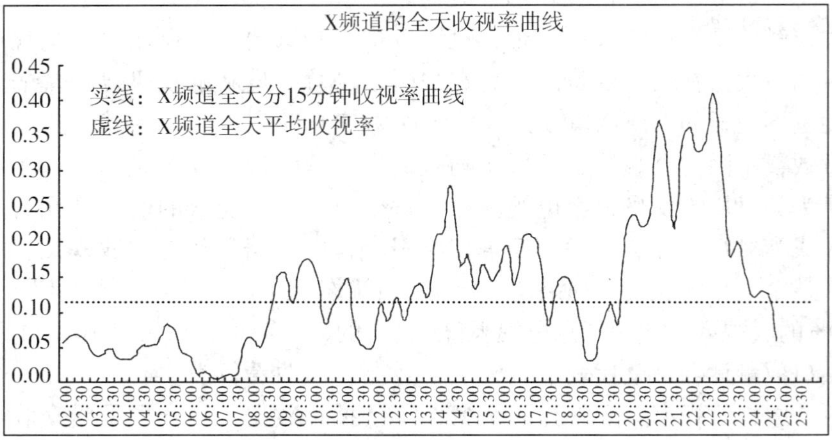

数据来源：央视索福瑞（CSM）收视率监测，2008年。

我们知道频道全天的收视率等于以分钟为单位的全天收视率均值。上图中实线描绘的收视曲线部分表示电视频道全天每一分钟收视概率的点的连线，即这条曲线中的每一个点对应着全天中的某一时刻。这条曲线被理解为收看本频道受众人数随时间变化而出现高低变化，而高低变化的趋势决定于人们的生活习惯和当时播出节目内容的吸引力。它与受众的闲暇时间相对应，是受众收看该电视频道节目的行为曲线，同时，它反映着频道节目和编排方面对于受众收看行为的作用情况。图中虚线表示频道一天的平均收视率，它抹平了收视率曲线的高峰和低谷，是受众一天内收视行为均值。

这两条线与坐标轴所围成的几何图形面积是一样的。这两个相同的面积本质地揭示着电视频道收视率的意义——受众对于频道的卷入时间。如果该频道的收视率是100%的话，表明频道在全天24小时内的任何时间都完全占有了受众的时间；如果该频道收视率是0的话，则说明频道在全天24小时内的任何时间都没有获得受众的关注。那么对于全天收视率均值来说，它表示本频道对于受众时间的平均占有比例。所以，我们从另外一个角度理解频道收视率曲线，它的含义为在一天中的不同时刻，频道所占用的受众不同比例的时间资源。而反观频道全天收视率这个平均值，把计算收视率曲线所围成的面积——受众关注时间的方法简化为一个规则的矩形面积，矩形的长代表一天或 24 小时，宽则代表频道全天收视率。

第二节　电视收视率的秘密通道：两种电视收视率取得方式和四种频道收视率成长道路

收视率是受众收看电视节目过程中，在任一时间单元锁定一个电视频道的概率，那么收视率数值的高低则取决于电视观众浏览触达该电视频道的概率。于是收视率概念便衍生出一些子概念：到达率、观众规模、忠实度、收视时长或观众卷入度等。

收视率是一个平均概念，其计算的时间单位通常被定义为 1 分钟，那么受众对于电视频道和节目的低于持续 1 分钟的轻度卷入属于浏览型触达行为，这部分人与实现收视率的人群之和反映出一个节目从开始到结束到底接触了多少观众。这就是观众到达率。到达率通过百分比例来表示，它是频道或节目播出的单位时间内不重复的收看过该栏目的观众人数占电视人口总体的比例。这个指标的数值比收视率的数值要大，因此到达率是电视频道或节目所圈选的观众的最大量，通过到达率可以推算出特定市场特定时段受众的总数，即观众规模。

从概率的角度来看，到达率是单个受众接触某频道或某节目的概率，它是实现收视率的必要前提。到达率越高，观众最终选择收看频道节目并形成收视率的可能性越大。到达率的形成并不仅仅是受众对于众多频道盲目搜索的结果，它包括盲目的搜索行为，也包括受众对于高影响力的频道与节目的主动预约行为。到达率和收视率的组合分析可以了解频道和节目对于受众的牵引能力。受众对于某个频道或节目的反复到达和深度卷入，则反映出受众对于频道和节目的忠诚程度。

这开始涉及电视收视率的拉动原理和手段的选取了。电视收视率的增长方式可以分为外延式增长和内涵式增长。

所谓电视收视率的外延式增长方式即是通过扩大观众规模或观众到达率的方式，托起收视率指标。因为受众规模的扩大和到达率的提升可以使更多的受众持续观看特定频道的节目，并可以将平时没有到达本频道和节目的潜在受众转变为电视受众，即实现对于本频道和节目的到达。而电视收视率的内涵式增长方式则是通过提升频道品质和节目的内在质量，培养并开掘受众的忠实度资源，使受众反复到达频道并尽量延长卷入时间。这样可以使频道或节目的传播影响力实现最大化。在电视实战竞争中，这两种方式是组合使用的。因为，忽视扩大观众规模的卷入度，其能量是有限的，而忽视受众卷入度，盲目抬高受众规模和观众到达率指标，频道和节目品质会出现下滑，最终也不能拉升收视率指标。将外延式增长与内涵式增长综合起来制订频道与节目的收视率拉升策略，才是真正的集约式增长方式，适度的观众规模与卷入度对于不同频道的不同市场追求有着各自的独特意义。

上述理论可以通过下面的例子来说明。对于某频道一个10分钟的节目来说，假设只有1个观众持续收看了10分钟完整的节目，那么节目的收视率数值与下述情况是相同的：还是这个节目，假设有10个观众收看，但是每个人只看了其中的1分钟节目，不论是相同的一分钟还是不同的一分钟。由此可见，观众到达率和观众收看时长之间可以找到一个理想的平衡点。第一种情况中收视率的发生是通过节目的吸引力获得的，这种方式面临的问题是如何扩大节目的到达率，并吸引潜在受众，使更多的人有机会接触到节目，以便发挥节目的优势，留住观众，实现收视率的增长。第二种情况中收视率的获得是以尽量扩大受众接触范围的方式实现的，节目对于受众的吸引力需要加强，进一步提升收视率需要提高受众的卷入度。所以，集约式增长是一种理想的选择。

而观众忠实度这个指标本质上体现了频道或节目质与量结合的集约精神。高忠实度是电视频道、电视节目获得品牌优势或强势传播的充分必要条件。

观众忠实度 = 电视收视率/观众到达率 × 100%。

我们可以进一步理解观众到达率、电视收视率、观众忠实度三个指标之间的关系。观众到达率指标提醒电视台需要通过自我宣传等手段最大范围地扩大电视观众规模；电视收视率时刻监测着观众到达率与观众忠实度之间的平衡关系；观众忠实度准确地反映着频道、节目的持续影响力，其衍生的忠实观众规模指标可以精确地测量电视频道与节目的未来走势、市场地位。一个观众忠实度高的频道或节目，我们可以期待它在未来一个阶段实现电视收视率相对长久且稳定的增长；而一个观众忠实度偏低的频道或节目，我们可以预测它在观众规模外延式发展到一定程度的时候，会降低增长的动力并逐步丧失在受众市场的综合竞争力。

从观众忠实度概念的角度我们可以把频道或节目的观众区分为两个类型：电视忠实观众和电视游离观众。电视忠实观众是指那些接触了电视频道和节目以后，相对认可频道节目的内容和形式，并反复到达频道和节目进行观赏的观众，表现为高到达频次和高节目卷入度。电视游离观众是指那些接触了频道节目，但是并没有对频道和节目的内容、形式产生共鸣的那部分观众。他们只是把某频道节目作为偶尔浏览、观看的对象，缺乏收看行为的主动性，对于频道和节目的期待度不足，对于频道与节目的卷入度缺乏。把游离观众转化为忠实观众，进一步提升忠实观众与游离观众对于频道和节目的忠实度，使之重度卷入频道节目，这是电视台提升收视率的不二法门。

如果将观众忠实度继续延展开来，我们可以获得观众收视时长这个指标。这是对于受众卷入电视频道和节目热情的直接反映。

观众收视时长 = 节目时长 × 忠实度。

观众收视时长的含义是接触到节目的受众平均每个人收看节目的时间长度。观众收视时长是用来区分收视率内涵式、外延式增长以及集约式增长的重要技术指标。观众收看节目的时间越长说明节目留住观众的能力越强。

以下我们分别举例说明两种方式成长的电视节目。

例一为某卫视 2007 年开播的日播节目（以下简称 M 节目），以下是该节目开播三个月的各指标走势及分析。

M 节目开播三个月，收视率呈现小幅波动上升的趋势，开播头一个月的收视率为 0.3，第三个月的收视率为 0.4。从收视率的走势来分析，本节目属于为观众初步接受并稳步成长的节目。

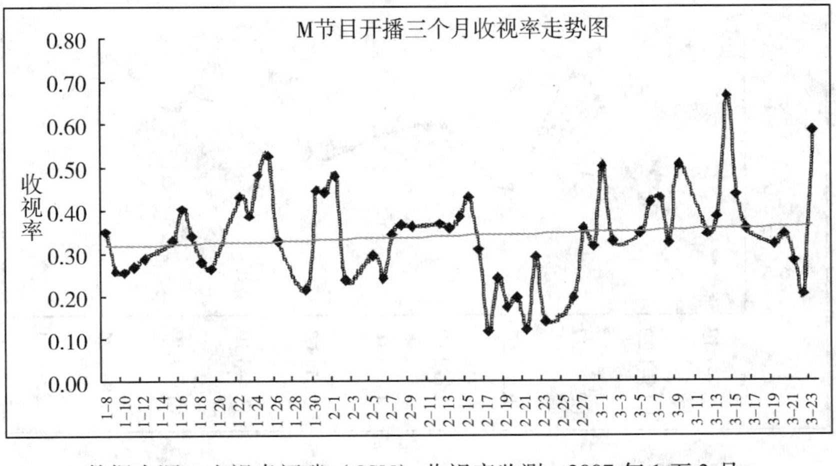

数据来源：央视索福瑞（CSM）收视率监测，2007 年 1 至 3 月。

对收视率衍生指标进一步解析，我们发现 M 节目在开播三个月的时间内观众到达率不但没有增长，甚至还有小幅的萎缩，由开播时的8%微降到7.5%左右。节目的观众忠实度稳步提升，由开播时的3%提升到4.5%。综合解读上述数据可以得出结论：M节目开播后收视率的稳定和提升主要缘于忠实观众对于节目的累积收看行为（见下图）。

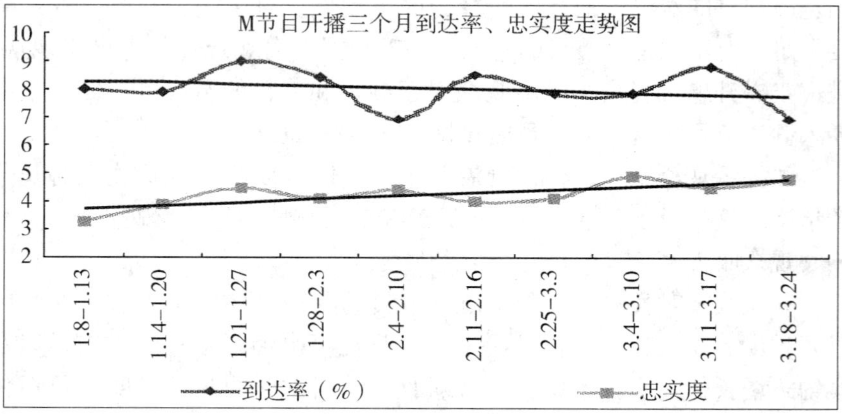

数据来源：央视索福瑞（CSM）收视率监测，2007年1至3月。

从节目收视时长指标来看，印证了上述判断的正确性。M节目开播第一周时，观众平均每期收看6.5分钟，三个月后观众平均每期收看时间达到8.5分钟，在整体观众人数基本没有改变的情况下，平均每个人多看了2分钟，这两分钟正是节目收视率由0.3%提升到0.4%的原因。

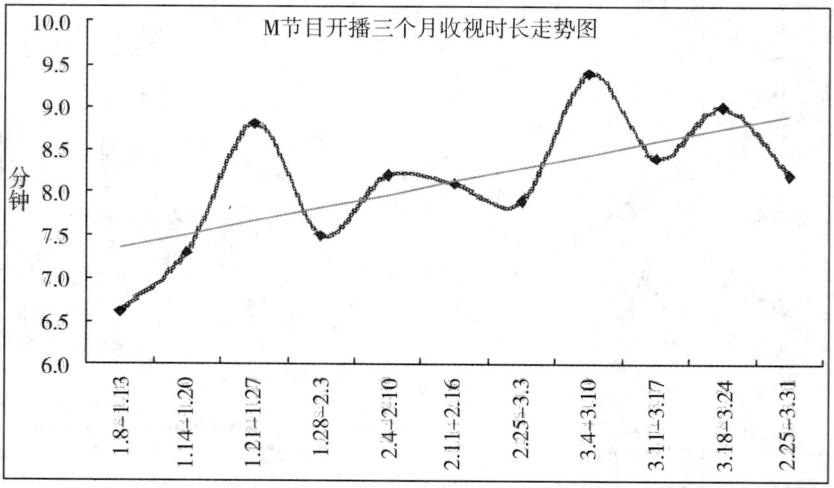

数据来源：央视索福瑞（CSM）收视率监测，2007年1至3月。

例二为某卫视2007年开播的专题类节目（以下简称W节目），以下是该节目开播三个月的各指标走势及分析。

W 节目播出三个月的时间节目收视率基本保持不变，各期收视率都在 0.12 左右波动，没有明显的上升或下降趋势，只是略微有下降的苗头。从表面上看似乎是一个收视率比较稳定的节目，节目虽然没有明显的突破，也没有出现大幅的下滑。

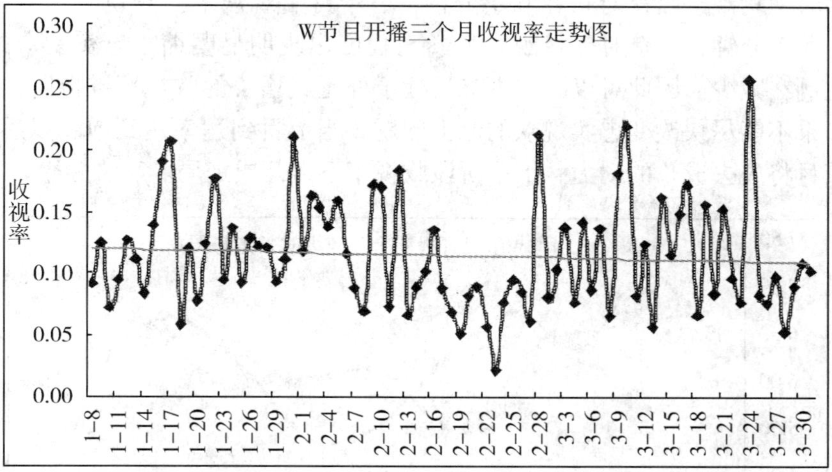

数据来源：央视索福瑞（CSM）收视率监测，2007 年 1 至 3 月。

但是进一步解析发现，节目播出三个月的到达率在上升，从开始 3% 逐步扩大到 5%。这一变化是比较明显的，说明节目的某个方面正在吸引观众前来浏览，新的观众不断加入到节目的收看群体。但同时

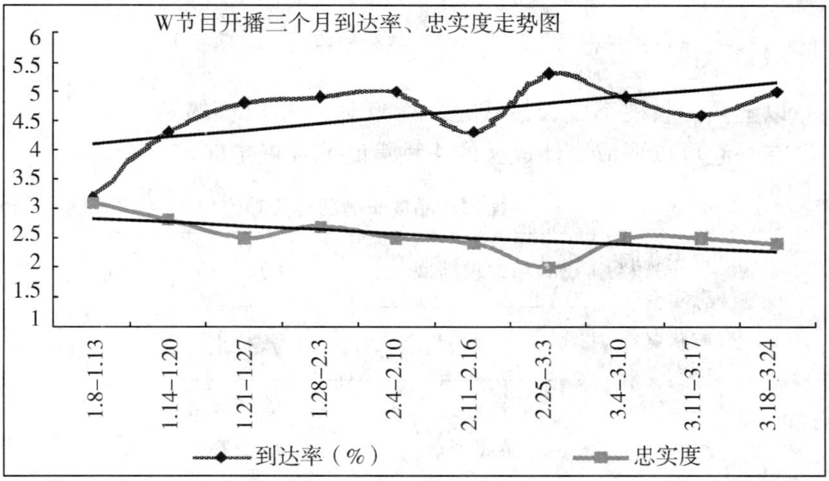

数据来源：央视索福瑞（CSM）收视率监测，2007 年 1 至 3 月。

我们也发现，节目的忠实度呈现逐步走低的趋势。忠实度的降低说明观众群的一部分在对节目进行浏览后没有驻足下来成为本节目的忠实受众。本节目收视率之所以能够保持基本不变，其数据的主要贡献者是不断增加的新的浏览型观众——即依靠的是观众规模的扩大。

在以上判断的基础上，再考察收视时长指标变化情况。W 节目开播时平均观众收视时长在 6.5 分钟，三个月后观众平均收视时长降低为 5.5 分钟，观众对节目观赏的卷入程度出现明显萎缩，忠实受众的比例在减少。因此可以断定本节目处于外延式增长的收视率维持阶段。如果不能尽快改变忠实观众的流失问题，当节目到达率达到饱和以后，节目将失去成长的动力，下一阶段收视率下滑几成定局。

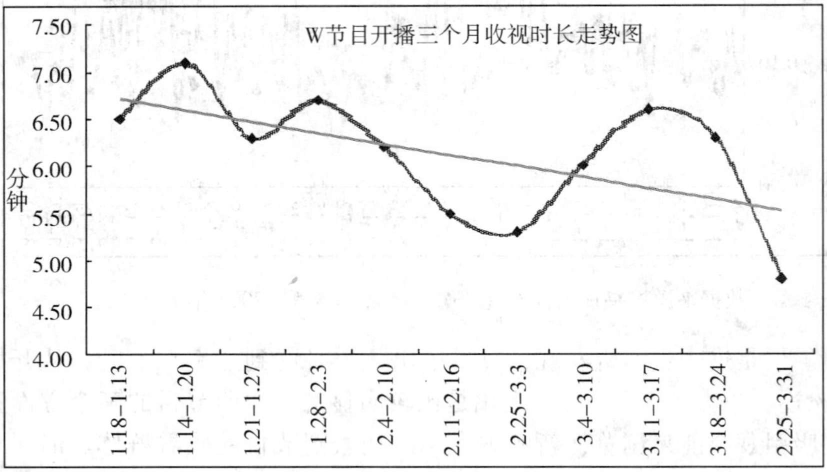

数据来源：央视索福瑞（CSM）收视率监测，2007 年 1 至 3 月。

以上两种收视率成长模式是一个媒体产品成长的两种方向，将其组合在一起可以形成媒体成长的 4 种策略或发展走向。

媒体产品成长的四种策略走向

	后获取游离观众	首先获取游离观众
首先获取忠实受众	精益求精型	理想型
后获取忠实受众	失败型	大规模推广型

理想的情况是在将电视节目推向市场初期就通过大范围大力度的

推广手段形成营销攻势，吸引众多受众前来尝试观看，受众群迅速扩大。同时，节目的内在品质应当优秀到足以满足十分苛刻和挑剔的心理状态，并迅速形成一批忠实受众。这是节目今后健康发育的基础。这种理想状态的背后，需要较高的制作水准、优秀的团队和强势的市场推广能力。对于那些节目形制成熟、投入力度较大的传播项目来说这应当成为首选运营方案。如大型媒体活动、重点节目等。但是对于那些尚不完全成熟的节目形制或低成本的节目来说，这样的策略无疑会加大风险：传播风险和投入风险。对于一个尚不成熟的节目来说，市场推广力度越大，其死亡的几率越大，生命周期越短。因为受众在浏览阶段一旦形成对于某节目的思维定式便很难改变和纠正。受众在对新节目进行浏览的阶段，其心态是相对挑剔和严苛的。

第二种策略是大规模推广型策略，适合那些有较新的创意思路，也有较大的投入力度的项目。此类项目的优势是新鲜的资讯方式和大量的推广经费。不足之处是节目创意还没有被市场证明，节目内容、形式可能尚不成熟，需要在市场的互动中逐步摸索出最佳的屏幕呈现方式和制作流程与组织工作系统。这种策略的成长过程是先凭借新颖的创意和大规模的推广吸引大量观众，在观众大规模的试用期内逐步磨合出成熟的制作班底和节目形制，从推广期过渡到成熟的沉淀期，将浏览型观众转化为忠实观众。如果转化失败，前期推广中获得的市场能量将逐步丧失。

第三种策略是精益求精型策略，适合那些拥有恰当的题材、成熟的节目形态和精干的制作团队但没有大笔资金投入支持的媒体项目。由于资金投入量的限制，这种类型的项目不可能一开始就以大规模深度市场导入的传播方式进入市场，通常的做法是只能动用本节目的播出资源或本频道很少的播出资源进行小规模市场推广工作。这时，必须通过有限的播出资源千方百计地使得那些能够接触到本节目的受众喜爱本节目，从节目开播伊始就将培养忠实观众群体作为工作重点。不断通过栏目自身散发的传播力量和既有忠实观众的口头二次传播即口碑，逐步扩大游离观众和忠实观众群体规模，最终实现栏目忠实观众规模的稳定扩大。这种策略应当成为大多数电视节目的市场营销策略。

第四种情况是既缺乏较大规模的市场推广能力以获取游离观众，又缺乏精致的节目形制以持续虏获忠实受众——这类节目属于盲目推出的项目，其结果必然走向失败。

由此看来，一个健康成长的电视节目或媒介产品是通过培育忠实受众（忠实消费者）来实现市场目标和市场价值的。忠实受众规模是市场成功的关键所在，任何市场营销手段都离不开这个关键环节。

第三节　有效收视点：电视受众市场的调查数据与电视媒体管理运营健康度评估

随着对于电视收视率的理解加深和实际应用能力的不断提升，收视率作为电视机构核心管理运营指标的机会开始显现。为此，特提出有效收视点的概念，通过单位收视点蕴含的投入产出关系调控管理电视节目生产、频道建设和电视机构的整体管理运营工作成为可能。

中国电视行业与电视机构长期缺乏管理运营工作的核心概念和投入产出的计算方式，而建立科学合理的电视媒体经营收益评估方法，并以此作为整个媒体管理机制中连接市场反馈和组织决策的判断依据，是国内电视媒体改革管理机制、实现经营升级突破的关键之一。

目前国内电视媒体在组织管理体系中存在着机制性缺失与管理工具使用方面的误区。

电视媒体管理运营体制	决策机制	工作理念	财务管理	工作人员与团队	资源整合
计划体制下的电视工作	完成指令、经验决策、按行政规则办事。	完成宣传任务，以行政权威转化为电视传播的权威。	以单位、部门为主体的年度预决算。	权利先导、论资排辈、人员终身制、团队意识不足。	条块分割 行政主导 协调合作
后媒体时代电视市场化管理运营	完成指令、投资效能评估、按市场规则办事。	管理受众行为并适度满足受众需求，通过市场规则实现电视传播价值。	以项目为主体核算投资效率。	人才与团队作为重要资源纳入管理。强调终身专业学习能力，淡化终身岗位。	专业分工 项目管理 扁平管理 效能优先

上表从五个方面比较了计划经济体制下的电视管理工作和我们正在经历的后媒体时代的电视发展方向之间的差异。一、在决策机制方面，我们传统的做法是通过经验进行决策，其步骤与方式与行政决策十分相似。而后媒体时代，我们除了无条件地执行上级指示精神，完

成指令之外，需要遵循市场规律，讲求投入产出效能；二、在工作理念方面，计划经济体制下的电视工作本质上是行政命令式的权、利结构，后媒体时代则强调通过市场沟通行为形成受众影响力，最终实现舆论引导和对受众社会行为的塑造；三、在从财务管理方面，计划体制之下的电视工作通过制定年度预决算管理计划，实现年度财务计划，抑或通过差额管理、事业投入的方式维持收支平衡。而后媒体时代呼唤以项目为主体核算投资效能，通过投入产出关系控制单位与部门的预决算；四、在工作人员与团队管理方面，计划经济体制下的电视机构呈现权利先导、论资排辈、人员终身制雇佣和团队意识薄弱。后媒体时代的电视机构呼唤人力资本意识、团队协作精神，强调终身专业追求和员工的学习能力，取消人员与岗位的终身制；五、在资源整合方面，计划经济体制下的电视机构呈现条块分割、行政主导下的协调合作。而后媒体时代的电视机构则强化专业分工与项目管理相结合，扁平化管理实现权利与效能的综合匹配关系，最终实现效能优先的原则。

中国电视管理体制由计划经济模式向后媒体时代发展模式的转变不是一蹴而就的，由于中国电视媒体长期生存于计划体制的土壤中，目前，其管理运营理念和方法基本属于计划经济的行为方式与市场经济的行为方式并存的状态。这使电视行业一方面享受着计划体制带来的好处，媒体的权威性几乎与生俱来；另一方面存在着不断加大的市场风险。电视媒体的政府属性和意识形态属性使得这一媒介形式在市场竞争中处于非常特殊的地位。随着国家社会主义市场经济建设的逐步深入，电视行业的市场化进程呈现出加速发展的势头。在这样的历史时期，积极而稳妥地推进事业进步成为行业的本质需求。但是，长期计划体制形成的思维模式和管理模式开始制约行业的进步，突出的问题是管理的核心指标尚未确立。

我们知道，各行各业虽然有着各自的行业属性，但是对于本行业的投入产出关系一般都很清晰。如农民耕种土地要算清楚每亩地的单位面积产量和利润；现代企业管理制度的重要特征是一切以效益为中心，所有决策建立在投入—产出的效益评估之上。如商业领域按照营业面积每平方米的成本和产出关系评估运作的效率，一个商场、店面的存在需要满足一个财务周期中平均每平方米的投资收益率，否则资源应当配置到投资效益更高的地点。单位面积中沉积了人员、租金、水电、商品成本、管理成本、税务、广告等一切成本，同时也凝结了一切销售收入，通过每平方米的成本收益分析，可以了解整个企业的市场效率和生存状态。还有的企业根据雇员人数的平均产能和人均利润率管理企业的效能，这样做的优点是企业可以清晰地知道工作人员可以胜任多少工作量，人均工作量过高无法支撑企业的长期健康运转，而人均工作量过低，就会人浮于事、效率低下。这样的管理工具也可以直接导入电视机构的内部管理工作。问题是这样的管理方式对于电视行业阶段性的工作效率可以算得很清楚，但不适应电视节目生产和播出的日常工作。因为电视行业的具体工作是由编导、编辑、制片、技术、播音主持、行政管理人员多行当、多工种协调进行的，很难用一种平均的工作量衡量不同工种的工作。电视行业迫切呼唤适合自身日常工作的核心管理指标。

目前市场中存在几种电视传播效果的评估方法：第一种是由资深专业人员、专家以及管理领导对媒体的经验性评估；第二种是通过市场调查获得的受众数据，数据收集的重点是测量受众的心理评价，称为满意度或欣赏指数，通过量化的分析来评估媒体在受众心理上的竞争地位和潜力；第三种是通过基于受众电视媒体收看行为的市场调查，即收视率监测系统获得随时的市场反映，以收视行为的概率统计来评估媒体。

评估方法	信息收集	评估依据	优点	缺点	应用情况
经验性	经验资料	经验	低成本	结果不稳定 容易脱离实际	大量应用
满意度	市场调查	数据	反映心理 评价	难与效益对应 主观影响大 区分度弱	少量应用 有待开发
收视率	市场调查	数据	简明 与市场 效益对应	成本较高 缺乏收视心理 的解释力	已广泛应用 但目前存在一些 使用误区

经验性评估的方法长期存在于计划经济时代的各类事业单位当中，电视媒体中经常组织专家、学者召开的评估会、评奖会属于此列。经验性评估方法的优点是参与评估的成员都具有丰富的实践经验或理论知识，可以从经验和学术的角度对电视节目质量做出主观判断，不需要进行大规模的调研和数据收集，拥有成本方面的优势。但这种方法的不足之处是专家、学者的意见往往会存在分歧甚至是相左，并且各

种意见似乎都有理论的和经验的依据，使得决策者无所适从。电视传媒行业是随着受众群体的社会发展而不断变化的，过去的经验和理论有可能已经无法适应市场的新情况，此时经验判断的效果就会偏颇。经验性评估只能进行定性的判断，不能把评估的项目和市场效益准确地对应起来。因此经验性评估只能作为参考意见而存在，其评估的全面性、客观性无从谈起，作为管理工具更加不适合。

电视满意度是通过调查的方法获得受众对电视媒体的意见评价，属于社会受众心理定量定性的评估方法，可以比较精确地了解受众对不同电视媒体、节目、演出人员的心理评价。满意度数据的采集来源于节目的忠实受众，所以它的结果很难和大众市场对应起来进行评估。受众对于电视节目的心理评价的确是一种传播效果，但相对于收视率所体现得实实在在的收看人数来说，满意度的评估是阶段性的，小众的和滞后的。因此满意度在实际应用中只能作为电视媒体的一种补充性的评估手段存在。电视满意度与电视机构、频道、节目的投入产出变量难以建立起数学关系。

电视收视率作为“行业货币”是目前电视广告市场媒体价值评估的通用指标，它真实反映了电视媒体观众数量时时变化的情况，对于电视媒体和广告客商掌握观众群体的情况提供了准确的信息。并且这种人口数量信息与广告传播的人口接触诉求之间存在准确的对应关系，因此收视率可以成为衡量广告传播价值的标准。但收视率指标不能区分不同电视媒体在接触相同受众群体时发生的精神价值差异。好比同一个人今天吃的是中餐，昨天吃的是西餐，两顿饭所带来的营养价值、就餐环境、精神享受是完全不同的。但是这个人毕竟是吃了两顿饭，这个人吃这两顿饭的花费与价值获得可以进行实际测量。电视收视率也是这样，它虽然不能直接反映出电视节目之于受众的喜爱程度，但是它毕竟记录了受众对于电视的收看行为——这是受众对于电视相对喜爱的行为结果。这样的特性与收视率的大众市场属性综合在一起进行考虑，收视率可以有效地作为电视媒体投入产出评估的核心指标加以应用，这就是有效收视点的来源。

对于一家电视机构来说，以取得一个电视收视点为单位，其投入产出关系的数学模型即可建立起来。如果将取得一个电视收视点所投入的人力成本、节目拍摄成本、设备使用成本以及广告销售额度、节目销售收入、离线增长收入等全部计算在内，便可清晰地揭示出本节目的直接的市场效能。这是将电视收视率纳入机构内部管理和外部市场运营的正确的有效途径。这样的方法本质上克服了那种不管时段、不管频道、不管人力成本、不管经费投入情况、不管电视节目题材和节目分类差异而对于电视节目收视率进行简单排名的弊端。如果一个节目的收视率并不高，但是它所取得的收视点利润并不低，那么它就是健康的。相反，一个高投入的黄金时段的大众节目虽然收视率比较高，但是它的收视点利润并不一定很理想。这使得不同区域市场、相同市场条件下不同电视台、不同频道、不同时段、不同节目类型之间的市场效能完全可以进行公平比较。电视机构的管理层可以根据这样的核心指标下达生产任务、进行资源配置：例如对于某频道某时段的节目投入经费数量、配置人员数量以及收视率取得指标、广告创收指标等予以确定。如果全行业实行了这样的管理方式，我们可以统一电视乃至媒体行业的会计标准和事业发展指标的行业统计标准，大大提升行业的产业进程。这样的收视点概念对于行业和具体机构的管理运营无疑是有效的，我称之为有效收视点。

第四节　有效收视点在电视管理运营实践中的应用

有效收视点在电视行业、电视机构管理运营中无疑可以发挥核心作用，不论是全国市场、区域电视市场，还是某个市场中的不同电视机构；不论是某类节目的市场表现还是某个具体节目的市场效能。这个核心指标可以本质地揭示现阶段电视创作的一般性的投入产出规律，也可以揭示某个特殊电视节目的特殊市场需求。

第一，我们能够通过这样的方式清晰地了解电视行业的产业属性情况以及行业的健康度。我们可以通过行业投入产出情况计算出全行业的收视点成本及其利润情况，全面而本质地了解电视行业的产业属性及其实际的市场效能，从而知晓电视行业的总体管理目标、发展脉络和发育方向。

第二，我们通过有效收视点的概念可以全面了解区域电视市场的产能情况与市场发育情况。通过计算区域市场收视点阶段性标准衡量区域内电视机构的市场能力、节目传播力和广告的投放趋势，并通过与全国市场、其他区域市场的比较了解电视区域市场的特性。通过有效收视点与本区域 GDP 的变化情况，找到其间的联动规律。通过区域电视市场和其他市场板块的综合比较研究，全面了解电视板块的生产效率以及本地区行业特性等。

第三，我们可以通过有效收视点的概念了解电视机构内部的管理水平和市场的外部运营能力。如果取得一个收视点所投入的人力物力高于本区域内平均值，说明管理效率低下；反之则说明管理效率处于领先地位。如果本电视机构一个收视点所产出的利润额度低于本区域内平均水平，则说明该节目或频道需要整体改版与优化；如果高于本区域内的平均值则说明处于竞争优势。

第四，我们可以通过有效收视点解决电视频道播出方面的具体问题，如节目重播问题。在一个电视频道当中有些地方的收视点是没有多大实际效果的，比如部分重播时段、重播节目。重播时段的重播节目是存在收视率的，但重播节目填补非黄金时段的意义似乎大于获取收视人群并取得广告收益的意义。重播节目在带给受众传播震撼力的方面一般明显弱于首播节目，因此重播时段同样一个收视点其对媒体品牌价值积累的有效性也大大衰减。但是，有些频道反映某些节目在重播时段的收视率比首播时段还高，是不是重播时段的意义就大呢？回答也是否定的，这说明频道对于该节目的首播、重播安排颠倒了，或频道整体编排存在问题。还有一种情况值得研究，那就是一些经典的电视文娱作品可以获得反复的重播价值。如一些电视小品，经典歌舞作品、经典电视连续剧——这些经典性质的电视节目确有重播的必要和市场重复开采价值，对于这样的作品应当按照首播节目来对待。而对于那些时效性、新闻性比较强的电视传播，如重大新闻，需要的不是简单的重播而是滚动播报。如果是一场体育比赛，其本身就是一个重大新闻事件的现场直播，受众既需要欣赏比赛过程中的战术细节，也需要参与其中体验紧张、刺激的比赛过程。胜利的喜悦和失败的悲伤成为受众核心的收看需求。这种需求只能在直播的时候获得，重播的比赛留存的仅仅是技术意义上的欣赏，失去了最动人的悬念和情绪价值。由此可见，只是一个节目重播问题就会出现非常复杂的无法类比的问题。如果导入有效收视点管理，这些复杂的问题就会迎刃而解：我们只需考虑一档节目首播与重播的累积收视点即可。一档节目是否存在重播价值取决于它对于受众的圈选能力和获得收益的能力，如果一档节目可以重播多次而还能带来效能，我们为什么不安排重播呢？当江西电视台反复重播电视连续剧《亮剑》而又产生高关注度和广告的时候，有效收视点已经开始发挥威力了。

第五，我们可以通过有效收视点解决更为复杂的电视业务问题，如一个频道播出新闻节目好还是播出电视剧好。对于这个问题，从宏观方面了解更加清晰。目前国内电视媒体中电影、电视剧占受众每天电视收看时长的比例是40%，占全天电视媒体节目播出时长的比例为34%，影视剧已经成为电视媒体拉动收视率和广告收入的主要来源之一。这其中暴露的危机是，影视剧播出比例的不断增长使得影视剧制作发行公司不断切分电视媒体的广告利润，电视媒体播出电视剧超过一定幅度，其广告效能不增反降，广告利润的一部分用于购买新剧了。相比之下，电视新闻节目虽然没有像电视剧那样拉动收视率，但其收视点的利润率却远远高于电视剧的利润率。这就为电视机构平衡这两种节目的播出比例、规模以实现利润最大化提供了实证的科学依据。

对于不同节目栏目的评估也需要有效收视点的介入。

电视节目 A 和节目 B 都是某卫视频道 2007 年新推出的节目。节目 A 每周一至五晚间 20：30 播出，节目时长 40 分钟。节目全年的直接制作成本为 500 万元，按占用频道时段资源量作为权重计算的其他固定成本分摊约 476 万元，全年合计总成本为 976 万元。节目 B 每周一至周五 21：10 分播出，节目时长 50 分钟。节目全年的直接制作成本为 580 万元，按占用频道时段资源量作为权重计算的其他固定成本分摊约 595 万元，全年合计总成本为 1175 万元。

两个节目同时推出后，三个月时间节目 A 收视率 0.1064，节目 B 收视率 0.3406。根据相关规定，节目 A 最大广告插播时间为 8 分钟，节目 B 最大广告时间为 10 分钟，按照市场平均每收视点价值和实际平均的广告经营满档率估算，节目 A 全年的经营收益为 885.25 万元，节目 B 全年的经营收益为 3542.24 万元。

节目 A、节目 B 全年经营合算表

节目名称	节目 A	节目 B
播出时间	每周一至周五，20：30	每周一至周五，21：10
时　长	40 分钟	50 分钟
总成本	976 万元	1175 万元
直接投入（含人员制作费用）	500 万元	580 万元
分摊成本（频道固定成本）	476 万元	595 万元
收视率	0.1064	0.3406
广告时长	8 分钟	10 分钟
广告满档率	50%	50%

续表

节目名称	节目 A	节目 B
收视点价值（15 秒广告）	2 万元/收视点	2 万元/收视点
年广告价值	885.25 万元	3542.24 万元

显然从经营的角度，栏目 A 是入不敷出的项目，经营一年时间整体上将亏损约 100 万元。栏目 B 是有收益的项目，经营一年时间扣除成本后整体上收益约 2400 万元。两个栏目相互比较，栏目 A 总体可利用资源少一些，但两个栏目分钟制作成本基本是一致的，甚至栏目 B 还略少于栏目 A。两个栏目在经营条件上是一致的，广告满档率和市场价值评估条件都是均等的。产生最终经营结果巨大反差的症结就在于电视收视率的有效性差异，即有效收视点差异。按收视率计算，栏目 A 每产出一个可销售的收视点的成本为 1.1 万元，栏目 B 每产出一个可销售的收视点的成本为 0.33 万元，两个栏目每个可销售收视点的产出是一致的，都是 1 万元，按投入产出的资源使用效率计算，栏目 A 的资源使用效率为 -9%，栏目 B 的资源使用效率为 203%。

栏目 A、栏目 B 资源使用效率表

栏目名称	栏目 A	栏目 B
每分钟成本	1173.15 元	1129.8 元
每收视点投入	1.1 万元	0.33 万元
每收视点产出	1 万元	1 万元
资源使用效率	-9%	203%

基于以上分析，有效收视点作为电视媒体管理运营的核心指标，回避了电视黄金时段与非黄金时段、重点节目与非重点节目、此频道与彼频道、首播节目与重播节目、常态节目与特别节目、大众节目与小众节目、此类节目与彼类节目、此机构与彼机构、此管理模式与彼管理模式之间的差异。黄金时段获取的投入多，但也必须获得相应的收视点和广告收益，大家在收视点成本面前是平等的。电视媒体的管理可以根据收视点进行投入产出评估，因为市场对不同时段的价值评估是平等的，都是以收视点估值，所以不同时段的节目投入可以按其应该获得的可销售收视点进行投入，按每单位收视率成本的方式核算

投入产出关系。这样就避免了困扰中国电视行业在投入方面难以确定时段加权的老大难问题，电视机构内部和市场环节所有资源配置可以在相对平等的条件下开展良性竞争。

有效收视点能够直接反映电视媒体的市场状况、竞争情况和自身管理工作的健康度。有效收视点是电视机构和行业管理者有效的甚至是核心的管理运营工具。

第五节　电视满意度：电视忠实观众的心理评价与真正的市场潜在性表达

电视满意度调查评估体系的建立有着一个漫长的历史过程。它源于针对广播听众的调查研究方法。早在“二战”时期，英国 BBC 就对广播听众进行社会调查以了解听众群对电台节目的喜好度。随着电视媒体在欧洲的逐步普及，“电视欣赏指数”的概念开始引入电视市场研究领域。20 世纪 80 年代初，以英国为代表的欧洲电视节目欣赏指数调查基本成熟。

美国的相关调查研究从 20 世纪 50 年代末期开始进行，推出了电视节目收看的态度调查；在此基础上相继推出“热情指数”和“表演者指数”研究模型，通过定期连续受众调查的方式评价电视节目和节目中的表演者在受众中的影响。此间，加拿大广播公司推出“享受指数”受众调查研究模型，法国推出了“兴趣指数”受众调查研究模型。不同的研究概念，不仅仅是提法的差异，在对受众触达电视媒体的行为的理解方面也存在着细微的文化差别。“欣赏指数”在强调受众触达的时候，更加关注受众内心带有的敬重和喜欢两种含义的感受；“享受指数”则略微突出节目带给受众的快感，对于严肃的主题节目稍有忽略的意味。尽管如此，不同文化背景下不同国家的相关研究都是通过受众心理指标的测量加以实现的，其基本含义存在一致性：获得电视观众对电视节目的主观看法。

中国香港地区于20 世纪 80 年代开始进行电视节目欣赏指数年度调查。1999 年中国内地的央视市场研究公司（CTR）的前身——央视调查咨询中心在借鉴海外同类研究的基础上，针对中央电视台和部分省级电视台的实际情况着手建立了中国电视观众满意度调查研究体系。中国的电视满意度调查采用的是入户调查的方法，分季度或年度进行。中国电视满意度调查的基本评价方式是由电视观众对电视台播出的节目进行打分，最满意的可以打 100 分，最不满意的就是 0 分。在 0 ~ 100 分之间电视观众根据自己的判断进行评价，所有被调查者的评分汇总到一起的平均分即是电视频道或电视节目的满意度得分。满意度得分是一个综合分数，代表受众总体对电视频道、电视节目评价的态度。在电视满意度指标确定的同时，也调查收集了与满意度评价相关的一些数据，并形成电视满意度调查的衍生指标。

中国内地此项研究对于电视满意度概念的理解是遵循心理学研究中对于人的态度的定义进行的，同时借鉴了针对消费者研究的满意度评估模型。心理学研究成果显示，人的态度由认知、情感和行为倾向三个方面结构而成。电视满意度调查遵循了这样的理论结构，设计了认知度、喜爱度、预约收视倾向等调查研究概念。根据消费者研究对消费者满意度的“期望不一致”性和产品服务要素的重要性与满意度的对应关系，电视观众满意度调查相应设计了观众期待度和电视节目要素重要程度与实际表现等调查研究指标。这些二级衍生指标可以解读出电视满意度背后更加细致丰富的市场信息，对于多侧面了解受众市场的心理动向并据此调整节目形态与市场竞争策略意义重大。

前文详细说明了电视频道和节目的忠实受众规模与忠实度对于电视收视率拉升和市场综合效能取得的意义与价值，那么开展电视满意度调查可以更加深刻地理解电视忠实受众对于电视频道与节目触达的心理动因、趋势和态度。电视收视率数据表现的是 HOW，而电视满意度调查揭示的是 WAY。

类别	质量关系	主观客观	受众行为	相互关系	节目与数据的关系	测量手段	测量基础	测量方法
收视率	质量	客观	具体行为	拉动满意度	节目时间长度决定	直接测量	基本满意	多种
满意度	质	客观	抽象行为	拉动收视率	节目品质受众心理共同决定	间接测量	满意程度	问卷

上表详细对比了电视收视率与电视满意度调查之间的异同与联动关系。电视收视率数据可以精准地体现电视频道和节目的质与量的情况，但电视满意度数据本质上体现的是电视频道和节目质的规定性及其社会心理原因；二者通过客观调查研究，由电视收视率调查完成对于受众触达电视媒体的具体行为测量，由电视满意度调查完成对于受众的抽象行为测量和研究；电视收视率的拉升需要以电视满意度指标

的拉升为前提条件，电视满意度的指标变化直接反作用于电视收视率的实际表现。电视收视率注重的是电视观众对于电视媒体的接触时间长度或机会，电视满意度测量的是电视媒体、产品与受众内心的联动关系。二者可以互为因果关系。因此，在业界受电视收视率拉升困扰的时候，不妨通过电视满意度调查寻找形成困扰的原因，通过电视收视率的联合分析找到摆脱困境或持续进步的路径。

电视满意度调查对于电视忠实观众的筛选定义是指那些只要有时间就会收看某个频道或节目的观众，并且在最近一段时间收看过该频道或节目。不能满足此条件的被调查者被看做是随机的游离观众或潜在观众，这部分观众对于电视频道和电视节目的整体认知存在不足，难以对节目做出相对客观的评价。而忠实观众对节目的长期关注和完整收看保证了他们有充分的认知基础，对于这部分观众的调查存在实际意义。基于忠实受众的电视满意度调查结果可以作为电视频道与节目健康度检查和危机探测的透视仪，或者发现其潜力的放大镜。

下图是某卫视频道主要电视栏目的电视满意度调查结果。图中显示了每个电视栏目的满意度和知名度指标。电视满意度指标的波动区间在 50 ~ 80 之间，知名度指标的波动区间在 30 ~ 80 之间。根据每个栏目两个指标的关系可以把所有栏目分成三类。

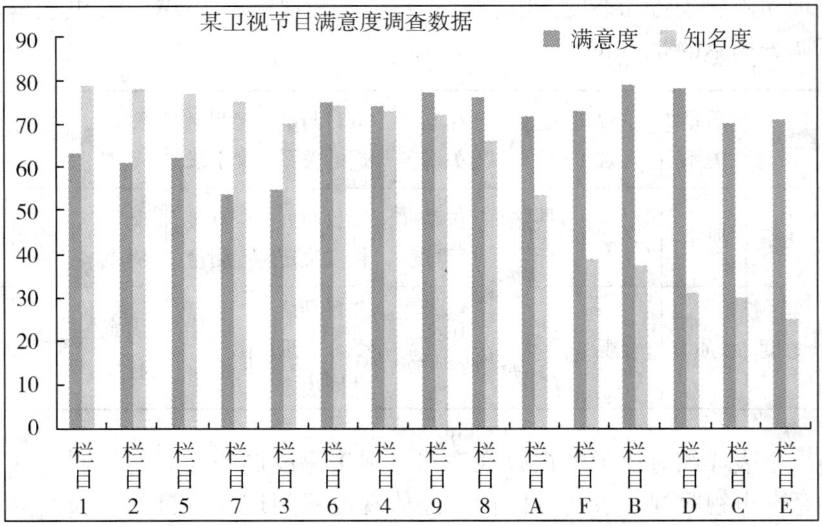

数据来源：央视市场研究，（CTR）卫星频道观众满意度调查，2005 年。

第一类栏目包括栏目 1 \ 2 \ 5 \ 7 \ 3，这五个栏目的共同特点是节目知名度都在 70% 以上，较高的知名度是时间积累的结果；它们的满意度指标都在 60 分左右，忠实受众对节目质量的评价不高，说明忠实观众对节目产生了厌倦情绪。上述两个指标的反差说明，这些栏目已经出现老化趋势。虽然电视收视率调查数据显示这些栏目的收视率没有出现下滑情况，但是，电视满意度调查结果预示着这些栏目在不久的将来会出现收视率的下滑，因为忠实受众心理基础的任何动摇都是市场的最大风险，除非这些节目能够在短期内提高制作水平或者在节目中给予观众新鲜的刺激元素，否则随着满意度的持续下降，必然导致忠实观众的流失。当节目收视率维系在随机进入的游离观众的时候，其市场地位便受到了直接威胁。

第二类节目包括栏目 6 \ 4 \ 9 \ 8，这 4 个节目的共同特点是拥有较高的知名度，知名度均在 70% 左右，满意度指标均在 75 分以上。对于满意度指标来说这样的分数属于平均水平以上的得分，这说明目前受众对节目质量是相对认可的。这四个节目两项指标反映的正向趋势相一致，综合判断属于成熟型节目。这类节目的电视收视率一般都会比较理想，并且较为稳定。

第三类节目是栏目 A \ F \ B \ D \ C \ E，这六个节目的指标特点与第一类节目恰好相反，满意度得分高但知名度偏低。六个节目电视满意度得分平均在 75 分以上，甚至个别节目超过 80 分，但是节目知名度相对较低，大部分没有超过 50%，最低的只有 20%。这几个节目属于潜力型节目。电视满意度得高分表明节目品质与受众的结合度是很不错的，低知名度阻隔了节目优秀品质与更大规模观众的联结。因此这类节目收视率目前尚不理想，但满意度揭示出它们具有电视收视率进一步拉升的基础，提高知名度就有机会赢得更多的忠实观众。

从电视频道的生存角度来看，上述三类节目构成了基本的频道节目群落生态结构。电视频道中总有这样几类节目：拥有市场潜力的节目、相对成熟的支柱节目、走向衰老和消亡的节目。通过连续调查方式对频道中三类节目的市场类型加以区分界定是对于电视机构、频道、节目进行管理运营不可或缺的决策信息。通过三类节目在电视频道中所占比重可以判断电视频道的健康状况。相对健康的电视频道其节目群落生态结构应当是这样的：成熟型节目占频道比重保持在节目总数的 40 ~ 60% 左右，潜力型节目和老化型节目各占频道比重应当控制在 20 ~ 30%。成熟型节目作为频道电视收视率和媒体综合影响力的主要贡献者，应当拥有频道主体地位；老化型节目是已经走过成熟期的节目，它们可能还在对频道收视率影响力提供着正面贡献，但已经显露出衰落迹象，对于这些节目的淘汰需要提早做出准备，否则频道可能承担整体衰退的风险；潜力型节目作为频道具有开拓性的新生力量，一方面作为淘汰老化型节目的备份力量而存在；另一方面在一定程度上决定着频道未来的市场走向、性格特征或品牌特征。

电视满意度调查的初衷是希望通过对观众的心理测试获得对于电视节目主观评价信息，以延展收视率数据的信息价值，挖掘受众市场潜能，形成电视机构新的有效的管理运营工具。在电视实战中，电视满意度指标作为衡量频道和节目质量优劣的标准之一，已经被部分电视台直接纳入电视机构内部管理工作。对那些受众定位于小众或在边缘时段播出的栏目，电视满意度指标显示着异于电视收视率标准的市场价值。同时，电视满意度指标也被用于不同频道之间竞争力的比较研究。

但是，电视满意度指标在应用方面也存在着一定的误区，这些误区有些缘于调查方法，有些是因为对于数据理解的偏差。首先，通过多年的数据积累发现，受众电视满意度评价的平均分值在70分左右，分值波动范围在平均分的上下20分之间。设计之初期望的满意度分值从0～100分之间的连续数值分布并没有实现，不同频道节目的满意度分值在50～90分之间波动。这使得数据评价空间大大压缩，突出表现是优秀节目与平庸节目所获得的满意度分值相当接近，中国观众通常不会对媒体或节目给出低于60分的评价，因为大家习惯以60分代表及格线，低于60分表示对频道与节目的彻底否定。受调查观众通过无意识共谋将60分作为起评分了。对于极为不喜欢的节目一般也不会给出过低的分数。这样的结果造成不同的测量目标之间得分接近，甚至难以做出优劣区隔。其次，造成上述情况的原因还有一个，那就是调查对象是忠实受众，忠实受众是对频道和栏目相对比较满意的人群，这部分人的评分差异不大属于正常现象。如果从频道和节目本体寻找原因，满意度分值相对集中的原因是电视频道之间、电视节目之间对于受众来说不存在绝对的满意和绝对的不满意，优秀栏目与非优秀栏目之间并没有难以跨越的鸿沟。通过对于特定频道和节目的连续调查数据比较，我们可以通过这一数据体系明晰地把握市场与潜在市场的发育方向。

电视满意度调查存在着明显的区域效应。前面章节曾经讨论过这个问题，受众的地域性不仅仅表现在电视媒体触达方式方面，在满意度调查中，也表现出一定的区域效应。电视满意度指标的测量是建立在观众对节目充分认知的前提下进行的，由于区域文化的差异，各地方的电视台多多少少带有本地文化特色，忠实受众在接受电视满意度调查过程中表现出本地文化的向心力和对于外来文化形态一定的排斥力。这表现为他们对具有本地文化特色的频道与节目的认同感强——在接受调查时给出更高的分值。这使得开放度较高的区域与开放度相对较小的区域的评价分值出现明显差异。如果说出现这样的差异本身是正常的话，那么，当这种差异存在于全国市场的调查过程中的时候，样本分配就成了难题。哪种地域的人群趋于保守？其人口数量是多少？虽然此类的问题可以通过统计加权的方法进行修正，但实际的情况是全国性评价难以避免地方性的过度倾向问题，调查结果中按实际人口比例修正的观众比例并不是实际的观众构成情况。曾经出现的情况是某人口小省带有地方方言特色的节目，其本省观众占全国观众的比例超过 90%，并且本地观众对节目的评价非常高，大量节目出现 90 分以上的高分，这样节目在全国范围内的满意度得分值就超过了 90 分，远远高于其他各台的节目，甚至超过权威电视台的知名栏目。显然以这样的评价结果对不同栏目进行比较是不合适的，但如果对栏目在全国的观众比例进行修正又不能反映出栏目本身的观众结构特性，这即是前面提到的数据陷阱。因此对于此类栏目的全国性评价稍不注意就会陷入调查困境。区域性的满意度评价结果不得不回避在全国性评价中使用，它只能更多地应用于对一定文化区域节目的评价和比较过程。

为了提升电视满意度调查数据的有用性，根据使用者的需要，在电视满意度测量的过程中增加一些与节目制作、频道要素相关的衍生评价指标成为必然。例如，针对不同频道和栏目，要求被访者就节目的信息量、趣味性、权威性、实用性等方面进行分项评价。这样的设计一定程度上弥补了满意度综合指标的不足。这些信息对于节目要素分析和与竞争栏目的分项比较是非常有意义的。例如，在评测节目衍生指标的同时，要求被访者就同一类栏目各个分解指标所代表的节目要素的重要性进行评估，可以找到节目的生存要素以及此要素与彼要素间的依存关系，从而发现节目的优化方向。

第六节　基于电视收视率和电视满意度数据的品牌评估

随着电视收视率应用的逐步普及和电视满意度调查 10 年的经验积累，在此基础上发展出来的媒体品牌健康度初步的评估方法具有很强的直观性、操作便捷性，并具有一定的实战意义。

媒体品牌健康度模型是基于电视观众对于电视媒体的心理行为和

具体行为过程而建立的。本书前面的章节，我们曾经讨论过关于品牌与电视品牌的基本认知问题，但是要全面评估品牌的存在与价值确是一件十分困难的事情。例如，我们很难分清在电视机构的收入中哪一部分是由品牌要素贡献的，哪一部分来源于非品牌要素贡献。但是，品牌溢价与议价能力又是切实存在的。关于品牌的评估理论也不是很复杂，但是在具体的操作层面却不是一件容易的事情。因为，品牌要素或品牌本身的价值与市场表现之间难以勾勒出其实证性相关关系。品牌可以产生直接的市场效能，所以，品牌与市场效能之间构成了因果关系。但是品牌的哪一部分产生了多少实际的市场，哪个效能却很难本质地实证性地揭示这种因果关系。利用有效收视点概念或电视满意度评估理论也是这样，我们可以将媒体、频道、节目及其相关事物的品牌属性加以描绘和部分地揭示，但是我们很难将媒体的品牌本体价值和品牌的使用价值完全实证性地分离出来——虽然没有人怀疑它们的切实存在。

电视有效收视点概念与电视满意度概念来源于针对受众的调查评估，这样的调查研究对基于受众的电视品牌评估具有方向的一致性。所以，通过这样的基础数据对于电视品牌价值做出一定的描述与揭示，本身便具有实际意义：便捷、经济与研究体系的同源性。

受众对于电视品牌的理解建立在综合认知基础之上，而认知的基础是通过电视触达行为在受众中形成的记忆度。由此可见，品牌在市场中的曝露机会是受众与品牌承载者——电视媒体、频道、节目及其延伸部分、利益相关部分的相互触达行为。由于品牌的概念属性，而受众对于事物的任何概念的基础是人的记忆，所以，对于受众对电视品牌的记忆度评估便成为品牌评估的起点。受众对于品牌的记忆度取决于受众对于传播主体的接触率或接触频次，随着受众对于传播主体接触频次的增加，受众对于电视台、频道与节目等传播主体及其利益延伸部分的接触深度会逐步加深，在这样的基础上，才会形成受众对于传播主体的喜爱度、卷入深度与忠实度。这时，电视机构或传播主体在受众中已经形成一定的品牌概念了。这时，受众的社会性便开始发挥作用，受众自己不仅仅打算继续将自己的电视触达行为与自己喜爱的传播主体继续结合下去，还会在人际交往过程中，把自己触达认可的电视台、频道、节目推荐给亲戚、邻里或同事。拥有话语权的部分社会活跃分子还可能写文章推荐或在权力可以到达的范围内要求或号召他人触达自己喜爱的传播主体。这时，电视机构的传播品牌便基本有了一个社会的雏形概念。随之而来的便是电视传播品牌的社会分享与品牌的价值提升阶段。围绕电视品牌进行的数字与平面出版物、服装道具等相关产品与服务延伸、相关流行文化产品的出现等一方面延展了品牌线，深度开发了电视品牌价值，还在一定程度上深化着发展着品牌概念。这时，虽然品牌价值在向更高阶段迈进，但是就其价值评估来说，无论在品牌的初创期、发育期还是成熟期，始终重复着这样的模式，只不过在品牌不同时期下述每个阶段的程度有所不同而已：

> 电视媒体受众传播心理过程模型
> 认知→接触程度→评价→期待→行为倾向→首选→二次传播

所以，通过对受众的电视媒体传播触达过程和心理过程的评估可以在一定程度上揭示电视等传播品牌的发育情况。在上述模型每个环节上设计测量点，通过对传播各环节的量化评估获得电视媒体生存状态的健康度分析，可以建立初步的电视品牌评估模型，这只需在电视满意度调查中适度增加几个问题即可。

可以在没有提示的状态下请受众回忆他所知道的电视媒体，第一个被受众想到的媒体称作第一提及媒体。综合所有被调查的观众的记忆情况就得到每个媒体的第一提及率。第一提及率代表媒体获得最深印象并被记忆的观众比例，第一提及率越大，表明媒体在受众中的认知程度越高。除第一提及外，受众还会在无提示状态下回忆出其他的电视媒体，这种类型的提及被称作无提示提及。无提示提及也属于深入受众记忆的媒体，但在记忆程度上弱于第一提及。在受众回忆完所有他能想到的媒体之后，可以请受众根据问卷提示，即给出媒体的名称之后，回忆对媒体的记忆和印象。这种提及被称作提示后提及。提示后提及相对弱于无提示提及，因为受众是在外来信息帮助下回忆提及的，所以记忆程度相对较弱。因此对于每个媒体来说，根据记忆状态可以把它的受众群进行认知结构分类。在所有对媒体认知的群体中，三类提及的综合比例越接近100%，表明媒体在受众中的认知面越广。第一提及的比例越大、无提示提及的比例越大，说明媒体在受众中的认知程度越深；有提示提及的比重越大，表明媒体在受众中的认知程度尚浅，但也有了一定印象。

认知并不代表真正的接触，这一点也符合品牌的存在特性。不排除部分观众仅从侧面了解或他人口中听说过某媒体品牌，尚未实现品牌直接触达。知晓率、提及率比较高只能说明其知名度较高。但是知名度较高意味着受众品牌触达机会较高。在此基础上，对于受众实际的收看行为进行测量就显得必要了。对收视行为频度的测量分为三个时间层次。第一个层次测量受众是否实际接触过某媒体品牌；第二个层次测量受众是否最近触达过某媒体品牌，筛选出具有较新记忆和印象的受众。第三个层次测量有多少人经常触达某媒体品牌且最近一周内仍然有触达行为发生，以便后面采集满意度数据。这类观众属于被调查电视媒体的忠实观众群体。三个调查测量层次的品牌接触群体存在包含与递进关系，前面被测量的群体包含后面的一类群体；三类群体在品牌触达程度方面存在着由浅入深的关联性。这三类人群触达品牌的比例关系越高，说明受众实际接触被测媒体的广度越大，媒体品牌的发育机会越大（这一指标与收视率调查数据体系中的累积到达率比较接近）。三类人群触达品牌的比例关系越接近，表明忠实观众规模已经处于阶段性的饱和状态，品牌发育已经达到阶段性的高点。

由受众认知环节、媒体触达环节过渡到媒体评价环节是品牌评估的关键。由于满意度评分是独立进行的，因此评价环节的主要测量指标是喜爱程度，测量受众是否把被测媒体列入其品牌选择范围，这个指标类似第一提及，要求被访者做出单一的选择并通过选择比例标明各个媒体在受众中的心理地位。这样获得的数据会有比较明显的差距，因为只有选择的唯一性，才能使受众的选择最终集中在它们认为优秀的并且不可替代的相对来说具有品牌价值的媒体上。

品牌媒体对于受众形成独特的心理过程就是期待。对期待的测量通过询问受访者是否有时间就会选择收看，主动触达或定时触达等操作性问题来获得。高期待度说明受众与被调查媒体的结合度已经实现了阶段性目标，品牌发育达到了一定水平。那么，受众关于未来的收看行为意向则带有一定的市场预测性，属于更深层次的品牌期待。在此基础上，被调查者如果打算把自己喜爱的媒体品牌推荐给他人，那么品牌认同感已经达到相当的深度。电视等媒体推荐度的测量通过询问被访者是否会有把品牌媒体及其内容作为日常谈资或介绍给亲友同事来进行。

通过以上各个环节的调查测量，可以获得电视媒体在受众传播心理过程中具有内在逻辑关联的数据组。受众对于媒体品牌的认知、接触、评价三个环节是包含关系，三组指标数据越相互接近，说明媒体品牌发育越健康。期待、未来收看行为倾向、二次传播三个环节不存在包含关系，是相互独立的媒体品牌支持环节，其数据与媒体实际受众群体比例越接近说明品牌媒体的市场健康度越高。

例如，下图为2007年下半年两个卫星频道媒体健康度模型的调查数据结果。

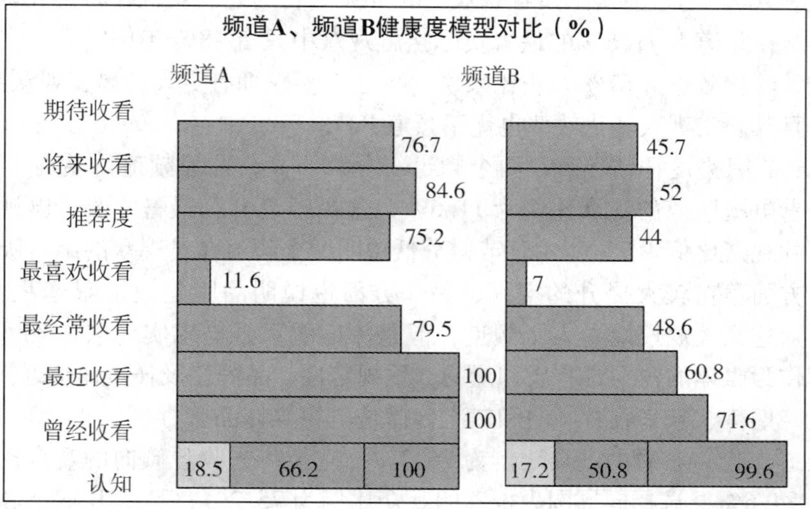

数据来源：央视市场研究（CTR），卫星频道观众满意度调查，2007年下。图中认知部分为：第一提及+无提示全部提及+有提示全部提及。

首先从受众认知环节来分析。频道A、频道B的整体认知度都达到或接近100%，说明两个栏目都不存在知名度不足问题。两个频道的第一提及率也比较接近，频道A第一提及率18.5%，频道B第一提及率17.2%，频道B略低但并没有显著的差异。两个频道在认知环节的主要差异是无提示提及率，其中频道A无提示提及率达到66.2%，超出频道B 15.7个百分点，形成显著差异优势。频道B有一半的观众可以不借助提示回忆起来，但仍然还有一半的观众不能主动记起频道名称；频道A 66.2%的观众可以在没有帮助的情况下回忆起频道名称。两者差异说明频道A给观众留下了更深刻的印象，而频道B还需要在受众认知方面采取新的措施。

受众品牌触达行为研究发现，对于频道A有明确认知的观众均实际触达过该频道；受众对于频道B的认知总量虽然接近100%，但实际收看过频道节目的观众比例为71.6%，说明有近30%的观众没有真正接触它，这部分观众对频道的认知停留在间接触达阶段，因此不会留下深刻的记忆，其中大部分观众不能主动回忆起频道B便是自然的了。在最近一周的收看行为中，100%的观众看过频道A，而看过频道B的观众比例为60%。经常收看频道A的观众比例为79.5%，经常收看频道 B 的观众比例为 48%。频道 A 的忠实观众比重接近 80%，而频道 B 的忠实观众比重不到一半。从两个频道忠实观众的转化效率来看，频道 A 100% 的最大实际接触观众中的 80% 转化为忠实观众，转化效率为 80%；频道 B 71.6% 的最大实际接触观众中只有 48% 转化成为忠实受众，转化效率为 67%。相比来说，频道 A 不仅拥有更大的忠实观众群，并且其忠实观众转化效率也优于频道 B。

在喜爱度评估环节，两个频道得分都不高，选择频道 A 为最喜爱收看电视频道的观众比例为 11.6%，选择频道 B 为最喜爱收看电视频道的观众比例为 7%。本环节得分低说明两个频道在对观众的绝对吸引力方面存在较大提升的空间，另一方面也说明品牌建设的艰辛程度。受众这么大规模地卷入了频道，但是深度的喜爱与忠实尚未实现，品牌作为媒体的资本具有质和量的二重规定性，品牌建设任重而道远。

期待、未来收看倾向和二次传播是电视媒体品牌存在的支持环节。频道 A 期待收看的观众比例为 76.7%，选择将来收看倾向的观众比例为 84.6%，选择向周围人推荐的观众比例为 75.2%；频道 B 期待收看的观众比例为 45.7%，选择将来收看倾向的观众比例为 52%，选择向周围人推荐的观众比例为 44%。我们发现频道 A、频道 B 在各自期待、未来收看倾向和二次传播三个支持环节的观众比例都与其经常收看的忠实观众比例相接近，这个现象说明对于电视媒体进行长期稳定触达并且当成谈资的是忠实观众群体，电视等大众媒体的市场地位、品牌价值取决于忠实受众群的质量。两个频道中忠实观众比例的差距决定了三个支持环节的观众比例差距。频道 A 得到 75% 以上观众的传播支持，频道 B 参与传播支持的观众比例只有 45%。显然频道 B 的品牌价值与传播竞争力远逊于频道 A。

通过上述分析，我们可以得出结论：频道 A 在品牌价值和传播状态方面表现出更好的市场健康度。一方面，频道 A 在市场各个环节所获得的观众认可情况、受众对于频道卷入的广度和深度相对效果良好；另一方面，受众在品牌触达的各个环节的转化效率比较理想，可以保证频道 A 在未来一个时期持续保持品牌优势与市场强势。频道 B 在品牌建设与传播状态方面处于相对弱势。频道 B 在各个传播环节的实际效果不是很理想，大部分环节的正向评价低于 50%，在受众转化环节方面存在脱节现象，从媒体认知到实际接触率，再从实际接触率到忠实受众规模的转化效率有待提高。

综上所述，作为收视率评估指标的补充，满意度指标以及由此发展出来的媒体品牌与传播健康度模型已经形成了较为成熟的评估系统，作为通过科学、客观的调查手段获得的评估方法，媒体品牌健康度评估将对电视媒体运行过程中的管理行为提供有益参考。如果将这样的评估方法与有效收视点的管理概念进行综合研究，可以非常清晰地了解电视机构的现状、市场效能、品牌价值和未来发展变化趋势。

第七章

中国电视受众市场数据生存描述

一、中国电视观众的规模和频道市场份额竞争

中国电视观众规模是随着受众市场发育与电视事业的综合进步而不断扩大的。这个过程持续到 2003 年，中国 4 岁以上电视观众基本稳定在 11.16 亿人。也就是说，如果加上婴幼儿，中国电视观众规模的外延式增长基本上接近中国的人口总数。2004 年以后，中国的电视受众规模随着国家人口总数的变化略有增加。这一年，中国电视受众市场竞争开始由外延式竞争全面转入市场份额竞争。这种转变并不是说电视频道对于受众市场外延式覆盖和受众市场份额竞争是截然不同的两种竞争形态，而是某种竞争形态对于市场竞争的主导方式。受众市场竞争模式复杂而多变。受众市场份额竞争即在受众市场规模基本不变的情况下，电视台、电视频道、广告运营商等全面转入对于市场份额的夺取。市场的竞争焦点由扩大覆盖，尽量多地使更多数量的受众看到本台节目，转变为通过覆盖的计划性，地方地面频道以本区域电视受众为主要的服务对象，卫视频道重点针对政治、经济、文化相对发达地区的有效覆盖。这一转变反映在电视节目创作方面就逐步形成了频道品牌的初步确立与优化，电视节目呈现大型化、精品化、活动化倾向。同时，电视节目根据其市场综合影响力以及对于目标受众的精确传播，使得电视受众全天开机率上下波动。这是

电视市场内涵式竞争的具体体现。在随后的节目竞争中，真人秀选秀节目开始产生重大影响，市场份额迅速向着强势频道集中。到2006年，中央电视台的市场份额已经由2003年的32%上升至2006年的35%。省级卫视的市场份额也由2003年的17%上升至2007年的接近20%。全国频道市场份额的增加，使得地方地面频道的市场份额相对缩减。这是市场份额竞争的具体体现。

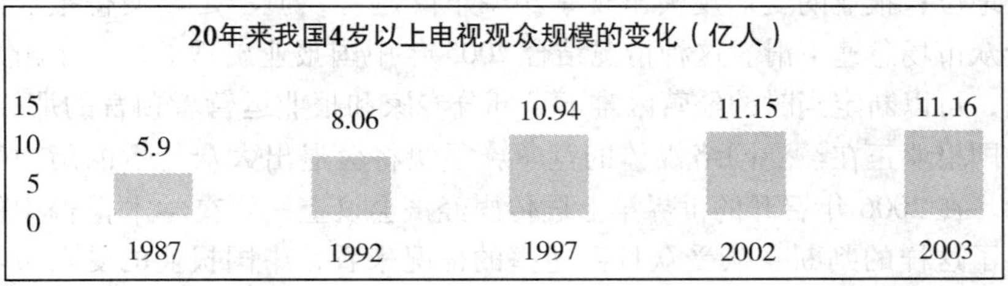

数据来源：CTR全国覆盖率调查。

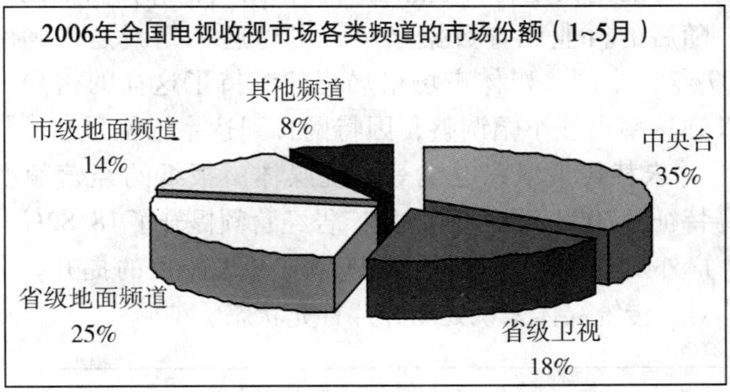

数据来源：CSM收视率监测，2006年。

二、受众精力预算竞争：电视强势传播使得电视市场份额强行挤占多媒体市场

在电视市场板块内部市场竞争格局不断改变和优化的同时，多媒体市场也悄悄地发生着变化。多元模式化竞争是这个时期多媒体竞争的主要特征。**2005年中国报业连续数年的广告增长态势突然遭遇遏制，中国广播呈现行业性的受众萎缩现象，其直接原因正是后媒体时代多元模式化竞争导致的市场利益反刍现象：中国媒介经济板块在迅速通过利益中心的调整形成真正的多元的市场格局。与电视相比，中国报**

业板块和广播板块在这场行业利益的博弈中相对缺乏机动的市场运营能力，缺乏适合市场多元利益分配的内部管理机制，其盈利手段和广告利益出现流失。

下图是2001 年至2005 年之间中国各类媒体受众日到达率的变化情况，我们从中可以清晰地了解到：中国电视行业受众规模仍然处于小幅攀升状态，表明中国电视市场的基础稳固，竞争力处于媒介行业支配地位；报业的受众规模出现了小幅下降趋势，但不足以使得报业的受众市场急速下滑。这种情况结合 2005 年中国报业出现的广告下滑局面，可以断定当时的经营困难不是部分专家和报业运营者预言的那样：中国报业正在经受网络媒体的竞争，很快将会退出大众传播的历史舞台。在 2006 年召开的世界第七届传媒经济会议上，我在学术报告中做出了这样的判断：从受众日到达率的情况来看，中国报业的受众市场并没有很大流失，其广告经营额度的萎缩是行业机制资本不足，并受到电视行业竞争的结果，属于阶段性经营困难。那种为中国报业宣判死刑缓期执行的论调是将行业经营责任推给其他媒体行业的不负责任的态度。随后的行业调查数据显示，当时这一判断是正确的。2006 年至 2007 年，中国多媒体市场格局仍然维持了这样的格局。五大媒体受众日到达率出现小幅调整，因特网日到达率增幅最快，但只是接近 30%，并未替代报纸、电视等传统媒体。报纸的经营额度变化也呈现暖春特征，2008 年比 2005 年广告经营额提升了 18. 82%。值得重视的是，户外媒体、楼宇电视的渗透率有了大幅度的提升。多种类型的新媒体对于传统媒体来说处于碎片补充状态。

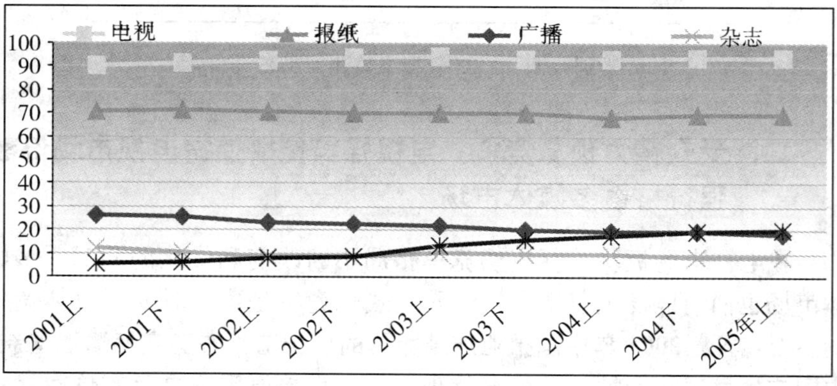

数据来源：CTR/CNRS。

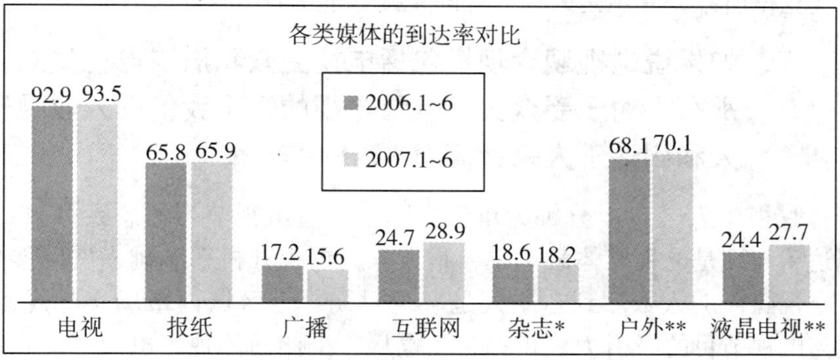

数据来源：CTR/CNRS。

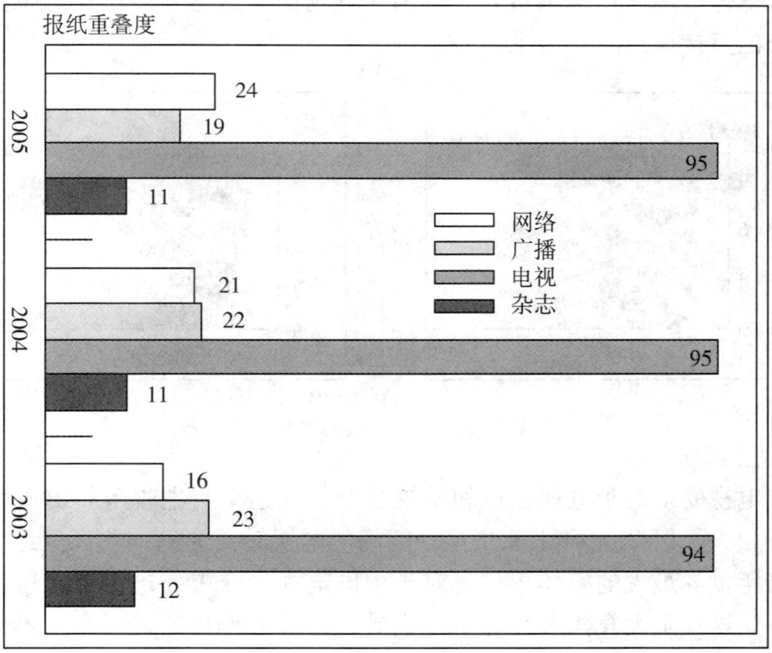

上图是以报业受众日到达率为参照系，标明报业与其他媒介形式的竞争关系的多媒体受众相互重叠率，重叠率高的媒介之间竞争关系相对比较强。即报业受众如果以 100% 来表示，那么其中 96% 的报业受众同时收看电视节目，并且这个比例还在小幅攀升；24% 的报业受众同时属于网民，19% 的报业受众同时是广播听众，11% 同时是杂志读者。同时，结合有关广告监测数据，可以断定，2005 年中国报业出现的困难主要是内部管理机制和市场运营机制不适合后媒体时期媒介行业竞争所致，并不是因为因特网直接竞争所致。

三、如果说电视观众规模包括电视受众和潜在电视受众，那么，对于受众实际收看电视的情况我们导入收视千人和到达千人来计算

收视千人是以1分钟为单位实际收看过电视节目的总人口数量；到达千人则是电视媒体触达率，是在家庭电视开机率基础上实际接触过电视媒体的人数。到达千人是一定时期一定区域内市场实际规模，这与电视节目的吸引力成正相关，也从一个侧面体现了电视传播在多媒体市场中的竞争力。下图表示的就是2006年至2007年电视媒体市场规模的变化情况。由此可见，电视媒体对于受众的吸引力或受众对于电视媒体的触达热情仍然处于不断拉升局面。这是中国受众电视生存状态的直接描述。

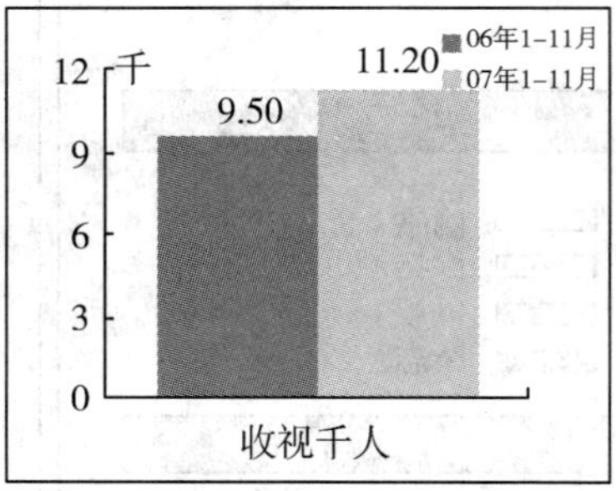

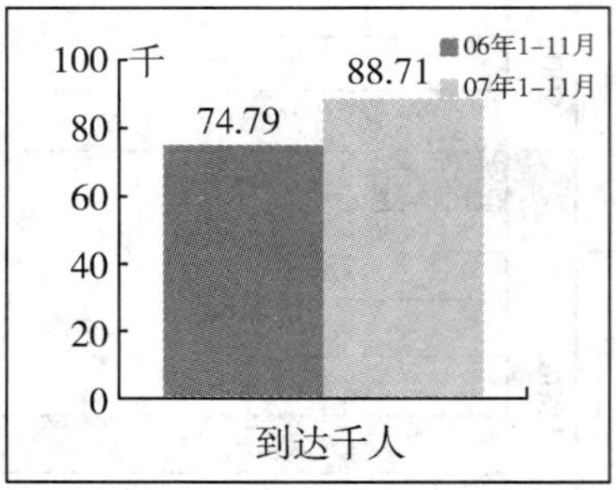

数据来源：CSM收视率监测。

电视受众对于电视频道和电视行业的触达率与电视节目的吸引力成正相关。以2008年北京奥运会期间的电视转播为例，北京奥运会作为当年世界最大的媒体事件，对于中国电视受众市场进行了阶段性洗牌——这是重大媒体事件对于电视受众市场的作用方式。北京奥运会开幕第一周，中国所有频道的平均开机率为18.32%，比开幕前一周的13.84%上涨了近5个百分点，其中晚间段19：00～24：00上涨了9.27个百分点。

开幕式当晚20：00～24：00的平均开机率达到了59.97%，较开幕前一周上涨99.70%。自二十点整开幕式正式开始至各国运动员入场期间（20：00～22：15）的艺术表演时段，开机率一直保持在60%以上，瞬间开机率曾达到70%。点燃火炬一刻（23：45～24：15）的开机率达到了80.28%。

奥运会期间，除了晚间开机率出现大幅上涨以外，白天的开机率也较以往有明显的升高。增幅最高的时段为 14：00～17：00，平均增幅达到了 44.39%。

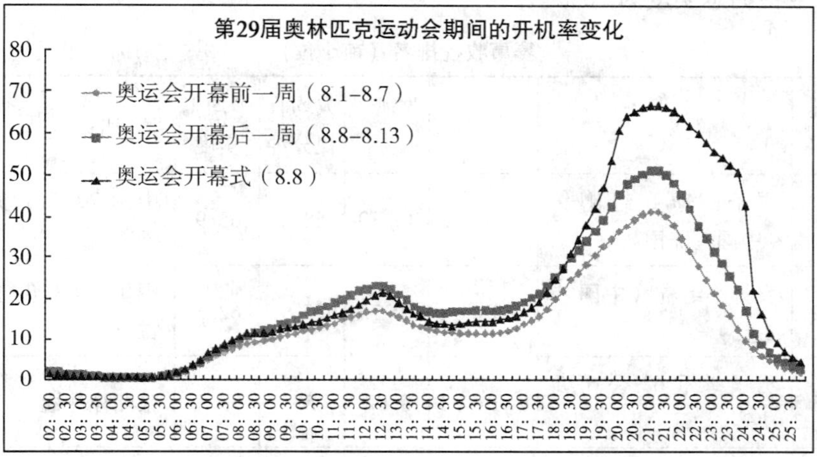

数据来源：央视索福瑞 INFOSYS 收视率软件，全国 10 个主要城市。

（一）北京奥运会开幕式的收视情况

在所有开机的受众中（收视份额），分别有 22.98% 和 19.09% 的观众选择了 CCTV－1 和 CCTV－5 收看开幕式，人均收看时长分别为 129 分钟和 121 分钟。另外，CCTV－1 次日（8 月 9 日）重播的收视率也有 2.29%，收视份额 13.96%，但是人均收看时长明显减少，仅有 15.8 分钟。

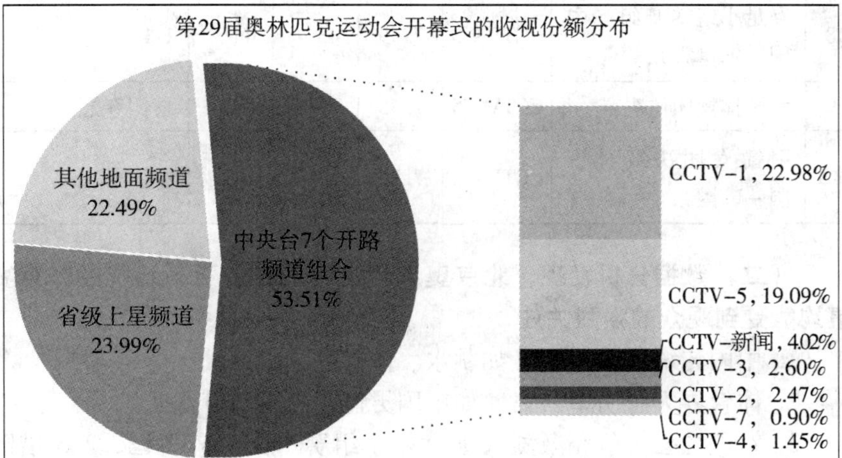

尽管当天几乎所有上星频道和部分地面频道都转播了 CCTV－1 的信号，但是 CCTV－1、CCTV－5 和 CCTV－新闻的观众忠实度最高，近五成的观众从始至终未更换过频道，充分显示出频道的权威性。北京卫视的忠实度为 20%。

赛事收视排名（前十位）

排名	名称	频道	收视率 %	人均收视分钟	平均忠实度	比赛结果
1	男子篮球 B 组比赛（中国－美国）	CCTV－2	12.80	58.2	65.9	中国 70∶101 负于美国
2	女排小组赛（中国－古巴）	CCTV－1	10.75	75.9	62.3	中国 2∶3 负于古巴
3	男子举重 62 公斤级决赛	CCTV－5	9.02	53	59.1	张湘祥夺冠
4	女子举重 48 公斤级决赛	CCTV－5	8.31	66.9	56.4	陈燮霞夺冠（中国首金）
5	跳水比赛女子双人 3 米跳板决赛	CCTV－1	7.61	31.2	55.7	郭晶晶、吴敏霞夺冠
6	女子排球小组赛 A 组（中国－委内瑞拉）	CCTV－1	7.57	35.9	56.4	中国 3:0 胜
7	男子举重 77 公斤级挺举决赛	CCTV－2	7.51	28.3	48.8	李宏利亚军
8	女足小组赛 E 组（中国－加拿大）	CCTV－5	7.49	43.1	44.5	1:1 平
9	女子体操团体决赛	CCTV－5	7.48	53.5	47	女团夺冠
10	射箭女团决赛（中国－韩国）	CCTV－5	7.25	16.7	62	中国亚军

（二）数据分析发现，北京奥运会期间凡具备下列特征的体育赛事均能受到观众的强烈关注

1. 中国传统优势项目（如跳水、体操等）。
2. 体育界大牌明星云集（如中国男篮对阵美国梦八队）。
3. 对抗性强，争夺激烈（如女排小组赛中国对阵古巴，2∶3 惜败于古巴）。

对于传统弱势项目，大部分受众选择了给予一定的关注度，但避免长时间收看的方式。以8月13日的中国男足小组赛（中国－巴西）为例，尽管该场比赛的平均收视率达到了3.36%，位列本届奥运会开幕以来转播的所有赛事的第27位，但人均收看时长仅有27.9分钟，受众忠实度也仅有39.6%，这样的数据无论是相对于其他赛事，或是该项目长达90分钟的赛程时间来讲都是不尽如人意的。

奥运会开幕一周以来的所有上星频道的总体收视率（即开机率）为12.35%，比上周7.45%明显升高。随着第29届奥林匹克运动会在北京的开幕，具有奥运传播优势的中央级频道的收视人气大幅上涨，其中，涨幅最大的频道分别是：CCTV－7（382%）、CCTV－1（379%）、CCTV－奥运（339%）、CCTV－2（337%）和CCTV－新闻（105%）。

除了上述中央级频道，部分始终坚守频道定位的省级卫视，在受众明显向奥运报道的强势媒体集中、收视份额被央视媒体严重抢夺的现下，凭借自身独有的频道特色，收视率不降反升。除央视媒体以外，本周31个省级卫视中只有6个卫视的收视率出现了上升，排名前3位的分别是：

北京卫视（46.3%）：作为东道主城市的第一频道，奥运期间受众给予其充分的关注度。

旅游卫视（23.01%）：本周涨幅最大的时段依次是：傍晚和上午时段。

广东卫视（16.12%）：本周涨幅最大的时段是深夜23：00～24：00，旅游类节目《逍遥游带你叹世界》收视人气提升。

四、电视受众的精力是个常量，精力预算可以分为工作学习时间和非工作学习时间（闲暇时间）

受众对于电视媒体的触达行为基本上在闲暇时间进行，这一点在前面章节中已经涉及。随着中国经济发展速度的不断加快，中国受众普遍感觉到竞争压力的不断提升，生活条件的改善和生活压力的提升基本上处于相互平衡状态，这个时期的社会快乐指数相对较高。但是，受众闲暇时间已经开始成为最为紧俏的传播资源。以工作日一天为单位来考察有工作的受众的精力预算情况，可以搞清这一状况。

内容（男）	小时
睡觉	7.0
工作	10.0
和客户吃晚饭	1.5
路程	1.0
和家人吃早饭	0.5
午餐	0.5
梳洗	1.0
主动给媒体的时间	1.0
和家人在一起	1.0
给自己的时间	0.5

小时	内容（女）
8.0	睡觉
8.0	工作
0	和客户吃晚饭
1.0	路程
0.5	和家人吃早饭
1.0	午餐
1. 5	梳洗
2.0	主动给媒体的时间
1.0	和家人在一起
1.0	给自己的时间

数据来源：CTR/CNRS。

上表标明了中国社会大众或受众总体2007年工作日一天基本的时间分配。男性和女性对一天中的时间分配存在着明显的性别差异。总体上看，男人比女人平均每天睡眠少一个小时，工作时间比女人多两个小时；在社交方面，由于男人的社会化角色比女人更强一些，使得男人在工作之余还要拿出一个半小时陪客户或朋友吃饭、社交，女人在这方面则比男人更加自我一些。但她们需要以更美丽的装束赢得社会的认同与关爱，女人不得不把闲暇时间的一部分拿出来用于打扮自己。在接触媒体的主动性方面，女人平均每天留给自己2个钟头时间主动接触各类感兴趣的媒体，男人在这方面要少一半的时间，每天只有一个小时左右主动追寻有价值的媒体资讯。受众这样的精力划分使得家庭生活处于高度紧张状态，受众的闲暇时间主要用于精力与体力的恢复。

如果将社会精英、商务人士与受众主体进行比较，那么，商务人士平均每周用于工作学习的时间在47个小时以上，普通民众为35小时左右。社会精英、商务人士的闲暇时间是更为紧俏的传播资源。

受众精力资源的不断相对减少，使得大众媒介市场的竞争关系发生着本质的裂变。受众闲暇时间越来越少，那么受众对于大众媒体的触达热情是不是在相应的减退呢？回答是否定的。社会竞争压力使得中国受众对于媒体的热情更加高涨，因为中国受众普遍明白资讯占有量与占有方式对于提升自身社会地位、获得社会谈资和发财致富的重要性。这使得受众对于有用信息的需求量大大增加，电视等大众媒体的传播属性增强、电视节目的情节点必须更加有刺激感和更加凝缩；缓慢的叙事虽然很精巧但也会令受众厌烦。可以说，受众对于媒介信息质量提出了更高的要求。同时，受众市场这样的变化也使得单纯快乐的电视节目等大众传播形式成为市场的主要诉求。大众不希望在紧张的学习、工作之余在接受大众媒体信息时心情更加焦灼。

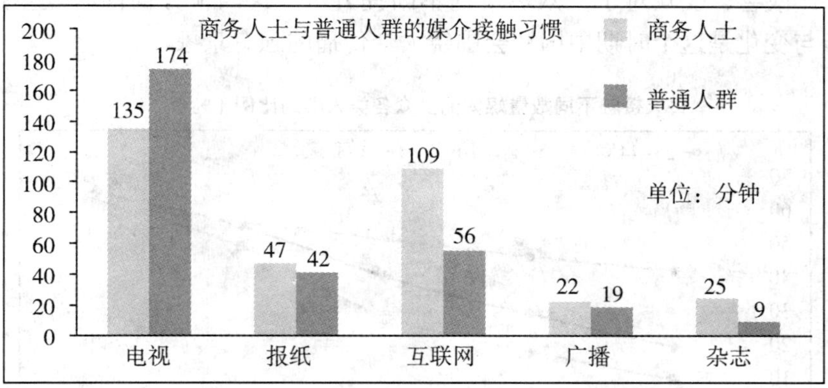

数据来源：CTR 商务人士调查。

上图是 2007 年商务人士和普通受众平均媒体接触五大媒体的时间长度的比较情况。商务人士对于报纸、网络、广播、杂志的触达热情高于电视，其主动获取大众资讯的行为特征十分明显。

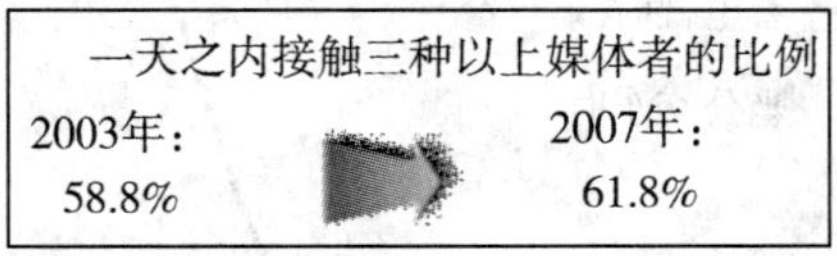

上图是 2003 年到 2007 年期间中国社会大众一天之内接触三种以上大众媒体的比例变化情况。这 5 年，中国社会综合进步速度和发展水平是世界罕见的，从 GDP 增长情况来看，这几年相当于美国同等增长规模时期接近 40 年的增长水平。这是中国社会大众辛勤劳动的结果。这 5 年，中国受众的精力预算处于超支状态，但他们对于大众媒体的兴趣却更加浓厚了。从另一个角度来看，中国媒体对于社会进步的推动意义是实实在在的。下图进一步证明了这样的社会特征。

这是 2007 年中国三个不同受众细分群体交叉分析的情况。这三个人群细分角度，反映的是中国社会大众中最为忙碌的人群。从这样三个角度可以了解到，中国电视受众随着精力资源外延的持续紧缺，内涵式竞争在持续加剧。受众的忙碌程度与其媒体接触种类数量呈正相关。多媒体传播之间在中国不仅仅是竞争，而是一种竞合关系，大众多媒体市场呈现为相互补充的竞合关系。受众根据自己的闲暇时间、心理需要与口味，通过不同媒体的传播属性为自己打包着传播触达链条。大众传播媒介资讯的丰富性、电视传媒传播手段的不断优化与文化含量的不断提升，与社会的综合发展，个人与家庭物质文化生活的持续改善，受众对于大众热情的不断提升——这四个方面同时发生进步与变化是这个时期中国社会围绕大众传播的独有景象。

每天接触不同数量媒体的受众各类人群的比例（%）

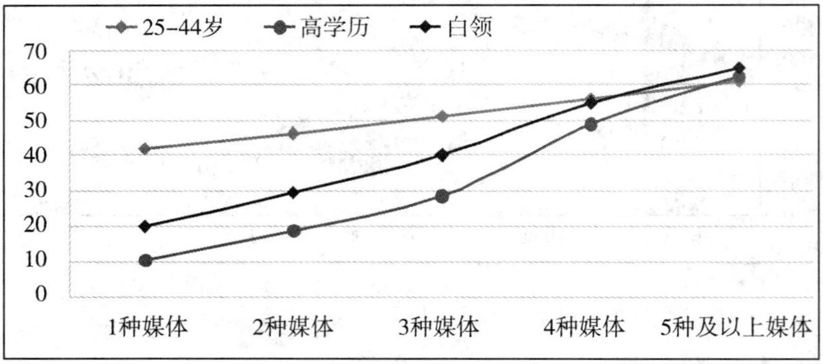

普通电视与公交移动电视媒体接触时间曲线（%）

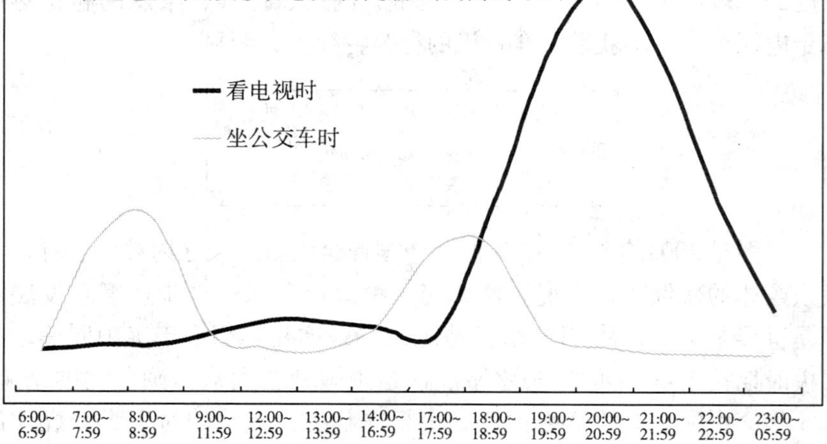

报纸与网络接触时间曲线（%）

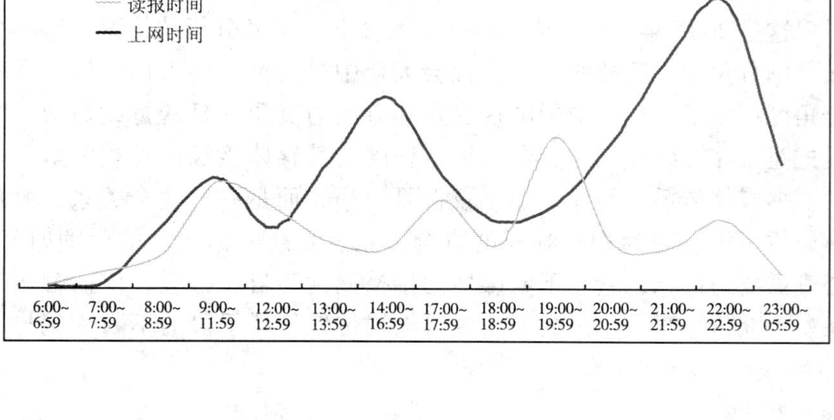

从上图一可以了解到中国受众对于电视媒体和车载电视触达之间的信息互补关系。上图二则是中国受众对于报纸和网络的触达时段分布，二者的互补性也是一目了然的。下图则是2003年至2007年期间，网民同时触达其他类型媒体，我们称之为复合型受众的比例变化情况，这组数据彻底解释了中国受众对于多媒体的触达热情和中国网络、电视等多媒体的竞合关系，这是中国独有的规模巨大的良性的传播生态。

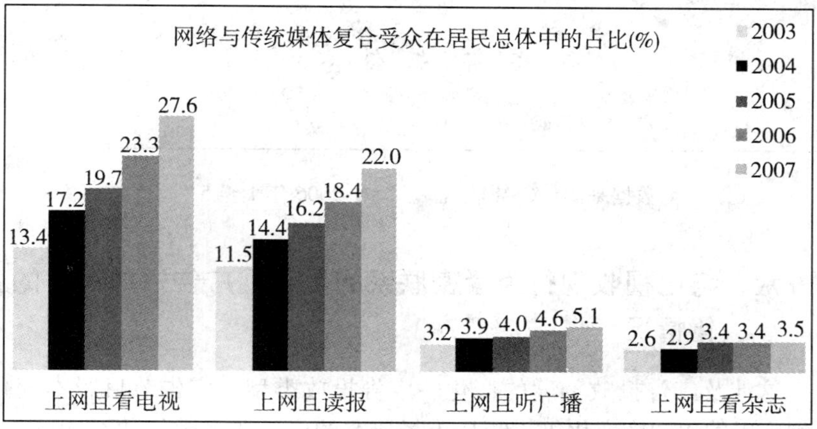

五、中国电视受众规模巨大，其结构与总人口结构的自然变化情况呈现正相关

下图是CTR全国读者调查CNRS通过连续调查采集到的中国电视观众基本的人口比例结构变化情况。这个比例的波动幅度并不是很大。这个数据并没有区分不同年龄段或学历背景的受众实际接触电视的情况。于是，我们又制作了下一个图表：不同年龄段、不同类型的电视观众在一定时间范围内对于电视媒体的卷入情况。从图形的变化趋势，我们很容易发现观众对于电视的热情，女性略高于男性；电视受众的卷入时间与年龄呈正比例关系；电视卷入与中等学历人群的吻合度相对更高。这是中国受众电视触达行为总体情况。这样的宏观数据对于具体电视频道或电视节目的受众结构来说可以起到参照系的作用。中等学历的中老年观众是中国电视观众的主力收视群，这部分人群比例偏高是一件非常正常的事情。那种将社会白领阶层作为细分市场的电视传播设计常常失效，其原因在于过度追求一个阶层的收视影响而忽视了电视作为大众媒体的根本属性。在这个方面，电视受众市场的细分不能简单混同于其他传媒市场或一般的商品市场。

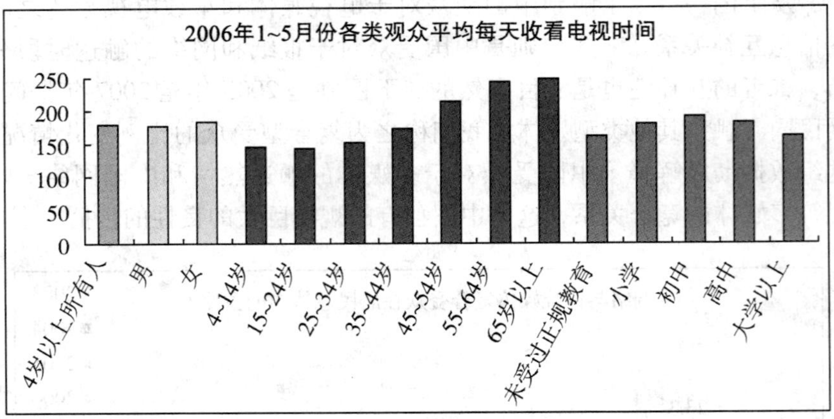

数据来源：CSM 收视率调查，2006 年 1 至 5 月。

六、与电视收视行为紧密联系的是电视广告投放行为的变化情况

这涉及广告投放额度的变化、广告投放类型、广告节目版本变化、品牌广告的集中度变化等。CTR 市场研究的广告监测数据体系无疑是这方面最为权威的调查研究数据。根据这一数据体系，我们可以清晰地了解到中国电视广告的规模 2008 年达到 3400 亿元人民币（刊例价格），具体实现广告额 501. 50 亿元；2008 年中国电视广告随着广告总体市场的成长而成长，年度成长率达到 16%，高于广告总体增幅一个百分点。

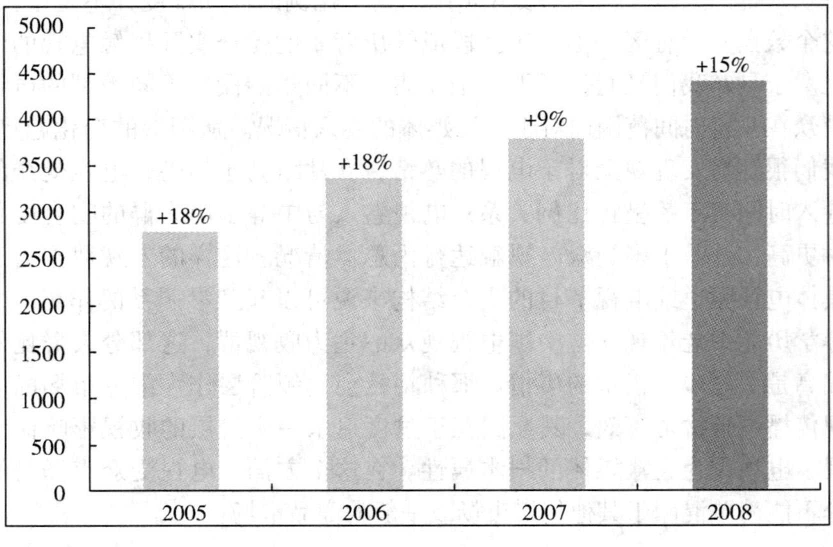

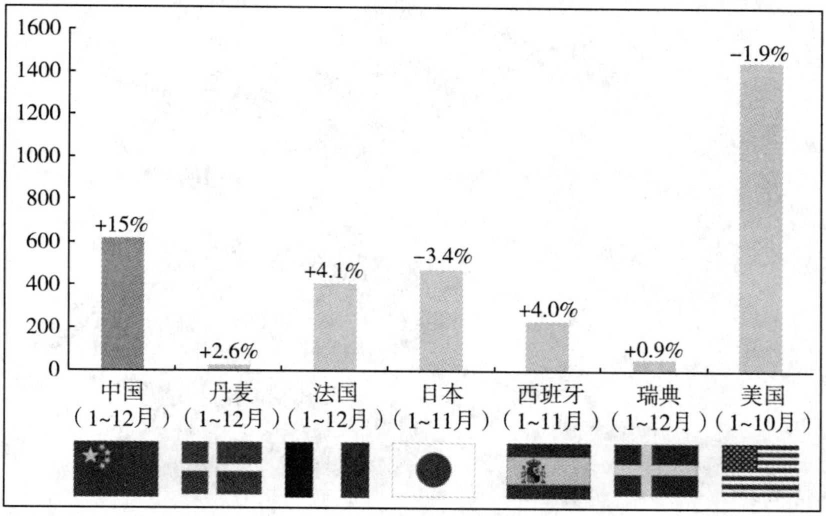

从世界范围内来看，中国广告市场已经迈入广告投放的第一方阵，广告投放规模仅次于美国，已经开始超越法国和日本等发达国家。

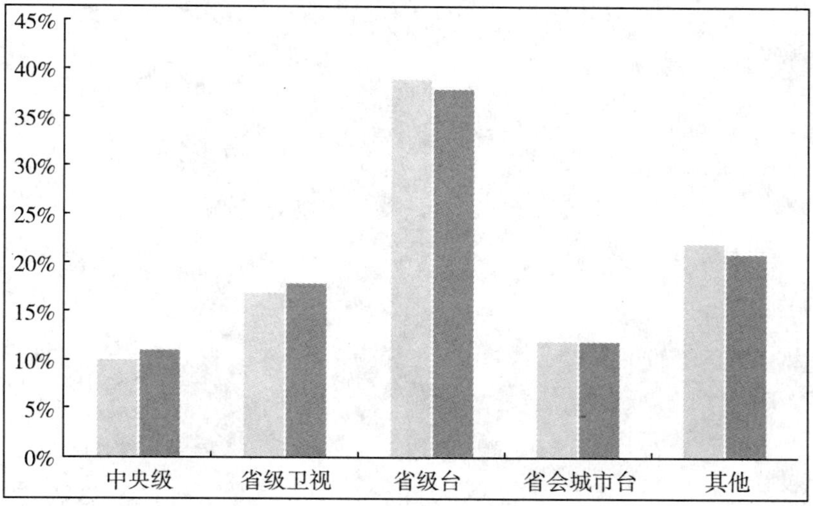

数据来源：CTR 媒介智讯。

从各级电视频道的广告增长情况来看，广告投放继续向着全国覆盖的强势频道集中，中央级媒体和省级卫视广告增幅较上年拉升了一个百分点，而省级地面频道则下降了一个百分点。